全域旅游理论·方法·实践

邓爱民　桂橙林　张馨方　祝小林◎著

中国旅游出版社

策划编辑：段向民
责任编辑：孙妍峰
责任印刷：冯冬青
封面设计：何　杰

图书在版编目（CIP）数据

全域旅游理论·方法·实践 / 邓爱民等著 . -- 北京：中国旅游出版社，2016.11（2020.6 重印）

ISBN 978-7-5032-5703-2

Ⅰ . ①全… Ⅱ . ①邓… Ⅲ . ①地方旅游业—旅游业发展—研究—中国 Ⅳ . ① F592.7

中国版本图书馆 CIP 数据核字 (2016) 第 263297 号

书　　　名	全域旅游理论·方法·实践
作　　　者	邓爱民　等著
出版发行	中国旅游出版社
	（北京建国门内大街甲 9 号　邮编：100005）
	http://www.cttp.net.cn　E-mail:cttp@mct.gov.cn
	营销中心电话：010-57377109，010-85166536
排　　　版	北京旅教文化传播有限公司
经　　　销	全国各地新华书店
印　　　刷	北京明恒达印务有限公司
版　　　次	2016 年 11 月第 1 版　2020 年 6 月第 5 次印刷
开　　　本	720 毫米 ×970 毫米　1/16
印　　　张	17.5
字　　　数	300 千
定　　　价	38.00 元
ISBN	978-7-5032-5703-2

版权所有　翻印必究
如发现质量问题，请直接与营销中心联系调换

前 言

2016年7月，习近平总书记到宁夏视察时指示，"发展全域旅游，路子是对的，要坚持走下去"，将全域旅游上升到前所未有的高度，给旅游界极大鼓舞。习近平总书记的宁夏谈话，让我们想起邓小平同志1979年7月的黄山谈话，当年邓小平同志登黄山时指出："黄山是发展旅游的好地方，要有点雄心壮志，把黄山旅游的牌子打出去。"邓小平同志的黄山谈话，开启了景点旅游的黄金时代；习近平总书记的宁夏谈话，亦将昭示全域旅游的新黄金时代。

全域旅游作为我国新阶段旅游发展战略的再定位，是供给侧改革的重要方式。2016年全国旅游工作会议上李金早作《全域旅游大有可为》讲话，拉开全域旅游发展序幕。随后，国家旅游局公布262个全域旅游示范区创建单位名单，全域旅游由理论快速走向规划，由概念走向产业发展。短短8个月的发展，全域旅游示范区已经激增至362个。2016年5月26日召开的全国全域旅游创建工作现场会，中国旅游业发展全面进入全域旅游时代。2016年9月10日，第二届全国全域旅游推进会召开，全国多个地方提出要全面践行全域旅游发展理念，以此推动当地旅游业的新一轮发展。其中，五种典型全域旅游发展经验和做法获得了与会代表的充分肯定。

如果我们要做2016年产业风口排名，那么全域旅游无疑当居榜首。与此同时，很多人质疑：是不是全域旅游喊得太响做得太空？诚然，任何事物的发展都有一个内在的本质规律，要真正评说一种现象，就得深入剖析其本质内涵。基于此，2016年伊始，"全域旅游"在国内学术界就掀起了一场热议，无论是旅游实践者还是旅游研究者，都试图从理论层面去解释"全域旅游"这一理念的内涵，或诠释其普适价值。

笔者深耕旅游研究，经历了景点旅游模式下的黄金时期，如今站在旅游产业转型的风口，结合10余年的旅游景区、乡村旅游、露营地规划实践经验，从市场的逻辑角度出发，通过深入思考、文献分析和案例研究，设计和编写了此书，力求为全域旅游的理论与实践研究献上绵薄之力。

本书共11章，章节顺序安排由浅入深、循序渐进、富有逻辑。第一章为本书导论，对全域旅游理论研究和方法研究进行评述；要厘清全域旅游这种概念和理论的来龙去脉，必须将其放在特定的社会发展背景下，才能深刻把握该理论的科学价值，因此第二章介绍了全域旅游发展的八大背景；第三章从基础理论和空间结构理论来阐述构建全域旅游的支撑理论基础，并重点对全域旅游的内涵进行解析；第四章在实践的基础上构建了全域旅游的战略体系；第五章率先界定了全域旅游产业链，并构建了其运行的模式；第六章首先对全域旅游规划和传统旅游规划进行区别界定，然后提出全域旅游规划的基本原则、基本程序和基本类型；第七章结合案例阐述了几种全域旅游开发的模式，并提出相应的开发对策；第八章简要介绍了在传统旅游基础设施的基础上，全域旅游的基础设施体系该如何构建；作为基础章节，第九章阐述了全域旅游发展的保障体系；作为全域旅游验收标准的"全域旅游示范区"，在第十章进行重点阐述，概述了其建设现状、验收标准和一些省市的案例；第十一章介绍了我们规划的一个全域旅游示范区域——黄陂区，其发展成果得到业内的认可，特将其发展模式——"雁阵模式"列为一章，以期为同行业其他全域旅游示范区建设提供借鉴。

在大众旅游的背景下，发展全域旅游是解决我国旅游产业发展的主要问题——旅游消费方式和旅游消费结构单一、旅游地域分布不均的重要途径，全域旅游作为一种理念，是区域发展的先行指引；作为一种追求，是游客对出行体验、居民对生活质量、政府对区域发展、企业对自我发展的追求；作为一种生活，代表当下的生活理念与生活品位，融合了生活文化与生活方式。本书在特定历史背景下，在全域旅游理论和实践方面开展初步研究，坚持理论结合实际，两者相辅相成，并提出浅薄看法。囿于学术水平，书中缺点、错误之处，望广大读者批评指正，以使本书不断丰富和完善。

邓爱民
2016年10月于武汉晓南湖畔

目 录

第一章　导　论 ... 1
 第一节　全域旅游理论研究评述 ... 2
 第二节　全域旅游方法研究评述 ... 6

第二章　全域旅游研究背景 ... 10
 第一节　互联网+与旅游+ ... 12
 第二节　高速路网与全民旅游休闲 ... 20
 第三节　旅游外交与供给侧改革 ... 28
 第四节　新常态与低碳低耗 ... 36
 第五节　走进全域旅游 ... 44

第三章　全域旅游理论体系 ... 45
 第一节　全域旅游理论基础 ... 45
 第二节　全域旅游内涵解析 ... 70

第四章　全域旅游发展战略 ... 78
 第一节　全域旅游核心要义 ... 78
 第二节　全域旅游战略前沿 ... 81
 第三节　全域旅游战略体系 ... 86
 第四节　全域旅游战略重点 ... 91
 第五节　全域旅游未来展望 ... 97

第五章　全域旅游产业链 …………………………………… 99
第一节　全域旅游产业链的界定 ……………………………… 100
第二节　全域旅游产业链的特点 ……………………………… 109
第三节　全域旅游产业链的运行 ……………………………… 111

第六章　全域旅游规划 ……………………………………… 116
第一节　全域旅游规划的理念创新 …………………………… 116
第二节　全域旅游规划的基本原则 …………………………… 124
第三节　全域旅游规划的基本程序 …………………………… 128
第四节　全域旅游规划的基本类型 …………………………… 131
第五节　全域旅游规划的项目开发 …………………………… 138

第七章　全域旅游开发 ……………………………………… 145
第一节　综合型全域旅游 ……………………………………… 145
第二节　景区依托型全域旅游 ………………………………… 151
第三节　都市功能区依托型全域旅游 ………………………… 156
第四节　生态功能区依托型全域旅游 ………………………… 161
第五节　特色产业依托型全域旅游 …………………………… 167
第六节　特色城镇美丽乡村依托型全域旅游 ………………… 170

第八章　全域旅游配套设施 ………………………………… 176
第一节　基础设施体系 ………………………………………… 176
第二节　服务设施体系 ………………………………………… 182
第三节　旅游辅助设施规划 …………………………………… 184

第九章　全域旅游保障体系 ………………………………… 191
第一节　政策法规保障 ………………………………………… 191
第二节　市场保障 ……………………………………………… 196
第三节　资金保障 ……………………………………………… 199

第四节　人力资源保障 ···································· 205
　　第五节　技术保障 ·· 210
　　第六节　安全保障 ·· 215
　　第七节　可持续发展保障 ·································· 221

第十章　全域旅游示范区 ······································ 226
　　第一节　全域旅游示范区概述 ······························ 226
　　第二节　全域旅游示范区建设的必要性 ······················ 231
　　第三节　全域旅游示范区建设现状 ·························· 232
　　第四节　全域旅游示范区验收标准 ·························· 235
　　第五节　全域旅游示范区建设案例 ·························· 238

第十一章　黄陂全域旅游发展——雁阵模式 ······················ 249
　　第一节　全域特色——发展优势 ···························· 249
　　第二节　全域观念——黄陂行动 ···························· 255
　　第三节　创新突破——发展成效 ···························· 260
　　第四节　全域升级——未来展望 ···························· 265

参考文献 ·· 269
后　记 ·· 272

第一章 导 论

当人类迈向21世纪的大门时，旅游的浪潮已席卷地球的每一个角落。随着交通日益便捷、科技日趋进步、通信日渐发达，人们的生活质量和生活方式都在发生着日新月异的变化。而旅游因其广泛的包容性，成为这类变化的重要标杆之一。旅游作为21世纪的重要产业，越来越受到各国顶层设计的重视。在国际交流层面，旅游外交可以达到"润物细无声"的效果，有力地打破政治壁垒，促进民间交流；在国家经济发展层面，"旅游+"的提出再次凸显了旅游业发展的带动性，随着其在扩内需、稳增长、增就业、减贫困、惠民生中独特作用的展现，国家方面已经将旅游业作为战略型支柱产业；在民族文化传承层面，中华民族作为最古老的民族，拥有五千年的历史，但在这个工业浪潮席卷后物欲横流的时代，文化的传承需要更主动的方式，而旅游是能够达到此目的的最佳方式，以旅游整合文化，让人类共享文明。

面对全域旅游展开科学研究伊始，我们面临一系列的问题：什么是旅游？旅游的本质是什么？全域旅游是什么？全域旅游的本质又是什么？考虑到旅游学术界多年来因受到旅游的技术性定义的牵制而本末倒置地去认识旅游、研究旅游，对其本质的认识，就更加是一个重要的问题——我们不能在开拓全域旅游这样一个新领域的初始体验阶段就犯以往那种影响至深的方法论错误。

旅游学科研究通常会涉及各种各样的学科的研究成果，看似每个领域都为旅游学科的研究贡献了独特的认识视角、研究方法和科学命题，但是旅游学科又总让人感觉依附在其他学科基础之上，不足以成为一级学科。笔者认为，旅游学科研究的过程中之所以会出现这些问题，至少说明了三种情况：一是迄今为止，大家对旅游的认识还不够深刻，以致有点像"盲人摸象"，摸到哪里说哪里；二是从反面论证了旅游的包容性确实大，牵涉范围确实广；三是当前的旅游学研究还处于多学科研究阶段，并没有达到跨学科状态。

针对以上旅游研究现状，笔者认为全域旅游恰巧是旅游研究的一个转折点或契机——从旅游本身出发，构建旅游知识共同体，并运用旅游研究的知识对经济、社会、心理、文化、地理、审美等学科给予令人满意的反哺。至少，随着大众旅游时代的到来，旅游是绝大多数人愿意主动去接触体验的一个产业，这为很多的研究提供了其必要性和基础数据。因此，全域旅游是什么，它是指在一定区域内，以旅游业为优势产业，通过对区域内经济社会资源进行优化提升，实现区域资源有机整合、产业融合发展、社会共建共享，以旅游业带动和促进经济社会协调发展的一种新的区域协调发展理念和模式。简单来说，全域旅游就是一种主人翁发展理念，并开始自觉地用"旅游学"的视角来审视旅游的本质和内容，从而构建旅游学科体系。

主人翁意识是指旅游在发展过程中要主动融入中心，纳入主流。多年以来，业界一直强调"旅游服从大局"，后来讲"旅游服务大局"，实际上无论是服从还是服务，都是在将旅游边缘化，都是作为客人在听从主人的吩咐。现在全域旅游要求"旅游构建大局"，当然，是指旅游要做"主人"。目前形势下，一要服务工业化，二要促进城镇化，三要推动国际化，四要拉动新农村建设，五要改变人们生活状态。随着社会的发展、人类的进步，以后旅游作为"主人"还要考虑得更多更广。

第一节　全域旅游理论研究评述

全域旅游的研究最早开始于概念，但学术界至今没有对其形成一个统一的定义。不同学者从不同角度分析全域旅游的内涵，对全域旅游的特征见解也各不相同。全域旅游之所以能得到学术界如此热烈的关注，笔者并不认为这是社会面临转型升级给旅游学术界的一次恩惠，而是旅游业第一次树立主人翁的角色，以区域主人的姿态去整合资源，谋求区域新发展。

一、国外全域旅游理论研究的进展

全域旅游可以直译为"Comprehence Tourism"。相关的翻译有以下两种：一种是"high-priority tourism development"，即高度优先旅游发展；另一种是"tourism as a regional pillar industry"，即旅游作为区域支柱产业。国外目前还没有真正提出全域旅游这一发展理念，但在生态旅游、乡村旅游等旅游发展模式下，有一些学者提到了一些与全域旅游发展相关的思想，主要集中在以下几个方面：

（一）关于旅游区域的研究

国外关于旅游区域的研究比较早，Zoran Klaric（1992）分析了空间组织下的克罗地亚旅游区的建立，定义了三种类型的旅游区域：与行政区域相联系的旅游区，独立的特殊旅游区，覆盖整个区域、超越行政界限的旅游区。他并指出克罗地亚旅游区最适合的是第三种定义。他首次提出了将旅游区域覆盖整个区域，超越行政界限的理念，这是全域旅游区域划分理念的雏形。

（二）关于以旅游业作为支柱产业

Lucy Kaplan（2004）提出了南非旅游支柱产业发展战略下的旅游技能发展，阐述了以旅游业作为支柱产业的地方人才技能培养的重要性。MalcolmBeynon(2009)虽没有正式提出全域旅游的概念，但其在文章中分析了几个具有代表性的以旅游业作为支柱产业的地区，并进行了经济因素分析。这是全域旅游发展理念中以旅游业作为支柱产业最早的研究依据。

（三）关于发展可持续性旅游产业

Joanne Connell（2009）针对新西兰政府出台的资源管理条例，提出实施以可持续旅游发展为目标的全国性的旅游发展策略，是对全域旅游发展内涵的进一步阐述。Rachel Dodds（2010）研究了实施可持续性旅游对大旅游目的地的重要意义。David Botterillb（2015）针对塞浦路斯的旅游可持续发展提出了发展中存在的问题，其复杂的政治环境、政治文化和社会环境对于可持续旅游发展的有效实施具有重要作用。AdrianaBudeanu(2016)提出了可持续性旅游存在的机遇、挑战与其进步性，从社区利益相关者的视角来研究可持续性旅游，最后说明了可持续性旅游的重要性。

（四）关于旅游城镇化

1964年，Stasfield在《美国旅游研究中的城乡不平衡》中首次指出城镇旅游研究是旅游业中一个不可忽视的领域。PeterHall曾预言，20世纪最后30年是欧洲主要城市和历史文化小城镇大旅游的时代。澳大利亚学者帕特里克马林斯对旅游城镇化这一概念做了最初的定义，他认为旅游城市化是20世纪后期出现的一种由单一的消费功能（旅游消费功能）而形成的一种新型、独特的城市化形式，这是基于后现代主义消费和后现代主义城市观的一种城市发展形式，是由休闲娱乐的销售和消费而形成的一种城市化模式。

Bardon通过对西班牙近20年城镇旅游的研究证明了现代城镇旅游非常有利于推动西班牙农村地区的发展。在许多国家，城镇旅游被认为一种阻止农业衰退和增加城镇收入的有效手段，Hall&Jenkins则指出在加拿大、澳大利亚、新西兰、东欧和太平洋地区在内的许多国家，都认为城镇旅游业是农村地区经济发展和经济多样化的动力所在。Luchian等认为把旅游业作为主导产业发展的城市和县，其城镇建设和发展嵌入了与旅游消费社会特征相关的目标体系，具有与工业城市不同的发展特点。

全域旅游可能与政治关联也比较大，在中国的政治体制下实施全域旅游比较可行，大部分发达国家的案例都是市场主导，旅游规划也是针对旅游影响管理和可持续旅游发展的，很少有政府部门作为主导的旅游发展，只有国家重点旅游资源才会由政府主导，并持续进行监管运营，如美国国家地质公园。所以系统的全域旅游发展理念在国外并没有真正被提出。

二、国内全域旅游理论研究的进展

梳理国内文献，发现全域旅游的概念探讨可以追溯到2010年。大连市委在2010年提出以"全域城市化"战略作为推进城乡统筹、落实国家战略、优化城市功能的基本举措，同时也是指导城市未来发展的最高战略。全域城市化即对大连全域范围进行城市化的整体规划，准确定位城市的发展目标和功能，通过新城的优化布局，适应功能区和行政区融合发展的要求，经过一定时期的经济社会发展、市场扩张和政府推进，在全域范围内逐步形成科学合理、资源共享、优势互补、功能完善、城乡对接与协调发展的城镇网络体系。

厉新建（2013）在《全域旅游：建设世界一流旅游目的地的理念创新——以北京为例》中首次对全域旅游概念进行了界定。所谓全域旅游，就是指各行业积极融入其中，各部门齐抓共管，全城居民共同参与，充分利用目的地全部的吸引物要素，为前来旅游的游客提供全过程、全时空的体验产品，从而全面地满足游客的全方位体验需求。全域旅游所追求的，不再停留在旅游人次的增长上，而是旅游质量的提升，追求的是旅游对人们生活品质提升的意义，追求的是旅游在人们新财富革命中的价值。

吕俊芳（2013）在《城乡统筹视阈下中国全域旅游发展范式研究》中提到全域旅游体现的是一种现代整体发展观念，区域各方面的发展应服务于旅游发展大局，形成全域一体的旅游品牌形象。她还对全域旅游产生的理论基础进行论述，提出全域旅游开展所应具备的3个基础条件，即社会条件、人口条件和资源条件。

石培华（2016）从全域旅游发展意义上作出了界定，认为全域旅游是一场具有划时代的转折意义的变革，是旅游业发展到现阶段的必然产物，在这场改革过程中，各方面都要作出积极的努力。

之后，杨振之的来也旅游研究规划院对全域旅游做了专题讲解，认为全域旅游的定义内涵主要包含以下几点：第一，区域旅游资源富集而工业发展基础薄弱或受限；第二，以旅游业为引导或主导，推进区域经济发展；第三，以旅游业为引导或主导，在全域合理高效地配置生产要素；第四，以旅游规划作为区域顶层设计，在旅游规划引导下实现"多规合一"，使"全域旅游"理念在城乡规划、土地利用规划、村镇规划、交通规划等方面切实落地，促使全域以旅游业为重心配置资源。

2016年2月，国家旅游局局长李金早在《全域旅游大有可为》一文中认为：全域旅游是指在一定区域内，以旅游业为优势产业，通过对区域内经济社会资源尤其是旅游资源、相关产业、生态环境、公共服务、体制机制、政策法规、文明素质等进行全方位、系统化的优化提升，实现区域资源有机整合、产业融合发展、社会共建共享，以旅游业带动和促进经济社会协调发展的一种新的区域协调发展理念和模式。这一概念总结了前面众多学者的观点，站在国家顶层设计层面给了全域旅游一个客观可行的概念。

全域旅游是一种理念，是区域发展的先行指引，决定区域战略目标的前瞻性和世界性，体现了发展观的价值取向。

全域旅游是一种追求，是游客对于出行体验的追求，是居民对生活品质的追求，是政府对区域发展的追求，是旅游目的地对自身可持续发展的追求。

全域旅游是一种生活，代表了当下的生活理念与品位需求，展现了各地的风俗文化与生活方式。

第二节 全域旅游方法研究评述

在实现全域旅游的过程中，还有一个工具性问题必须加以考虑，即全域旅游研究的方法论问题。在这个问题上，笔者认为其包含全域旅游认识方法和全域旅游衡量方法两个方面。

一、国外全域旅游方法研究的进展

克拉利克（Zoran Klaric）在1992年发表的《基于克罗地亚情况建立旅游区域》一文中定义了三种类型的旅游区域：与行政区域相联系的旅游区，独立的特殊旅游区，覆盖整个区域、超越行政界限的旅游区。英国和新西兰使用了第三种旅游区的定义，而最适合克罗地亚的也是第三种定义，基于整个空间组织模型，提议建设八个旅游区。该文虽没有直接建立与行政区域相联系的旅游区的模型，也没有将此种模式作为重点，但是介绍了相关的一些案例，值得我们在研究全域旅游方法时进行探讨。

瑞士阿尔卑斯山已经成功构建了规范系统的全域旅游业发展体系，构建了机动化与非机动化纵横的交通体系、分级与布局合理的城乡度假住宿服务体系、四季主题游乐活动体系以及不同地域特色的餐饮与康疗服务体系。从瑞士阿尔卑斯地区全域旅游发展案例可见，一个地区实现全域旅游发展的关键，在于构建涵盖吃、住、行、游、购、娱这旅游业"六要素"及其相关延伸产业和配套产业，构成门类齐全、品质优越、特色突出的"全域度假产业体系"。这些产业门类的发展互为因果，所集聚的门类越多，门类间的关联越紧密，则全域旅游的发展质量和可持续性越具保障。

二、国内全域旅游方法研究的进展

从"旅游整合"到"旅游+"再到如今的"全域旅游",近几年在中国,旅游不再只是作为独立的学科或独立的产业在进行发展,而是树立了更开放性的思维,形成了一个大生态系统。2010年,成都市大邑县在成都建设"世界现代田园城市"的新理念下,率先提出了发展全域旅游度假产业的全新理念。2015年8月召开的全国旅游工作研讨班,国家旅游局局长李金早从国家旅游局层面,首次明确提出全面推动全域旅游发展的战略部署,并给出量化工作目标。全域旅游经过1年多的发展,初步形成了全域旅游方法研究体系,也有了一定的研究成果。

(一)全域旅游认识方法研究

关于全域旅游认识方法可以回归到哲学的方法论层次上,方法论即人们认识世界、改造世界的根本方法。它是指人们用什么样的方式、方法来观察事物和处理问题。方法论是一种以解决问题为目标的体系或系统,通常涉及对问题阶段、任务、工具、方法技巧的论述。全域旅游方法论会对一系列具体的方法进行分析研究、系统总结并最终提出较为一般性的认识与发展原则。

对全域旅游方法的研究,学者们各抒己见。受到国家顶层设计的高度重视,全域旅游方法研究空前繁盛,也具有很强的实践价值。

大连市是最早发展全域旅游的城市,结合大连"大分散、小集中"的旅游分布现状,其发展方法是通过对旅游资源的重新整合,在不同区域内打造各自的旅游吸引物和服务业态:一是加强旅游与各产业之间的融合,二是构造布局合理的旅游空间格局,三是建设功能完善的旅游支撑体系。

魏小安提出在全域旅游中做旅游加减乘除:"旅游+",加强产业联动,体现综合性、覆盖性;"旅游-",弱化旧业态,强化新业态;"旅游×",放大效应,投资乘数,消费乘数,生态乘数,文化乘数;"旅游÷",政府、企业、市场各在其位,各谋其政,权力清单,责任清单,负面清单。

国家旅游局局长李金早在《全域旅游大有可为》一文中率先提出,实施全域旅游,是一项复杂的系统工程,需要进行系统的改革创新。一要创新发展战略，改革管理体制；二要创新经济社会发展规划和旅游规划；三要按照五大发展理念创新相关的统计监测和评价体系；四要创新投融资体制机制；五要创新旅游业态，积极培育旅游新业态，构建新的发展载体；六要试点先行、示范引领。

2016年，在全国旅游工作会上，对于如何具体落实从景点旅游发展模式向全域旅游发展模式转变，李金早提出要实现7个转变，包括从单一景点景区建设管理到综合目的地统筹发展转变、从门票经济向产业经济转变、从导游必须由旅行社委派的封闭式管理体制向导游自由有序流动的开放式管理转变、从粗放低效旅游向精细高效旅游转变、从封闭的旅游自循环向开放的"旅游+"融合发展方式转变、从旅游企业单打独享到社会共建共享转变等，最终实现从小旅游格局向大旅游格局转变。

笔者认为，李金早局长提出的从景点旅游发展模式迈向全域旅游发展模式，将全域旅游作为国家旅游发展战略，将各地开始萌芽的理念升华成为系统的全域旅游发展理念，将零散的实践探索提升为发展战略，这一重大发展理论创新和战略部署，具有战略全局性、方向引领性、问题针对性、普遍指导性、国际规律性、现实可行性，将成为引领我国旅游业迈上新台阶、开辟新天地的整体战略。

（二）全域旅游衡量方法研究

对于我国旅游业发展整体而言，推进全域旅游发展的转向是一个"慢变量"，对于整体发展格局的影响不会出现立竿见影的提升效果。但是，不能因为是"慢变量"就忽视它。正在经历升级发展的中国旅游业，应该在此理念指引下务实开拓，要坚信只要思路转变，很快就会有新的景象，很快就会使全域旅游从"慢变量"发展成为"关键变量"，从而助推我国旅游加速走向更美好的未来，实现旅游强国的目标。

在旅游业一直有一个说法，即旅游业每创造1元钱收入，可间接创造7元钱社会财富；旅游业直接增加1个就业岗位，可间接带动7个人就业。旅游经济学家魏小安也曾说，旅游活动的活跃对于某个区域经济发展的贡献是多方面的，除了带来经济的增长，还可以带来环境的优化、城市品牌的提升等价值。因此，对全域旅游的衡量也应该不同于以往，要综合进行考量。

全域旅游发展的考量标准主要是对全域旅游示范区的评定。根据国家旅游局创建示范区文件、国家旅游局局长李金早在2016旅游工作会提出的要求，全域旅游示范区的创建形成了8个方面1000分的验收标准，4个基本标准为准入门槛，总分750通过验收。这4个基本标准分别为：旅游对当地经济和就业的综合贡献达到一定水平、建立旅游综合管理和执法体系、厕所革命及其他公共服务建设成效明显、建成旅游数据中心。而8个方面的验收标准，则分别从地方政府重视和推进程度、旅游业发展情况、旅游产品特色、公共服务体系、要素配套、环境保护以及旅游安全、文明和游客满意情况作出了要求。

第二章 全域旅游研究背景

五四时期，李大钊先生发表了一篇文章《艰难的国运与雄健的国民》。文章说：人类在历史上的生活正如旅行一样。旅途上的征人所经过的地方，有时是坦荡平原，有时是崎岖险路。老于旅途的人，走到平坦的地方，固是高高兴兴地向前走，走到崎岖的境界，愈是奇趣横生，觉得在此奇绝壮绝的境界，愈能感到一种冒险的美趣。……要知在艰难的国运中建造国家，亦是人生最有趣味的事。

2016年，中国已经发展到了一个新的历史阶段，可以用雄健的国运与创新的国民来概括。在这样一个阶段，创新是主驱动力，是继往开来的关键，也是对《艰难的国运与雄健的国民》在新的历史时期一个很好的回应。也只有如此才能从根本上完成中华复兴，不是历史上的辉煌再现，而是在更为广阔、更为深邃、更为久远的意义上获得新生，无可厚非，这是一个最好的时代，是一个能够好好干事业的大时代。

从政策层面上看，2009年，《国务院关于加快发展旅游业的意见》首次明确了旅游业"国民经济的战略性支柱产业和人民群众更加满意的现代服务业"的定位；2012年2月和7月，《关于金融支持旅游业加快发展的若干意见》和《关于鼓励和引导民间资本投资旅游业的实施意见》分别出台，全力推动旅游产业投资发展；2013年，《国民旅游休闲纲要（2013—2020年）》提出到2020年，职工带薪年休假制度基本得到落实，城乡居民旅游休闲消费水平大幅增长的发展目标；2014年，《关于促进旅游业改革发展的若干意见》提出要增强旅游发展动力，扩张旅游发展空间；2015年，《2015年全国旅游工作会议报告》

重点提到了旅游大投资大项目问题；2015年7月，《关于进一步促进旅游投资和消费的若干意见》针对增强旅游投资和消费，提出了6个方面、26条具体政策措施，随后，国家旅游局下发了《关于开展"国家全域旅游示范区"创建工作的通知》（旅发〔2015〕182号）。7年内，国务院密集下发多个文件，这样的情况，在历史上从未有过。综观这些重要文件，可以说是党和国家领导集体应对大时代、迎接新挑战的重要战略部署，也是高层领导共识的具体表现。

从行业产业报告统计的数据上看，国民人均出游从1984年的0.2次增长到2015年的3次，增长了14倍；国内游客数量从1984年约2亿人次扩大到2015年40亿人次，增长了19倍，年均增长10.2%；国内旅游收入也从1985年的约80亿元增加到2015年的34200亿元，增长了426.5倍，年均增长22.4%。而2016年，我国旅游行业的总收入将以10%的比例递增；旅游投资也将实现同比增长20%的目标。预计到2020年，中国国内旅游规模将达到68亿人次，平均为人均5次；中国人均国内旅游消费将达到1700元，国内旅游消费总额将达到10.5万亿元，入境旅游人数达到1.6亿人次，旅游外汇收入超过1600亿美元。

顺势而为，事半功倍，谁也不愿意行逆风船，做逆风事。春种夏播，一定要按季节、规律行事。如今，旅游产业的转型、升级，恰恰在一个顺风顺水、大势所向的情境下开展。

从我国社会经济发展的背景来看，全域旅游是在我国社会经济发展进入新常态时提出来的，中国经济的新常态与中国旅游的常态发展所形成的态势差，使得大量的资本、技术进入旅游产业。在这种情况下，如果不从全域范围放大旅游业的容量，旅游是难容纳这些大资本和大技术的进入的。我国旅游发展是沿着一条从"小旅游"向"大旅游"发展的道路走过来的。进入21世纪，我国旅游市场变大了，旅游产品变多了，旅游形态和旅游业态更丰富了，标志着我国旅游进入了"大旅游"发展阶段。

基于此，本章归纳、展示了新时期旅游业发展的8个时代性命题，这8个时代性命题是中国旅游下一步发展的重点和难点，是需要进一步研究和关注的中心话题。同时，每一个命题在旅游发展中都有新格局、新位置，也都有新发展的契机，把握住这些契机，中国旅游才会走在时代的前沿。

第一节 互联网+与旅游+

一、互联网+

（一）互联网+概述

互联网+代表一种新的经济形态，即充分发挥互联网在生产要素配置中的优化和集成作用，将互联网的创新成果深度融合于经济社会各领域之中，提升实体经济的创新力和生产力，形成更广泛的以互联网为基础设施和实现工具的经济发展新形态。互联网+有六大特征（见图2-1）：

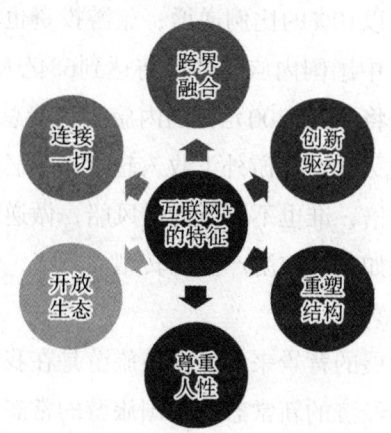

图2-1 互联网+的六大特征

1.跨界融合

+就是跨界，就是变革，就是开放，就是重塑融合。敢于跨界了，创新的基础就更坚实；融合协同了，群体智能才会实现，从研发到产业化的路径才会更垂直。融合本身也指代身份的融合，客户消费转化为投资，伙伴参与创新，不一而足。

2.创新驱动

中国粗放的资源驱动型增长方式早就难以为继，必须转变到创新驱动发展这条正确的道路上来。这正是互联网的特质，用所谓的互联网思维来求变、自我革命，也更能发挥创新的力量。

3.重塑结构

信息革命、全球化、互联网业已打破了原有的社会结构、经济结构、地缘结构、文化结构。权力、议事规则、话语权不断在发生变化。互联网+社会治理、虚拟社会治理会是很大的不同。

4.尊重人性

人性的光辉是推动科技进步、经济增长、社会进步、文化繁荣的最根本的力量，互联网的力量之强大最根本的也来源于对人性的最大限度的尊重、对人体验的敬畏、对人的创造性发挥的重视，如UGC、卷入式营销、分享经济等。

5.开放生态

关于互联网+，生态是非常重要的特征，而生态的本身就是开放的。我们推进互联网+，其中一个重要的方向就是要把过去制约创新的环节化解掉，把孤岛式创新连接起来，让研发由人性决定的市场驱动，让创业并努力者有机会实现价值。

6.连接一切

连接是有层次的，可连接性是有差异的，连接的价值是相差很大的，但是连接一切是互联网+的目标。

（二）互联网+，加什么

2015年，华泰联合证券总裁刘晓丹女士从"加什么"的角度捕捉到了三类现象，即加故事、加资本、加人。加故事也就是加概念，只要有一个朦胧的故事，都会引起资本的躁动；加资本，目前越来越多的传统企业，开始用资本去参股投资或者并购互联网企业，带着他们转型的焦躁，同时以BAT为代表的互联网公司，开始用资本投资A股传统线下的龙头公司；加人，越来越多的互联网公司开始招募或挖掘传统行业里面经营了很多年的实业人才，加盟到他们的公司去，同时越来越多的传统行业公司开始敞开怀抱，在资本嫁接的纽带基础上迎来越来越多互联网的人。如果人的相加能够带来基因的改变，那么就会起到化学的反应。

笔者觉得刘晓丹女士所捕捉到的三类现象过于笼统，只能作为理念上的借鉴。很多人看后还是疑惑：互联网什么都能加吗？

笔者认为，目前适合互联网+的传统企业至少应该具备以下三个特点中的一个：

1. 轻资产

轻资产企业的特点就是"虚"的东西多，如核心技术、品牌标准、金融服务、网络服务、中介服务、内容服务等，这类行业有信息传输、软件和信息技术服务业，金融业，租赁和商务服务业，科学研究和技术服务业，教育，卫生和社会工作，文化、体育和娱乐业等。这些行业的企业的资产越"轻"就越更适合互联网的全盘改造。

2. 提供不受时空限制的商品或服务

这些商品和服务有可能是虚拟的，如新闻、音乐、学术论文、培训、金融服务、信息传输等，也有可能是经过对流程的优化和全链整合可以极大缩短时空限制的商品或服务，如电子商务业通过对物流业的改造，使实物商品到达用户手中的速度大幅缩短，商品和服务的时空限制越来越小。

3. 业务流程中某些环节可以进行互联网改造

一些企业通过业务流程的改造，通过线上体验模式的创新，对传统的线下资源进行整合，实现O2O闭环，实现互联网化（可以已有O2O实施案例来判断是否可行），这些企业集中在生活消费领域。还有一些企业在产品设计和生产上依然采用传统模式，但对市场手段、销售渠道进行了互联网改造，通过互联网进行市场和销售运作，这种传统企业集中在制造业、物流运输业等。

二、旅游+

科幻作家威廉·吉布森（William Gibson）有一句名言："未来已经来临，只是尚未流行。"我国正在迎来一个旅游+新时代。习近平总书记指出，旅游是综合性产业，是拉动经济发展的重要动力。李克强总理于2015年主持召开国务院常务会议时审议通过了《关于进一步促进旅游投资和消费的若干意见》，我们要以开明的态度、开放的思路、开拓的精神，积极推进旅游+。国家旅游局局长李金早也多次提到旅游+。那旅游+到底是什么，又加什么呢？

（一）旅游+概述

旅游+是指充分发挥旅游业的拉动力、融合能力，以及催化、集成作用，为相关产业和领域发展提供旅游平台插上"旅游"翅膀，形成新业态，提升其发展水平和综合价值。在此过程中，旅游+也有效地拓展旅游自身发展空间，推进旅游转型升级。

旅游+与互联网+一样，具有"搭建平台、促进共享、提升价值"的功能。互联网以其无处不在的技术力量，通过互联网+全面深刻地改变世界；而旅游则以其强劲的市场开拓力量、美好生活追求动力及人文交流优势，通过旅游+给世界带来深刻影响。作为需求旺盛、潜力巨大的产业，旅游+有以下四个鲜明特征：

1. 旅游+是需求拉动、市场推动的"+"

旅游+以巨大的市场力量和市场机制，为所"+"各方搭建巨大的供需对接平台。

2. 旅游+是创造价值、放大价值的"+"

旅游+不是机械的"+"，不是简单的"1+1"，而是有机融合，会发生化学反应，产生"1+1>2"的效果。这种"+"的魅力就在于，能"+"出新的价值、新的惊喜。

3. 旅游+是以人为本、全民参与的"+"

旅游+是一个可以广泛参与、广泛受益、广泛分享的"+"，而且，"+"的过程就是一个人力资本开发、创造力激发的过程。旅游是人本经济，旅游+的核心是人的发展，实质是通过人来实现"+"，用"+"来服务人。

4. 旅游+是可以充分拓展的"+"

旅游业无边界，旅游+具有天然的开放性、动态性，"+"的对象、内容、方式都不断拓展丰富、多种多样，"+"的速度越来越快。经济社会越进步发展，旅游+就越丰富多彩。就此而论，旅游+也是我国改革开放发展的重要成果和标志。

（二）旅游+，加什么

旅游是一个无边界的产业。旅游+是多方位、多层次的，加的方式也多种多样。

1. 战略层面：旅游+国家重大战略

旅游业具有综合功能带动优势，可以有效对接、服务国家重大战略。

（1）旅游+"五位一体"建设。第一，在经济建设中，旅游业是战略性支柱产业，是稳增长、调结构、转方式的重要力量；第二，在政治建设中，红色旅游是推进社会主义核心价值观教育的重要载体；第三，在文化建设中，旅游是文化传承保护、文化创意产业发展的市场载体和需求动力；第四，在社会建设中，旅游是促就业、惠民生的重要领域，催生新的社会组织形态和生活方式；第五，在生态文明建设中，旅游是转化生态价值、传播和分享生态文明的美丽产业，是资源节约、环境友好、生态共享的绿色产业。

（2）旅游+"五大发展理念"。创新、协调、绿色、开放、共享的新发展理念，为推动我国旅游业取得更大发展提供了理论指引。

第一，创新发展方面，全域旅游是发展理念和发展模式的创新，也是旅游业转型升级的方向。发展全域旅游，就是要提升旅游业发展能力，拓展区域旅游发展空间，培育区域旅游增长极，构建旅游产业新体系，培育旅游市场新主体和消费新热点。

第二，协调发展方面，发展全域旅游有利于统筹实施供给侧结构性改革，促进供需协调；有利于推动区域特色化发展，促进景点景区内外协调；有利于推进乡村旅游提质增效，促进城乡协调；有利于完善产业配套要素，促进软硬件协调；有利于提升整体服务水平，促进规模质量协调。

第三，绿色发展方面，发展全域旅游能把生态和旅游结合起来，把资源和产品对接起来，把保护和发展统一起来，将生态环境优势转化为旅游发展优势，将绿水青山变成金山银山，创造更多的绿色财富和生态福利。

第四，开放发展方面，全域旅游更加注重拓展开放发展空间，打破地域分割、行政分割，打破各种制约，走全方位开放之路，形成开放发展的大格局。

第五，共享发展方面，实施全域旅游、促进城乡旅游互动和城乡发展一体化，不仅能带动广大乡村的基础设施投资，提高农业人口的福祉，还能提升城市人口的生活质量，形成统一高效、平等有序的城乡旅游大市场。这是全面建成小康社会的重要内容和重要标志。

（3）旅游+"五化"发展战略。第一，旅游+新型城镇化，有利于发展特色旅游城镇，发挥旅游对新型城镇化的引领作用；第二，旅游+新型工业化，有利于发展旅游装备制造业、户外用品、特色旅游商品，发展工业旅游，创新企业文化建设和销售方式新形态；第三，旅游+农业现代化，发展乡村旅游、休闲农业等现代农业新形态；第四，旅游+信息化，将旅游业培育为信息化最活跃的前沿产业，用信息化武装旅游；第五，推进旅游+生态化，大力发展生态旅游，推进旅游生态化。

2. 重点行业：旅游+新的生活方式

从人的需求出发，旅游可以+新生活方式。

（1）旅游+研学（教育）。研学旅游或游学在中外都有悠久的历史。我国古代文人墨客给我们留下了大量的游学故事和作品，成为中华文化永放光芒的瑰宝。李白、杜甫等文豪的杰作，许多可谓游学之作。经过许多年沉寂之后，游学近年来又悄然兴起。越来越多的学校和家庭认识到"读万卷书、行万里路"对青少年成长发展的重要性。许多学子感受到寓学于游、寓学于乐的乐趣，研学旅游在国内蔚然成风，有的还走出国门。研学旅游成为许多青少年假期生活的重要内容。

为适应我国研学旅游发展需求，国家旅游局正在开展中国研学旅游目的地和研学旅游示范基地建设，为研学旅游提供高水平的场所；成立内地游学联盟，鼓励有条件的地方开展多种形式的研学旅游活动。下一步要健全研学旅游安全保障机制，提高安全保障水平；推动国际研学旅游交流，会同有关部门规范和引导中小学生赴境外研学旅游，维护出境研学旅游秩序，保障青少年出国出境研学旅游质量和权益。

（2）旅游+交通（汽车、高铁、低空）。目前，我国铁路运营总里程已突破11万公里，居世界第二位。其中高铁运营总里程超过1.5万公里，居世界第一位，基本形成覆盖全国的高速铁路网。

我国游客选择自驾游出行的比例已超过70%，庞大的自驾游规模和日益兴起的房车旅游对营地建设产生了巨大的市场需求。高铁的开通，汽车保有量的增加、航空条件的改善，极大地便利了游客出行。

顺应"旅游+交通"时代需要，国家旅游局着手编制全国自驾车房车营地建设规划和建设标准，促进自驾车房车营地建设，协调出台营地住宿登记、安全救援等方面的政策措施，鼓励有条件的地区和丝路沿线、长江经济带建设一批自驾车房车营地，依托铁路网，开发高铁旅游、旅游专列和"东方快车""新中欧"等铁路旅游产品，开发建设铁路沿线旅游产品；积极发展低空旅游，培育低空旅游目的地和产业链。

（3）旅游+休闲（度假）。目前，我国人均GDP已超过7000美元，旅游需求进入爆发式增长阶段。为优化休假安排，更好适应职工和居民休闲旅游需求，国务院办公厅出台了《关于进一步促进旅游投资和消费的若干意见》，提出要强化落实带薪休假，要求各地政府制定落实带薪休假的实施细则，鼓励错峰休假和弹性作息，这一系列政策受到社会广泛关注和民众普遍欢迎。

为了适应我国城乡居民旅游消费快速增长和转型升级需求，国家旅游局启动了国家旅游度假区创建工作，开展了中国国际特色旅游目的地创建工作。下一步将引导社会资本建设一批满足大众化、多样化、多层次休闲度假需求的国民度假地；支持景区和城市发展旅游演艺，丰富旅游者晚间休闲生活；支持引导社会资本开发温泉、滑雪、滨海、山地休闲度假产品，加快推动环城市休闲度假带建设，鼓励城市发展休闲街区、绿道、骑行公园、慢行系统，拓展城市休闲空间。

（4）旅游+新型养老。老年旅游是新兴旅游市场，当前我国60岁以上的居民超过1.6亿人，到2020年将超过2亿人，随着我国人口老龄化的发展，老年旅游需求大幅上升，旅游消费潜力巨大。

针对当前老年人旅游产品少，服务不规范，异地医疗费用结算和商业保险不健全等问题，国家旅游局将会同有关部门，研究制定实施全国老年旅游发展纲要，规范老年旅游服务；鼓励开发多层次、多样化老年旅游产品；加大对乡村旅游养老旅游项目支持，鼓励民间资本使用农民集体所有土地合作办非营利性乡村养老机构；推动保险机构开发更多适合老年旅游需要的商业保险产品。进一步维护好老年人旅游合法权益，解决老年人旅游后顾之忧，激发老年人出游热情。

（5）旅游+健康养生。近年来，中医药健康旅游方兴未艾，正在成为旅游消费新热点，特别对境外游客有很强的吸引力。

国家旅游局与国家中医药局密切合作，共同开展中医药健康旅游试点城市和中医药健康旅游示范产品建设；鼓励有条件的地方建设一批中医药健康旅游产业示范园区，在业态创新、机制改革、集群发展方面先行先试；规范中医药健康旅游市场，完善标准，加强质量监管；推动中医药健康旅游国际交流合作，中医药文化通过旅游更有效地走向世界。

（6）旅游+购物。旅游商品种类少、品质低、特色不够，一直是我国旅游要素中的一个短板。目前，我国旅游消费构成中旅游购物消费只占24%左右，远低于旅游发达国家40%~70%的比重。

为提升旅游购物水平，推进中国旅游商品特色化发展，增强市场吸引力，国家旅游局今年举办了中国国际旅游商品博览会、中国旅游商品大奖赛等活动，正在实施中国旅游商品品牌提升工程，加大旅游商品研发、创意支持力度。

下一步，将推进旅游商品与大众创业、万众创新，鼓励新型市场主体开发特色旅游商品；培育龙头旅游商品企业，加大对老字号商品、民族旅游商品的宣传，提出中国特色旅游商品系列；鼓励优质旅游商品进入主要口岸、机场、码头的购物区和城市大型商场超市，支持在线旅游商品销售；配合相关部门做好适当增加口岸进境免税店相关工作，扩大境内消费。

3.热点领域：旅游+重大领域突破

（1）旅游+互联网，用信息化武装旅游。互联网正在以人们始料未及的速度改变着旅游组织方式、市场经营模式以及游客的出游方式和消费方式。围绕推动"旅游+互联网"跨产业融合，国家旅游局出台了《关于促进智慧旅游发展的指导意见》，采用PPP模式建设国家智慧旅游公共服务平台，制定了景区电子门票管理导则标准，启动旅游应急指挥平台建设。

（2）旅游+美丽乡村建设，开展旅游精准扶贫。我国乡村旅游资源丰富，市场空间广阔。乡村旅游扶贫是农村扶贫开发的重要渠道。为推动乡村旅游转型升级，发挥乡村旅游扶贫的积极作用，我们将开展"乡村旅游'千千万万'品牌推介行动"。

（3）旅游+大众创新、万众创业。习近平总书记多次强调要"开创人人皆可成才，人人尽其才的生动局面"。李克强总理指出"高手在民间，破茧可出蚕"。乡村旅游是大众创业、万众创新的重要领域，特别适合返乡农民工、大学毕业生和专业技术人员自主创业。

近年来，随着乡村旅游快速发展，大批返乡农民工通过参与乡村旅游经营服务实现了发家致富；越来越多的大学毕业生和文化、艺术、科技等专业技术人员落户乡村，将自身的专业优势与乡村的资源优势、旅游的市场优势结合起来，开展创作创业，在全国形成了一批乡村旅游创客基地。鼓励文化艺术界、科技界专业人员，发挥专业优势，在有条件的旅游地进行创作创业，使乡村旅游成为大众创业、万众创新的活力之地。

（4）旅游+外交，形成旅游外交。"国之交在于民相亲，民相亲在于心相通"。旅游作为增进民间交往，促进民众感情交流的重要载体，在国家外交中正在扮演着越来越重要的角色。

国内外实践表明，旅游外交具有很强的弹性，灵活多样，植根于民众。在双边关系良好时，旅游交往可以成为发展国家关系的加速器；在双边关系不畅时，旅游交往可以成为改善国家关系的润滑剂；在双边尚无正式外交关系时，可以先行开展旅游交往，使民众交往成为国家关系正常化的导航器。

随着经济社会和旅游业不断发展，旅游+的内容会越来越多，各地旅游+的内容也各有侧重、各有特色，需要因地制宜、因时制宜地选择旅游+的优先领域重点突破。

第二节　高速路网与全民旅游休闲

一、高速路网

近年来，我国政府始终把发展交通运输作为国家经济建设的重点之一。"经济发展，交通先行"的理念已经深入旅游发展的决策和政策的制定，"要想富，先修路"也在民间广为流传。经过60多年的重点建设和加快发展，我国交通运输业已取得了举世瞩目的成就，由公交、铁路、航空、水路以及特种旅游交通等现代化运输方式所组成的区域范围乃至全国范围的综合运输网络体系已初具规模。

互联网信息的互通，无疑将在很大程度上推动旅游业的发展。人们掌握的外部信息越多，就越渴望去体验异域的文明，而如今便捷的交通工具可以将旅游者迅速运送到全国任何旅游目的地；人们日益开放的心态也克服了固有的民族、排外心理或文化沙文主义态度，促进了五十六个民族更平等地交流。

（一）高铁发展概况

2009年12月26日，武汉到广州之间的高速铁路开通，运营里程1068.6公里，武汉至广州的运营时间由原来的10小时30分钟缩短至3小时内；2014年6月首条高铁进新疆，乌鲁木齐到兰州的时间由16小时缩短至9小时左右。2016年3月14日，中国铁路总公司公布的全国铁路近十年最大规模调整图显示，除了增加京沪、京广、宁杭、贵广等高铁增开傍晚后时段的夜班动车100余对，还将增开60余条旅游专列运行线，围绕满足红色旅游、老区旅游、边疆旅游、家庭旅游、休闲旅游和生态、森林、工业、体育等特色旅游需要，增开多趟前往旅游城市、景点的旅客列车。

2013—2015年，中国铁路建设特别是高速铁路建设加快推进：中国铁路固定资产投资分别达到6901亿、8176亿、8238亿元，三年总投资2.33万亿元；投产铁路新线分别达到5027、8426、9531公里，三年共投产新线2.3万公里；新增高速铁路营业里程分别达到1672、5428、3382公里，三年共投产高速铁路10482公里。至2015年年底，中国铁路营业里程超过12万公里，位居世界第二；"四纵四横"高铁主骨架基本建成，投入运营的高速铁路超过1.9万公里，位居世界第一。特别是一条条高速铁路建成投产，让祖国各地竞相进入高铁时代。

经济基础决定上层建筑。高铁带来高速，高速促进经济发展，人们的思想观念也必将随着经济的发展而变化。我们期待高铁给旅游产业新一轮的建设与发展带来更强大的动力和活力。

（二）高速发展概况

与此同时，国家高速路网形成了7条首都放射线、9条南北纵向线和18条东西横向线组成（简称7918网）的"放射线与纵横网格相结合"的规划布局，总规模约8.5万公里的高速公路将连接全国所有的省会城市、目前城镇人口超过50万的大城市以及城镇人口超过20万的中等城市。将实现东部地区平均30分钟上高速，中部地区平均1小时上高速，西部地区平均2小时上高速，充分考虑为旅游提供快速通道的需要。

此外,国家电网宣布2016年我国将进一步加快推进国家公路快充网络和城市充电网络建设,在已经建成的京沪、京港澳、青银、沪蓉和宁沪杭环线,两纵两横一环高速公路城际快充网络的基础之上,建设七纵四横两网格高速公路快速充电网络。七纵是指沈海、京沪、京台、大广、京港澳、二广、包茂高速,四横是指青银、连霍、沪蓉、沪昆高速等,两网格是指京津冀鲁网格和长三角网格,这无疑为长途自驾旅行更提供了方便。

(三)发展契机

交通方式决定旅游方式,这是旅游发展过程中的重要规律。古代只能是"细雨骑驴入剑门",常年车旅在外;高速和铁路则开创了工业时代的旅游格局,航空发展决定了越洋旅游的现代格局。而高速路网时代的来临,将使中国旅游发展格局建立在一个新的基础上,旅游的便利性将大为提升。

交通体系的完善,对旅游产生巨大的促进作用。根据2016年清明节三天的旅游统计数据,高铁沿线地区成为清明小长假旅游市场的新亮点。例如,贵州黄果树、西江苗寨、婺源油菜花和桂林山水等景区,在清明节期间正迎来观赏的好时期,独特的自然景观对游客有着较大吸引力。而高铁线对这些地方覆盖后,交通的便利明显带动了游客量的走高。

同时,旅游也会大幅度提高高速交通的利用率,2015年国庆中国出游7.5亿人,铁路运输出现井喷,高速路也多路段堵不堪言。由此可见,旅游的发展也带来了公共交通部门收入的阶段性井喷式增长。

对于旅游的交通建设,除了要关注速度,还要想办法增加旅途的景观观赏。例如,古镇旅游发展的需求,会开创另一个交通格局,古街古巷不只是单纯的交通道路,而是生态路、文化路、旅游路、交通路的四路合一。

另外,速旅缓游已经成为旅游市场的客观需求,速缓相接,减少路上所耗费的时间,增加目的地体验游玩时间,这也就减少了刚性时间的浪费,意味着游客体验的升级和旅游效率的提升,最终意味着旅游与交通达到双赢。

二、全民旅游休闲

谢彦君(2001)将旅游定义为"个人以前往异地寻求审美和愉悦为主要目

的而度过的一种具有社会、休闲和消费属性的短暂经历",从中可以清楚地洞悉到休闲对旅游发展的重要性,它是旅游的一个前提要素。

(一)政策环境

从休假制度设计来看,20多年来,国内法定假日经过3次调整,已形成40多个双休日加两个黄金周,再加3个小长假的总体格局,全年约有115个假日,为休闲旅游提供了市场发展基础。此外,2016年8月国务院第62号文中又提出探索实施2.5天休假模式,鼓励有条件的地方和单位根据实际情况依法优化调整夏季作息时间安排,为职工周五下午和周末度假创造了有利条件,这一举措为旅游休闲提供了新的发展机遇。

1. 带薪休假制度

具体来讲,国务院2013年2月18日正式对外颁布的《国民旅游休闲纲要(2013—2020年)》,标志着由国家主导的国民休闲开始启动,中国即将跨入国民休闲时代。纲要分别从保障旅游休闲时间、改善旅游休闲环境、推进旅游休闲基础设施建设、加强旅游休闲产品开发与活动组织、完善旅游休闲公共服务、提升旅游休闲服务质量六个方面提出了一系列任务和措施,这无疑为旅游与休闲产业的发展创造了千载难逢的条件和机遇,也将促进公民福利及为旅游业腾飞提供政策支持和发展利好。

(1)纲要为旅游开发带来了新机遇。纲要提出,各级财政要逐步增加旅游休闲公共服务设施建设的资金投入,将旅游休闲设施的建设纳入城市建设和地方发展规划。这意味着,政府对旅游休闲产业属性的认识将向公共服务性质方向转化,并谋求在发展规划中予以保障和支持,这将带动地方政府对休闲设施基础建设的投入。

(2)纲要为旅游开发增加了新动力。由于带薪休假制度的逐步落实,市民将会选择错峰出行,让52个周末游变成365天旅游日,让旅游真正成为日常生活不可或缺的组成部分,全民休闲将会为旅游带来新一轮的"井喷"。

2. 2.5天休假方式

2015年7月《关于进一步促进旅游投资和消费的若干意见》明确指出要优化休假安排,激发旅游消费需求。其中第二十一条提到,落实职工带薪休假制度。各级人民政府要把落实职工带薪休假制度纳入议事日程,制订带薪休假制度实施细则或实施计划,并抓好落实。第二十三条提到,鼓励弹性作息。有条件的地方和单位可根据实际情况,依法优化调整夏季作息安排,为职工周五下午与周末结合外出休闲度假创造有利条件。

国务院发文促进旅游消费,鼓励2.5天休假方式,这意味着全民休闲度假时代的来临。这样的休假方式,促进旅游消费的同时也促进了短途旅游市场的形成,也催生了休闲度假的市场。城市生活的人们在工作之余到城市周边的郊区、乡村去呼吸新鲜空气、享受充裕的郊野生活,或者去到异域体验不一样的生活,已经成为城市生活中不可分割的一部分。

3. 2015世界休闲高峰论坛青岛宣言

为了更好地推动休闲产业健康发展,2015世界休闲高峰论坛在青岛莱西一致通过如下宣言:

(1)保障休闲权利,加强休闲教育。加强休闲教育,引导人们树立正确的休闲观,倡导健康科学的休闲方式。以学校、机构和社区相结合的方式,创新人才培养模式,提高休闲教育质量,进行休闲技能培训,丰富人们的休闲选择,改善人们的休闲体验,满足日益增长的休闲消费需求。

(2)推动产业融合,创新休闲供给。积极推动休闲产业与其他产业的融合,大力发展休闲农业、休闲工业和休闲商业,创新建设文化休闲、体育休闲、海洋休闲、山地休闲、养生休闲等多元化的休闲产品。积极利用大数据、云服务的发展,构建"休闲+"的产业发展体系。围绕需求链、形成服务链、培育产业链、扩大产业面、壮大产业群,全面推动休闲产业群的形成。

(3)完善休闲设施,提升休闲环境。完善城乡休闲产业专项规划,加强各类休闲区建设,拓展都市休闲、乡村休闲发展空间。支持汽车旅馆、自驾车房车营地、邮轮游艇码头等旅游休闲基础设施建设,加强公园绿地、绿道等公共休闲场所保护,完善城乡公共休闲设施,推进休闲服务信息共享,全面提升城乡休闲环境。

(4)倡导休闲运动,发展体育休闲。构建一批休闲运动基地,依托海洋、海岸和海岛,积极发展海洋休闲运动;依托山地和丘陵,积极发展山地休闲运动;依托内陆河湖,积极发展水上休闲运动;抓住低空开放机遇,大力发展低空休闲运动。构建体育场馆、学校、培训基地、社区和乡村活动中心等多元化多层次的休闲运动场所体系,促进全民休闲体育运动的发展。

(5)制定休闲标准,强化休闲服务。突出休闲标准的引导作用,以标准指导产业发展,以标准引领产业进步。建立健全休闲活动的安全、秩序和质量的监管体系,加强跨行业、跨地区、多渠道的沟通和协调,完善国民休闲质量保障体系。推行休闲礼仪培训,制定具有地域特色的休闲服务标准,树立休闲服务品牌形象,构建休闲服务的软实力。

(6)促进区域合作,共享休闲成果。加强休闲教育、休闲文化、休闲产业等领域多方面、多层次的区际交流和国际交流,加强区域之间政府间和民间的合作交流,鼓励投资建设休闲设施的资金双向或多向流动,通过市场共建、客源共享、交互宣传等多种方式,促进区域之间的合作,共同做大做强休闲市场,分享休闲发展的经验,共享休闲发展的成果。

"2015世界休闲高峰论坛青岛宣言"表明休闲已经成为经济发展、社会进步和文化繁荣的重要内容,成为地区经济硬实力、生态软实力和文化软实力的重要象征,成为人本化、和谐化、国际化的重要体现。

(二)休闲时代到来

1. 中国国民收入稳步提升

国家统计局2015年2月26日发布的《2014年国民经济和社会发展统计公报》显示,"城乡居民收入继续增加。全年全国居民人均可支配收入20167元,比上年增长10.1%,扣除价格因素,实际增长8.0%。按常住地分,城镇居民人均可支配收入28844元,比上年增长9.0%,扣除价格因素,实际增长6.8%;城镇居民人均可支配收入中位数为26635元,增长10.3%。农村居民人均可支配收入10489元,比上年增长11.2%,扣除价格因素,实际增长9.2%;农村居民人均可支配收入中位数为9497元,增长12.7%。按常住地分,城镇居民人均消费支出19968元,增长8.0%,农村居民人均消费支出8383元,增长12.0%"。国民收入稳步增长为我国休闲大发展奠定了良好基础。按照综合测算,2014年中国休闲产业规模约为3.6万亿元,相当于社会消费品零售总额的13.8%,相当于GDP的5.7%。2015年,我国休闲产业规模突破4万亿元。

《国民旅游休闲发展研究报告》显示,76.2%的受访者认为休闲是基本权利,是缓解压力、幸福生活的重要内容,休闲消费和休闲时间增长明显,73%

的人认为旅游休闲是最心仪的休闲方式，旅游休闲消费占休闲花费的64.8%，未来将成为国民重要的消费方式。

2.人均GDP超过5000美元

2014年，我国人均GDP达到7589美元（按照IMF数据），已步入工业化后期起步阶段。其中，北京、天津、上海、江苏、浙江、广东、福建、内蒙古八省区市人均GDP业已突破1万美元，基本上进入后工业化时代。而这阶段显著特点是消费沿着衣食住行以及非物质消费的方向升级，这无疑成为我国休闲社会发展的基础。

3.城镇化率超过50%

2011年，中国城镇化率首次突破50%。2014年，中国城镇化率达到54.77%。城市型社会为主导，意味着生活方式和价值观念的巨大转变，休闲也因而进入中国公民的主流价值观，进而衍生出新的生活方式和需求。

4.服务业占GDP比重超过工业

2013年，中国服务业增加值占GDP比重首次超过工业。2014年，这一比重达到48.2%，高出第二产业5.6个百分点，标志着中国服务经济社会的到来。

（三）发展趋势

从一般的消费发展阶段看，在求温饱的时期，主要解决吃、穿、用的问题。在进入小康时期后，则要形成新的住、行、游概念，住是房地产市场的培育，行是交通体系的完善，如果把游加进去，则是旅游发展的根本定位，意味着旅游应该也必须成为小康生活的基本要素，是小康社会的基本目标之一。

正如塔利布里法伊所说："旅游对人们来说已是生活的一部分，是生活的一种权利，不可剥夺。"随着休闲消费普遍化，旅游不仅表现在人们对文、体、美精神消费的追求，也表现在多、新、奇个性化消费需求。因此，休闲是我国旅游产业转型、升级、发展的必然。

现阶段部分地区和城市已达到全民休闲时代的水平。这些地区和城市的休闲市场呈现出以下特点：一是大众化；二是家庭化；三是更加倾向于知识需求和体验需求。

随着休闲需求的迅速发展，供需矛盾日益凸显，休闲旅游产品供不应求、基础设施投入不足、保障措施未能到位、潜在休闲需求难以转化成现实的旅游消费。如何顺势而为地引领休闲消费，是摆在国内休闲产业面前的一个重要问题。

1. 要做精做细，不要做大做强

中国旅游协会休闲度假分会秘书长魏小安认为，休闲产业包罗万象，涉及不同的行业和领域，只要是和休闲行为、休闲消费有关的产业都会有休闲产业，因此，休闲产业严格来说是一个体系，或者说是一个领域，可划分为休闲基础产业、休闲延伸产业、休闲支撑产业，需要进行梳理和整合。结构性问题是休闲产业或领域最大的问题。

（1）结构性过剩和结构性短缺同时存在。国内休闲度假产品不足，海外度假盛行，东南亚地区已成为国人的主要度假地。而国内真正能用来度假的海滨不超过10处，这就意味着在全世界是主体度假模式的滨海休闲度假，在国内供应不足。除了滨海度假，山地度假刚开始发展，乡村度假普遍化，城市度假正在探索，温泉、文化休闲等逐步跟进，但国内休闲度假仍供不应求。

（2）国内城市休闲空间严重不足，城市化发展过程中缺乏休闲概念，大楼占据了休闲空间，这个问题在短期内无法调整，也成为国内乡村休闲旅游发展的内因之一。提到发展休闲产业，基本的思路是顶层设计—总体规划—实施，但这个路径忽视了市场的自发力量。休闲产业并不是要做大做强，大不等于强，休闲的追求是做精做细。此外，交通堵塞、排浪式消费也影响了休闲产业的发展，同时让休闲产品供求不平衡进一步加重。

2. 无创意，不休闲

欧洲人的休闲生活多姿多彩，假日多是重要原因，每年除双休日外还有带薪休假，加上法定节假日总共超过150天。海滩是欧洲人假日生活的首选，不论是春夏秋冬，只要有太阳他们都要驾车去海边享受阳光。自行车也是欧洲人的挚爱，健身、出游、交通都喜爱。欧洲人的夜生活通常在剧院、酒吧、咖啡厅度过，形成了浓厚的音乐文化、戏剧文化、酒文化和咖啡文化，这种文化不仅优化了欧洲人的生活方式，也改变了他们对生活的态度。

休闲产业的发展本质上就是"好玩、玩好"，把一系列的"玩"做起来。

休闲发展无约束,创意为王。契合人性,才有文化性,自然就有商业性。这就要求我们下一步的休闲发展把创意元素提到更高的程度,甚至可以说无创意不休闲,无创意不做休闲。

第三节 旅游外交与供给侧改革

一、旅游外交

一谈到埃及,人们便会想到金字塔;一谈到中国,人们便会想到故宫、万里长城。正是这些有形或无形的文化和建筑,在给世人带来强烈视觉冲击的同时,彰显了国度悠久的历史文明,也正是这些文化遗产所承载的精神,具有穿越时空与地域的魅力,让人们蜂拥而至。这种"润物细无声"式的民间交流正是一种创新性的外交理念,"国之交在于民相亲,民相亲在于心相通"。旅游作为增进民间交往,促进民众感情交流的重要载体,在国际关系中发挥着重要的作用。

(一)发展概况

相互交流以促进彼此的发展,就必须有外交。从延续千年的东亚朝贡行为到1944年的布雷顿森林会议,到现代社会的各种政府间国际经济会议和谈判,再到近年来中国与俄罗斯、印度、韩国、美国互办旅游年的活动,国际通行的外交方式开始更有弹性、更加灵活、更加植根于民众。

旅游业对外活动日益频繁,极大地丰富了旅游业的外交含蕴,在国家对外事务中的分量与日俱增。旅游发展成为双边关系的重要内容,并在国际或区域合作领域发挥重要作用,正是基于此,"旅游外交"成为近年来外交场合的热门词汇。

从官方《旅游年鉴》收录的大事看,2000年前后,中国旅游对外交往活动逐年增多,而且政府性旅游对外活动分量越来越大,主动性也越来越强。上至国家下至各个省(市、区),每年要举办数以百计的旅游对外活动,而且呈迅速增长的趋势,影响范围也越来越大,几乎遍及世界各地。

更为明显的是，中国领导人越来越多地利用旅游对外场合，呼应官方外交工作的顺利开展，已经成为我国重大旅游对外交往的惯例。

旅游业成为重要外交文件的主要内容从本届政府开始愈发成为主流。习近平主席历来重视旅游在外交中的基础性作用，在2013年3月22日俄罗斯中国旅游年开幕式上，习近平就提出，旅游是传播文明、交流文化、增进友谊的桥梁，是人民生活水平提高的一个重要指标，旅游是增强人们亲近感的最好方式。2015年伊始，习近平就为在首尔举办的中国旅游年开幕式发去贺信，寄语两国旅游部门，"以此为契机，全面扩大旅游合作和文化互鉴，促进双边关系发展"。在2015年5月23日的中日友好交流大会上，面对日本3000人组成的旅游交流团，习近平指出了旅游这一民间交流之于外交的重要性，"中日友好的根基在民间，中日关系前途掌握在两国人民手里。越是两国关系发展不顺时，越需要两国各界人士积极作为，越需要双方加强民间交流，为两国关系改善发展创造条件和环境"。2015年7月4日，国家旅游局局长李金早作为国家主席习近平特使出访汤加，李金早与汤加领导人会见，并代表中国国家旅游局与汤加旅游部门签署中汤旅游合作谅解备忘录，双方将在数据交换与信息交流、市场推广、业界合作、人才培训、国际组织框架下合作等多领域开展合作。2015年9月22日，习近平在美国华盛顿州西雅图出席当地政府和美国友好团体联合会举行欢迎宴会并发表重要演讲时宣布，中美两国将在2016年举办旅游年。习近平强调，"高度重视中美人文交流，亲戚越走越近，朋友越走越亲。各省州应该在教育、旅游、体育、青年等广泛领域开展交流合作"。

种种迹象表明，旅游已经从外交边缘走向外交前沿。旅游合作是双边或多边经贸合作和人文交流最活跃、最具潜力的领域，正在成为构建新型大国关系的重要内容和桥梁窗口。李金早指出，加强大国之间的人文交流，有利于拓展双边关系的社会基础。构建新型大国关系，打破大国冲突对抗的传统规律，开创大国关系发展新模式的政治担当，根基在民众。

国内外实践表明，旅游外交更有弹性、更加灵活、更加植根于民众。在双边关系良好时，旅游交往可以成为发展国家关系的加速器；在双边关系不畅时，旅游交往可以成为改善国家关系的润滑剂；在双边尚无正式外交关系时，可以先行开展旅游交往，使民众交往成为国家关系正常化的导航器。

旅游不仅促进了国民之间的沟通，而且有力地刺激了经济、增加就业。据有关资料显示韩国每年接待的中国游客占到入境游客近50%，在韩国的外国人信用卡消费总额中，中国人的信用卡消费占到56%。2014年，中国大陆赴日游客约241万，人均消费23万日元，居各国游客之首。截至2015年11月底，中国访美游客总人数超过200万人次，对美经济贡献267亿美元，为美增加近10万个工作机会。目前中国是美国的第二大入境消费国，中美之间的旅游项目、旅游服务贸易已经占到美方向中国出口服务贸易总额的56%。未来，中国赴美游客如果按10%的年均增长率计算，从2014年到2020年，其间总量就可能超过2000万人次。世界最大的两个经济体、最大的两个最主要旅游目的地和客源地正在形成全球最繁华的双向旅游市场。

据国家旅游局的统计数据显示：国内旅游从1984年约2亿人次增长到2014年的36亿人次，增长了17倍；出境旅游从1988年泰国成为我国出境旅游的第一个目的地国家，到2014年中国拥有151个出境旅游目的地，出境旅游突破1亿人次，完成了跨越式的增长。联合国世界旅游组织2015年4月发布的报告显示：2014年世界上最大的出境旅游消费国是中国，出境旅游消费增加28%，总额达到1650亿美元。

国际的旅游交流直接带动交通、贸易、金融等多个经济领域发展，这是中国的新型邦交模式的开始。举办各种旅游年，以旅游方式、以世界人民听得懂且喜欢的语言和方式来讲述新型大国关系的故事，是这个古老的国家让世人准确得到认知的方式。

（二）发展机遇

1.促进国际基础设施的联通

"一带一路"的建设，对于深处内陆的丝绸之路沿线的中国中西部地区将极大改善交通条件，极大促进东部主要旅游客源市场进入中西部旅游资源集中的目的地，同时也将显著提升周边国家与中国边境省份之间的边境旅游。

2.简化人民往来的签证手续，极大促进出入境旅游

旅游合作国签署合作备忘录，简化人民往来的签证手续，将极大促进入境旅游和出境旅游，对于连年停滞不前甚至略有下降的入境旅游能起到力挽狂澜的作用。而蓬勃发展的出境旅游则将以更高的速度狂飙突进，增加了更多异域风情的旅游目的地国家和旅游产品。

3. 加快国际旅游点的建设

在地方开放态势方面，随着旅客人数的激增和外国高水平旅游景点的竞争，国内将着力打造国际旅游点的建设。如海南，其作为中国最热门的海滨度假岛，除了现有的旅游城市和旅游产品外，仍然极度欠缺度假旅游产品，与世界知名的海岛旅游目的地仍有较大差距。海南应当抓住"一带一路"的建设机遇，继续打通入岛陆海空大通道，与大陆连为一体，重点打造海洋旅游、购物旅游、主题公园旅游、养生旅游、生态旅游等旅游产品，努力恢复并提升入境市场，建设配套基础设施、服务设施和教育设施，提升旅游教育水准，为旅游业提供专业的人才。

二、供给侧改革

徜徉在一条富有地域特色的老街上，回味你我的过往；驻足在一部反映历史文化的影视作品前，品读城市的厚重；置身于热情周到的服务之中，慢慢去领略、体验、享受……这种令人心动的旅游新体验，将在未来旅游产业的供给侧改革中得以实现。

（一）背景与实质

自人类诞生的那一天起，需求就成为整个人类生存和发展最直接和最本原的动因，人类的一切产业活动皆为了满足需求而产生。为满足各类需求，人类通过社会分工的形式，形成了不同的产业部门，建立起了对应不同需求的供给体系。在漫长的前工业社会，由于生产力水平低下，人类几乎一直在为满足基本生存需求而苦苦挣扎。工业革命以后，随着科学技术水平的发展和生产管理水平的提升，生产效率飞速增长，极大满足了人的物质需求。但是资本主义生产方式固有的矛盾，导致了1929—1933年经济危机，出现了需求与供给不匹配的现象。面对这种形势，凯恩斯主义从需求管理入手，试图通过财政政策、货币政策的手段影响总需求，实现供求均衡的目标。"二战"后，这一理论主张在世界上许多国家付诸实践。然而，对这套需求管理理论的质疑从未停止，20

世纪80年代兴起于美国的供给学派，强烈反对凯恩斯主义理念指导下的政府干预经济方式，主张通过减税的措施降低企业成本，从而扩大生产和供给规模，以社会总供给带动社会总需求，实现供求均衡。

所谓供给侧管理和需求侧管理，实质上是政府面对经济失衡状态时的一种有意识、有目的的经济调整行为。这种调整能否取得成功，是建立在一定假设前提的基础上的。在凯恩斯主义拥护者看来，通过政策增加总需求，总供给能随之增加并实现均衡。如政府财政支出增加2000亿，总需求侧增加了2000亿，供给侧也会相应有2000亿增长，那么经济体就会实现2000亿的增量。而在供给学派看来，假设社会总供给增加，便能自动创造需求，实现供求均衡。

但是如果在一个相当长的时间里，仅仅侧重对于某一侧的调整，其效力会随着时间推移有下降趋势，并且负面效应开始显现。长期以来，中国政府在国民经济管理上，大致采用的是需求侧管理方式，围绕"消费、投资、出口""三驾马车"调整经济运行。从20世纪80年代开始，中国以低廉的劳动力成本为优势，大力发展出口贸易；90年代东南亚金融危机以后，开始实施以扩大内需为核心的消费需求调整政策；在很多年份，由于消费需求不足，以投资需求拉动经济增长。这些政策在当时的时代背景下，都发挥了非常积极的作用。但在这个过程中，负面效应逐渐显现，并积累了矛盾。

第一，以制造业为核心的供给主体难以满足未来社会的需求。应该说，改革开放以来制造业的发展，使中国人摆脱了物质层面的匮乏，对于满足公民的需求具有重要意义。但是，随着人们物质拥有程度的提高，物质产品的边际效用开始下降，食品、服装、家用电器、小汽车、电子产品等物质性供给在越来越多的家庭普及，拥有物质产品的幸福感越来越低。可以预见，未来的需求将上升为以文化和精神等非物质产品为主，而目前相应的产业供给远远不足。

第二，由于地方GDP主义的驱动，一些行业不可避免地出现了产能过剩。主要包括钢铁、煤炭、石油化工、电解铝等。这些产业需要"去产能"，在这个过程中，供给规模缩小，劳动力退出。

第三，持续多年的固定资产投资需求，相当大一部分流向了房地产行业，导致了全国范围的房地产存量超出居民实际需求，需要"去库存"。

第四，在产业发展过程中，地方政府和银行采用了大量的金融杠杆，导致了相当一部分省份的债务危机，金融机构风险也开始加大，需要通过"去杠杆"予以调整。

（二）发展概况

在中国的宏观调控实践中，其实一直倾向于总需求管理。但近几年，中国官方会议上很多场合都在讨论供给与需求问题，顶层设计层面也在思考实际上应该侧重于供给侧政策。在这种背景下，2015年年底，中国政府提出了供给侧改革。2015年12月的全国经济工作会议上，强调今后一个时期，要在适度扩大总需求的同时，着力加强供给侧结构性改革，主要是抓好去产能、去库存、去杠杆、降成本、补短板五大任务，即化解产能过剩、降低企业成本、化解房地产库存、扩大有效供给、防范化解金融风险。

供给侧改革是政治术语，习近平主席的原话是"在适度扩大总需求的同时，着力加强供给侧结构性改革，着力提高供给体系质量和效率"。供给侧改革具体是指从提高供给质量出发，用改革的办法推进结构调整，矫正要素配置扭曲，扩大有效供给，提高供给结构对需求变化的适应性和灵活性，提高全要素生产率，更好地满足广大人民群众的需要，促进经济社会持续健康发展。其根本目的是提高社会生产力水平，落实好以人民为中心的发展思想。

在中国人民银行行长周小川看来，在有效市场假设下，结构性问题特别是实物供给和需求产生的结构性问题，反映的就是价格问题。结构调整需要价格信号提供激励，没有激励的结构调整也是很困难的。例外是市场失效的环节。由于中国是从传统的中央计划经济过渡到市场经济的，思维上比较倾向于较多看到市场无效或者失效的环节，但某些重要产品由政府主导定价，也不见得比市场定价做得更好。如成品油的定价，不过就是国际市场价格加一个过滤器，延迟20天左右过滤掉高频波动成分，最后还是跟随国际市场价格。供给侧结构性改革的重要内容，就是把当前存在的很多价格扭曲消化掉、改革掉。

（三）发展机遇

供给侧改革是未来一段时间国家宏观经济层面的战略举措。在这个战略框架下，一些产业由于迎合了当前社会需求发展变化的趋势，将在供给侧改革进程中发挥重要的作用。笔者认为，以旅游、休闲、娱乐为核心的生活服务产业,将扮演重要的角色。

供给侧改革有两个目标:一是增加社会总供给,二是调整社会供给结构。而实现供给结构调整,主要通过产品供给的调整,提高精神和文化产品在供给结构中的比重,实现"退二进三",制造业向服务业转型。旅游业在此次结构调整中必将占据很重要的位置。

其一,从人类需求的发展变化趋势来看,在物质需求得到满足以后,对服务和精神产品以及知识产品的需求开始上升。相对于物质产品需求的有限性,人类对服务和精神产品的需求是无限的。可以预见,未来生产精神和服务产品的产业部门将迅速扩大。而生产精神和服务产品的产业中,最具有成长前景的,是旅游、休闲、娱乐等几大产业。尤其是旅游业,随着现代交通条件的改善和通信技术的发展,地球变得越来越小,人类的空间移动日益频繁。除了在常住地的定居生活,非常住地的旅游生活成为重要的生活方式。2015年,我国有超过40亿人次国内旅游,相当于全国人均出游3次;旅游业对全国GDP的综合贡献占GDP总量的10.8%,就业人口占全国就业总人口的10.2%……旅游不仅是经济现象,更是社会现象;不仅是一种生活方式,更是人们的一种基本权利。基于此,有观点认为,中国已经站在"旅游社会"的大门口。因此,在中国的供给侧调整进程中,以制造业为主的供给部门比重将逐渐下降,而以旅游、休闲、娱乐为主的产业供给必然上升。增加旅游等产业的供给,事实上是中国经济供给侧补短板的一种方式。

其二,在现阶段"去产能""去库存"的实际工作中,旅游业也能发挥其他产业难以替代的作用。在制造业和能源产业"去产能"的过程中,必然伴随着相当一部分产业工人的离岗、分流。这部分人未来的就业出路不可能全部回到制造业,其中大部分将进入第三产业,由产业工人转变为第三产业的服务者,而承接制造业劳动力转移的最佳产业,非旅游、休闲、娱乐产业莫属。这些产业具有劳动密集型的特点,对就业具有显著的拉动效应,可以承接相当一部分由制造业转移出来的劳动力。旅游业还可以在房地产"去库存"的调整中发挥积极作用。在一些度假旅游城市,可以将库存已久无法销售的住宅改造为分时度假产品,满足度假旅游者需求;在一些城市旅游目的地,可以将库存住宅改造为公寓式酒店,从而缓解当前房地产库存积压的状况。

（四）旅游供给

旅游业的供给改革是在旅游业领域内，按照国家供给侧改革的理念，调整旅游供给的总量和结构，从而更好地满足国民旅游需求的过程。包含几个方面的内容：增加旅游供给总量，提高旅游供给质量，调整旅游供给结构，补充公共旅游供给短板。

1. 增加旅游供给总量

供给侧改革为旅游注入的是一池活水，将激活产业发展内生动力。全国各地正在积极探索如何扩大产品供给。相对于重工业的产能过剩而言，旅游产业呈现的是产品的供给不足。为进一步丰富旅游业态，各地将重点推动温泉、养老、休闲、养生以及乡村旅游等一批新兴旅游项目。

2. 提高旅游供给质量

提高旅游供给质量，包括三个层面：第一，改善国内旅游市场环境，提高旅游服务质量。近几年，国内旅游市场中，团队旅游市场上导游和游客矛盾尖锐，冲突时有发生；散客旅游市场也充斥着"坑蒙拐骗"现象，类似于"青岛天价大虾""哈尔滨天价鱼"等恶性事件时有发生。相当一部分游客"用脚投票"，转向国外市场。出现这种情况，说明中国旅游产品供给质量亟须予以改善。第二，提高旅游产品供给的科技水平。表现在旅游业内部应用互联网、高科技的规模和深度进一步提升，深化旅游体验。第三，旅游基础设施的不断完善，游客满意度的提高，这些都是提升旅游质量的重要支撑以及成功的标志。

3. 调整旅游供给结构

旅游业具有拉动最终消费、促进经济发展的客观作用，因此被一些地方政府寄予了过高的经济期望。旅游规划者为了迎合这一期望，在旅游开发和策划中不恰当地向高端市场倾斜，漠视中低端旅游者的诉求。在全国相当多的地区，普遍偏向高端旅游产品，如高星级酒店、温泉产品、高端会展产品等。这种策划和决策导致高端旅游产品供给过剩，而庞大的中低档大众旅游者，却缺乏满意的旅游产品和设施。

4. 补充公共旅游供给短板

旅游供给分为公共旅游供给和私人旅游供给。私人旅游供给由企业根据市场需求提供，是私人产品；公共旅游供给主要由各级政府提供，是一种公共产品。过去地方政府治理的理念，主要围绕户籍人口和常住人口提供相应的公共产品，如城市公共交通、基础设施等，在旅游目的地接待强度不高的情况下，矛盾尚不突出。但是随着旅游者出游率的提高，中国许多地区旅游接待强度持续扩大，许多地区旅游者总量远远超过常住人口数倍，按照常住人口数量提供公共设施和产品，显然无法满足旅游者需要。这需要政府治理理念和思维方式发生根本变化，要认识到一个地区、一个城市，不仅仅是当地居民的城市，也是外来旅游者的城市，外来旅游者应享有相应的资源和设施占用权利。这要求城市在进行各类资源设施供给时，必须把旅游者需求放在和当地居民同等重要的地位进行考虑，如基础设施、交通运输线路等。

大众旅游时代已悄然而至，不难预见，未来旅游产业将异军突起，扮演着优化和调整产业结构的重要角色，成为拉动地区经济逆市上扬的强大引擎。为适应和引领经济发展新常态，加快转变旅游发展方式，各地都将着力推进旅游供给侧改革，增加旅游产品供给，改善旅游服务质量，扩大旅游消费市场，促进旅游业持续快速健康发展，为经济稳增长、调结构提供持久动力。

第四节 新常态与低碳低耗

一、新常态

平凡的日子，总是一年又一年；每一个当下的心念，都可以是心田里的绿叶一片，在生活的风雨里绽出对这个世界的尊重，不一定美得出众，却能够给这个世界送来哪怕一丝的清凉，安静、淡然，带着内心世界的平和，丰盈生命的每一天。我们的幸福可以归于平凡，我们的生活可以归于平淡，我们的发展速度也终会趋于平稳。新常态的提出是我们人类发展需求使然，我们所处的大环境变了，这种变化像空气、水一样，要求我们平稳一点、细腻一点，由常态到新常态。旅游如果愿意在这种大环境下，保持平稳的心态去创新，定能事半功倍。

（一）基本解释

所谓常态，就是正常状态；新常态，就是经过一段不正常状态后重新恢复正常状态。人类社会就是从常态到非常态再到新常态的否定之否定中发展，人对社会的认识就是从常态到非常态再到新常态的否定之否定中上升。贯串在常态—非常态—新常态中的主线，是事物的本质与规律。人类总是经历事物的正反面发展、总结正反面经验，经过感性—知性—理性、具体—抽象—具体的否定之否定后，才对事物有一个完整的认识，才能认识事物的规律与本质。经济新常态，就是人类经济发展肯定—否定—否定之否定波浪式前进的成果；经济学新常态，就是人类经济认识肯定—否定—否定之否定螺旋式上升的结晶。

新常态经济是经济学范式转换、经济发展模式转轨、经济增长方式转变，新常态经济是与GDP导向的旧经济形态与经济发展模式不同的新的经济形态与经济发展模式。新常态经济用发展促进增长、用社会全面发展扬弃GDP增长，用价值机制取代价格机制作为市场的核心机制，把改革开放的目标定位于可持续发展的社会主义市场经济而不是不可持续增长的资本主义市场经济。新常态经济就是社会主义市场经济，新常态经济学就是社会主义市场经济学。以新常态经济为经济形态的社会主义市场经济、以新常态经济学为理论形态的社会主义市场经济学，是中国社会主义理论与实践发展的必然结果，是中国社会发展的自然历史过程。新常态是一种趋势性，是不可逆的发展状态。

2014年5月，习近平在考察河南的行程中，首次提及"新常态"。他说"中国发展仍处于重要战略机遇期，我们要增强信心，从当前中国经济发展的阶段性特征出发，适应新常态，保持战略上的平常心态"；2015年7月在吉林调研时，习近平强调，适应和把握我国经济发展进入新常态的趋势性特征，保持战略定力，增强发展自信，坚持变中求新、变中求进、变中突破……

以发展的眼光来看，事物是常新常变的，中国经济也不例外。面对新常态下的中国经济，一方面求"定"，保持平常心和战略定力，以不变应万变，这是一种自信；另一方面求"变"，在变化中寻求创新、进步和突破，以万变应万变，这是一种智慧。

求"定"，是因为认识到新常态"是我国经济发展阶段性特征的必然反映，是不以人的意志为转移的"，是"一个客观状态"和"一种内在必然性",所以我们要适应。求"变",是因为"在新常态下,我国发展的环境、条件、任务、要求等都发生了新的变化",所以"我们要因势而谋、因势而动、因势而进"。

(二)发展机遇

从国内社会经济环境来说,我国社会经济的新常态,主要表现在两个方面。

1. 产业发展进入了新常态

尽管我国仍然处于工业化发展阶段,但工业占GDP比重的峰值已经出现。20世纪80年代以来,我国工业在GDP中的占比逐步提高,2006年达到42.2%的高峰。金融危机爆发后,在外部冲击与内部要素结构转变的双重作用下,工业比重持续下降,2013年以来第三产业比重超过第二产业,意味着我国正在由工业主导型向服务业主导型转变。

实现我国经济战略转型、产业结构优化升级、发展方式转变等目标,服务业是关键,服务业是突破口。大力发展服务经济,实现经济跨越式转型,是当前我国的战略选择。经济全球化和国际产业重新布局的新趋势,将提供给中国一个全面提升现代服务业的机会,提高国际竞争力及其在世界经济分工中的地位,会成为中国进入后工业化面临的重要挑战。

旅游业作为我国现代服务业的重要组成,作为投资、消费和出口的重要领域,它的快速发展与崛起对构建我国现代服务经济体系具有重要的意义。

2. 需求发展进入了新常态

伴随人口结构的变化,储蓄率将逐步回落,投资增速将放缓,出口需求有所减少。我国需求结构将由原来的投资、出口拉动转为消费、投资、出口三大需求协同拉动,尤其是消费需求在三大需求中的贡献将不断提升。无论是产业发展的新常态还是需求发展的新常态,都为我国旅游产业发展创造了良好的条件。

作为国民经济滞后型产业,我国的旅游业还处在一个高速发展阶段。2014年,我国的出境旅游增长了20%,国内旅游增长了10%,未来几年按照世界旅游发展的一般规律,我国的旅游业发展还将保持较高的增长速度,可以说,我国的旅游业还处在一个高速发展的常态,中国经济的新常态与旅游发展的常态所形成的态势差，必然会促使资源、资本和技术向旅游产业转移。2014年，我国有6000亿元的投资进入了旅游产业，旅游业不仅是一个巨大的消费领域，也是一个巨大的投资领域，未来也会成为我国重要的出口领域。

（三）旅游新常态

首先我们要认识到旅游的常态是怎样的。经过30多年的发展，旅游业取得了一些成就，但由于受我国社会经济环境的限制，旅游发展形成了固有的发展模式，这种模式便是以出境旅游为热点，以主要城市为依托，以主要景区为骨干，以观光旅游为核心，以自助游为运行方式。

虽然我国的出境旅游和国内旅游成为世界第一，入境旅游成为世界第三，然而我们却没有出现产生世界旅游发展的国际领袖型企业；我们具有巨大规模支撑的产业融合商机，却没有引领旅游发展方向的商业模式创新，一部旅游法的出台使得众多的旅游中介组织无所适从；我们拥有众多世界级的旅游资源，却没有形成众多的世界级的旅游产品和具有国际竞争的旅游目的地。这便是旅游发展的常态，要想在新的时代背景下在国民经济中站稳脚跟，就需要认识到什么是旅游的新常态。

1. 从消费升级角度

面对正在兴起的大众旅游时代，我们必须考虑大众旅游需求的多样化、个性化发展态势，不能只顾量的扩张，应深入研究消费升级，提供新型产品，形成新的业态。国办发〔2015〕62号与66号文件分别从新辟旅游消费市场、消费升级重点领域和方向等提出了旅游新常态的发展要求。在新辟旅游消费市场角度，提出了加快自驾车房车营地建设、推进邮轮旅游产业发展、培育发展游艇旅游大众消费市场、大力发展特色旅游城镇、大力开发休闲度假旅游产品等。从消费升级重点领域和方向，提出要大力培育一些新业态，如乡村旅游、自驾车、房车旅游、邮轮旅游、工业旅游的服务消费升级；互联网旅游的信息消费升级；生态旅游的绿色消费升级；通用航空、邮轮等传统高端消费的时尚消费升级等。

2. 从旅游构成要素角度

2015年全国旅游工作会议上，国家旅游局局长李金早在现有旅游六要素基础上进一步概括出新的旅游六要素：商、养、学、闲、情、奇。新旅游六要素的归纳演绎让人耳目一新，也使我们对旅游新常态的认识脉络更加清晰。

新旅游六要素分别对应不同的旅游新常态。如商务旅游、会议会展、奖励旅游等对应"商"；健康旅游、养生旅游对应"养"；乡村休闲、都市休闲、度假等各类休闲旅游对应"闲"；婚庆、婚恋、纪念日旅游、宗教朝觐等各类精神和情感的旅游对应"情"；探索、探险、探秘、游乐、新奇体验等探索性的旅游对应"奇"。

3. 从产业融合角度

旅游行业具有关联性、包容性与综合性，与其他相关行业进行广泛融合，从而造就旅游新常态。据此，"十三五"规划纲要指出，要推进农业与旅游休闲、教育文化、健康养生等深度融合，发展观光农业、体验农业、创意农业等新业态。要推进文化业态创新，大力发展创意文化产业，促进文化与科技、信息、旅游、体育、金融等产业融合发展。

此外，全域旅游作为一种新的区域协调发展理念和模式，既是经济社会资源与旅游资源的全面、系统的优化提升，也是产业融合发展的要义所在。李金早局长指出，从封闭的旅游自循环向开放的"旅游+"融合发展方式转变，是全域旅游的重要特征之一。要加大旅游与农业、林业、工业、商贸、金融、文化、体育、医药等产业的融合力度，形成综合性新产能。从产业融合角度理解新常态可以大大拓宽旅游业的发展空间，符合旅游业的产业特征与规律。

旅游要成为未来我国社会经济战略性支柱产业，要成为人民满意的现代服务业，必须以平稳的态度来重新寻找中国旅游发展道路，必须以创新的精神来构建旅游运行方式，必须以市场的决定性力量来创造适应未来我国旅游发展的常态之路。

二、低碳低耗

低碳的美好不只在于旅游过程中绿树成荫、鸟语花香，更是要让生活处处在旅游，让环境更适宜人居住。我们要用自己的低碳来制约自己的行为，用美好而又低碳的生活来重新迎接城市的萤火虫归来，迎接所有生命灿烂辉煌的明天。

（一）基本解释

低碳，意指较低（更低）的温室气体（二氧化碳为主）排放。随着世界工业经济的发展、人口的剧增、人类欲望的无限上升和生产生活方式的无节制，世界气候面临越来越严重的问题，二氧化碳排放量越来越大，地球臭氧层正遭受前所未有的危机，全球灾难性气候变化屡屡出现，已经严重危害到人类的生存环境和健康安全，即使人类曾经引以为豪的高速增长或膨胀的GDP也因为环境污染、气候变化而大打折扣。减少排放二氧化碳的生活则叫作低碳生活。低碳旨在倡导一种低能耗、低污染、低排放为基础的经济模式，减少有害气体排放。

低耗，意指节约能源、降低消耗，用最少的投入去获取最大的经济效益。节能降耗是企业的生存之本，树立一种"点点滴滴降成本，分分秒秒增效益"的节能意识，以最好的管理来实现节能效益的最大化。

初步看，低碳低耗是经济发达国家构造出来的概念，并努力形成碳机制。近代工业革命200年来，发达国家排放的二氧化碳占全球排放总量的80%。如果说二氧化碳排放是气候变化的直接原因，谁该承担主要责任就不言自明。无视历史责任，无视人均排放和各国的发展水平，要求近几十年才开始工业化，还有大量人口处于绝对贫困状态的发展中国家承担超出其应尽义务和能力范围的减排目标，是毫无道理的。发达国家如今已经过上富裕生活，但仍维持着远高于发展中国家的人均排放，且大多属于消费型排放；相比之下，发展中国家的排放主要是生存排放和国际转移排放。全球仍有24亿人以煤炭、木炭、秸秆为主要燃料，有16亿人没有用上电。应对气候变化必须在可持续发展的框架下统筹安排，绝不能以延续发展中国家的贫穷和落后为代价。发达国家必须率先大幅量化减排并向发展中国家提供资金和技术支持，这是不可推卸的道义责任，也是必须履行的法律义务。发展中国家应根据本国国情，在发达国家资金和技术转让支持下，尽可能减缓温室气体排放，适应气候变化。作为工业化发展已经几百年的国家，发达国家已经进入了后工业化社会，形成了低碳低耗发展的格局，同时掌握了低碳低耗发展的前沿高端技术。自然可以高姿态、说漂亮话，其根本不仅是把握话语的主动权，而且进一步把握世界经济发展的主动权。而中国处于工业化发展中期，刚进入重化工业时代，与发达国家不在一个层次上，但不能被人家牵着鼻子走。因此，"共同但有区别的责任"原则是国际合作应对气候变化的核心和基石，应当始终坚持。

当然，从把握发展主动权的角度看，中国应当顺应要求、引领发展，按照中央提出建议资源节约型和环境友好型社会的总体要求，明确"低耗经济，低耗机制，低耗发展"的战略。低消耗是根本，是源头机制，有低消耗必有低碳。过去普遍认为低碳就是低消耗，但却是低水平、小农经济的低消耗，现在要谋求的是高水平、高智力的低消耗。这恰恰符合中国的实际情况，也是中国的优势所在。为此，应当全面树立低耗观念，研究低耗技术，推广低耗生活。

（二）低碳旅游

在低碳降耗的这个过程中，旅游的优势充分凸显，低碳降耗的持续发展也会构成中国旅游发展的长期重大机遇。首先，旅游业作为服务产业的重要组成部分，占用资源少，而且很多资源可以永续利用，由此自然形成碳排放少的突出优势。其次，多年的实践证明，旅游发展与环境密切相关，而且会促进环境的改善，这就有助于承担我们的碳责任，减少碳债务。道理很简单，因为旅游卖的就是环境和文化，因此保护环境、挖掘文化成为旅游发展的内在动力，并由此形成了深层次的利益机制。通过发展旅游，促进环境的保护，进一步促进环境的提升和改善，从多年的发展经验来看，是完全可以达到的。最后，会形成新型碳机制，即通过旅游发展，对其他产业产生良性替代，形成产业补偿，从而达到既节能减排又促进发展的双重目标。例如，有很多地方原来砍树炸山，因为老百姓没有其他收入渠道。但是，随着旅游发展，大家种树、环保的积极性被调动起来了，原来只知炸石头，现在发现石头是宝贝，对石头的利用达到了空前的深度，用于发展旅游，已经形成一个产业。类似情况比比皆是，可见旅游不仅具有低碳发展的巨大优势，而且可以成为中国低碳经济发展中的先锋和亮点。

同时，中国旅游发展已经奠定了比较好的低碳发展基础。1999年，提出"中国生态环境年"；2009年，又提出"中国生态旅游年"。15年间，开发绿色旅游资源，建设绿色旅游产品，开展绿色旅游经营，实行绿色旅游管理，培育绿色旅游消费，已经成为行业和市场的共识。绿色饭店体系化的运作，成为其中的亮点。但是，我们也应当清醒地看到，现在也存在一系列问题：一是在交通和饭店方面，能源消耗仍然突出，尤其是奢华之风助长了碳排放。二是在开发建设中，传统模式仍然占据统治地位，注重硬开发，忽视软开发，把旅游模式等同于工业开发模式。三是技术含量较低，许多先进的智能化技术和节能减排技术应用严重不足，不仅增加了运营成本，也增加了碳排放。四是旅游消费中的浪费现象普遍，比如温泉的使用、食品的浪费，不仅提高了消费成本，也增加了排污工作量。

为此，发展低碳旅游，培育低碳生活，应当成为新时期的重要战略。其中包括三个重点：一是转变现有旅游模式，倡导公共交通和混合动力汽车、电动车、自行车等低碳或无碳方式，同时也丰富旅游生活，增加旅游项目。二是扭转奢华之风，强化方便、舒适的功能性，提升文化的品牌性。三是加强旅游智能化发展，提高运行效率，同时及时全面引进节能减排技术，降低碳消耗，最终形成全产业链的循环经济模式。

在软开发方面，应当把环境作为旅游大产品建设，作为核心竞争力培育，主要体现在三个方面：一是良好的自然环境。其一，要求山清水秀，柳绿花红，空气清新。要做到这一步很难，但这是必须追求的目标。其二，要求清洁卫生，一些大的环境污染问题一时解决不了，至少要达到干干净净。二是友善的社会环境。要让旅游者感到友善，觉得有吸引力，至少是不害怕。培育一个友善的社会环境也是政府要下大力气才能做到的事情。三是特色浓郁的人文环境。一个地方要有特色，不是靠高楼大厦，而是靠传统文化的积淀，靠建筑语言的表现，靠鲜活的生活气息，形成浓郁的人文环境。所以，一个浓郁的人文环境必须要求对自身的文化有充分的认识，珍重自身的文化，热爱自身的文化，提升自身的文化。形成一个特色浓郁的人文环境对我们是更深层次的考验，考验的就是我们的文化素质，考验的就是自己的审美趣味。

旅游碳排放不仅涉及旅游的方方面面，也涉及旅游与国民经济和社会发展等问题。例如，旅游的碳排放情况如何、碳机制怎样形成、在各类产业中的碳成本比较、在产业替代中的功能、在国际竞争中的力量等都是新题目。按照碳成本来说，如果旅游一年减排1亿吨，就是创造30亿美元的财富。

第五节　走进全域旅游

在互联网+与旅游+共创并举的新形势下，在高速路网与全民旅游休闲的有力支撑下，在旅游外交与供给侧改革的政策支持下，在新常态与低碳低耗的意识转变下，旅游迎来了新的格局、新的时代。要抓住此次机遇，布局一场以旅游为中心的大格局，更新思路，纵深探讨，"全域旅游"呼之欲出，在"建设美丽中国""绿水青山就是金山银山"等新时期政策导向下，全域旅游理当成为我国旅游业发展的"新常态"。

全域旅游是一个大旅游时代，广义而言，旅游资源无限制，旅游行为无框架，旅游体验无穷尽，旅游消费无止境，旅游产业无边界，旅游发展无约束，旅游融合无限制。发展全域旅游，转型升级是必由之路，产品从单一到复合，形成体系；开发从粗放到精品，形成层次化；产业构建从内部到跨界，全面拉动。

所谓"玉经雕琢方成器，句要丰腴字妥安"，作为研究者，仅仅纸上谈兵、照抄照搬是不可取的，而仅仅关注实战，不能从实战中总结经验教训完善理论也是不能引领行业进步的。全域旅游是一个比较新的概念和发展模式，因此本书会从其理论、方法、实践三个大方向进行阐释，以期为更多地方旅游的发展提供理论依据。

第三章 全域旅游理论体系

在发展旅游产业的理念里，旅游产业尽管是综合性产业，但强调的是其他部门对旅游产业发展的支持，而在全域旅游的发展理念里，旅游产业强调的不仅是其他部门对发展旅游产业的支持，更突出旅游产业与其他产业的融合发展，强调的是抓经济、抓产业、抓经济结构调整，抓旅游就是抓城市知名度、美誉度。在这里，旅游不再是服务大局的边缘产业，而是融入中心、纳入主流的融合产业。

第一节 全域旅游理论基础

旅游研究不同于其他学科领域的研究，核心在于其综合性与学科响应的多元性。虽然在旅游科学发展的综合性、融合性过程中，一些处于旅游科学核心地位的支撑学科，如经济科学、地理科学、人文社会科学、生命科学，逐步发挥着主力军的作用，然而，面对全域旅游快速发展的趋势，几乎没有一个学科可以独当一面，解决全域旅游面临的全部挑战和问题。面对全域旅游的研究命题，需要构建起全域旅游的理论支撑基础。

全域旅游的理论应该包括两个层面：基础理论和空间结构理论（见图3-1）。在理论的指导下，展开对全域旅游机制的研究，包括全域旅游的产业链构建，全域旅游的规划与开发，全域旅游的发展战略，全域旅游配套设施与保障体系。

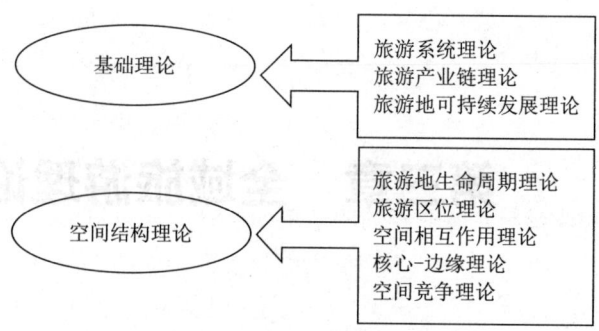

图 3-1　全域旅游理论框架

一、旅游系统理论

（一）旅游系统的定义

系统论认为，系统是由一组相互依存、相互作用和相互转化的客观事物所构成的具有一定目标和特定功能的整体。系统中各单元之间，有物质、能量、信息、人员和资金的流动；通过单元的有机结合，整个系统具有统一的目标，但总体不等于它的部分之总和。系统广泛存在于自然、社会和人类思维之中。人类一直在不断运用智慧，把旧系统的各要素按一定的目标，调整成为更为有效的有机整体，从而缩短系统的自组织发展进程，使系统按更加符合人类生存发展需要的方向发展。

利珀（Neil Leiper）提出旅游系统概念以来，对旅游系统概念的理解一直存在争议。国外学者提出旅游系统由旅游者、客源地、交通线路、目的地和旅游业五大要素相互作用形成，或由客源市场、旅行、目的地和市场营销四个环节相互作用形成；国内学者提出旅游系统是指直接参与旅游活动的各个因子相互依托、相互制约形成的开放的有机整体，包括客源市场系统、出行系统、目的地系统和支持系统四个部分，或旅游系统是以旅游目的地的吸引力为核心、人流的异地移动性为特征、闲暇消费为手段，具有较稳定的结构和功能的一种现代经济、社会、环境边缘组合系统，由旅游者、旅游地和旅游企事业三大要素构成。

旅游作为一个系统，它是旅游者通过旅游媒介到达旅游目的地旅游活动系统，其构成要素有：旅游主体——旅游者；旅游客体——旅游产品（广义）；旅游媒介——旅游业和贯串这三者的旅游活动（指以一定的经济、社会、环境存在和发展为依托，由旅游主体、旅游客体和旅游媒介互为条件、相互作用所产生的现象和关系总和）。就旅游系统是旅游活动系统而言，其基本组成要素不应该包括旅游业或与旅游业相关的经济要素，应是以目的地为中心，由客源地、目的地和旅游媒介三个子系统组成的旅游流的空间组织单元。即旅游系统是指直接参与旅游活动的各个因子相互依托、相互制约形成的一个开放的有机整体。

（二）旅游系统的结构

系统的结构是系统保持整体性及具有一定功能的内在依据，所以研究旅游系统的结构就非常有必要。旅游系统具有地域上和功能上的完整性。从空间表现形式来看，旅游系统是旅游客源地与旅游目的地通过旅游通道相互作用的一个空间系统（见图3-2）。其中旅游通道既包括了交通通道，还应包括信息这个过去常被忽视的无形通道，交通的便捷度和信息的易获得在很大程度上推动了旅游者从客源地前往目的地的流动。

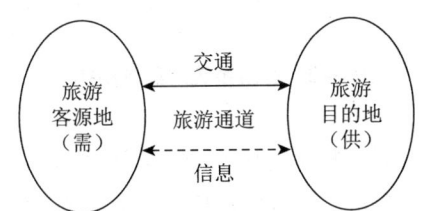

自然、文化、社会、经济、政治、技术、法规等环境

图3-2 旅游系统空间结构

若按旅游功能分析，旅游系统则包括四大子系统，即客源市场（需求）子系统、旅游目的地（供给）子系统、支持子系统和出游子系统。子系统内又包括诸多要素，这些要素相互关联、彼此制约，构成一个有机的旅游系统，其组成结构体系见图3-3。

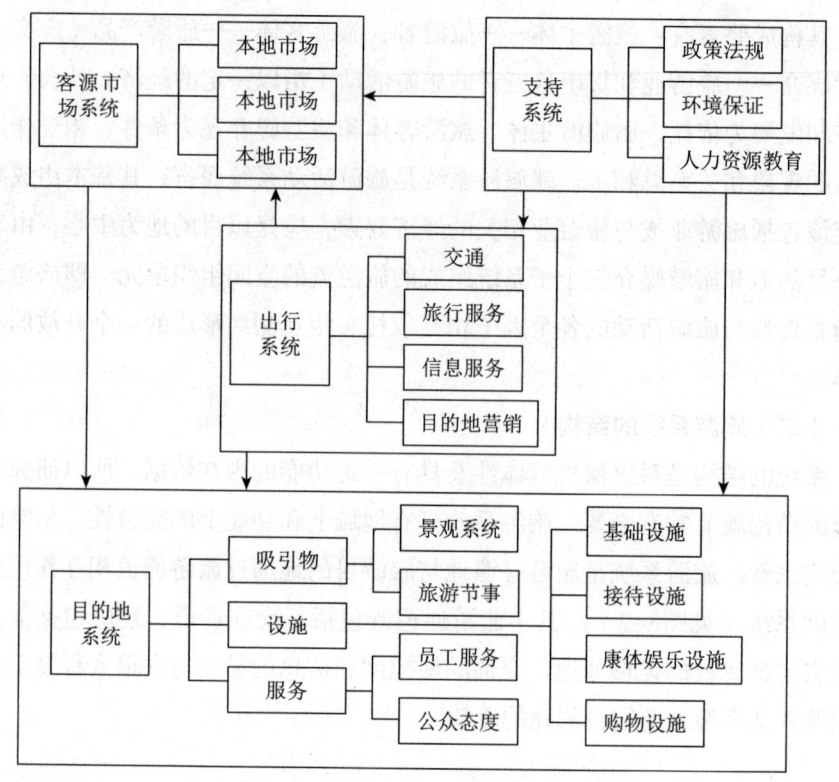

图 3-3 旅游系统的组成结构

根据图3-3，旅游活动应视为一个开放的复杂系统，对于该系统特征的把握及其在旅游开发、规划、经营、管理中的应用，就是旅游科学的核心任务。旅游系统应包括四个部分，即客源市场系统、出行系统、目的地系统和支持系统。

客源市场系统主要是指位于旅游活动各段落的休闲者和旅游者及其形成、活动背景等因素构成的一个子系统。以旅游者旅游的距离或参与的活动类型等为指标，可以将客源市场划分为日常旅游及一日游的当地客源、参与一日游及过夜游的本地以外的国内客源，以及一般属于过夜游或度假游的国际客源。在学术研究中，客源市场的调查、分析、流量（需求）预测、滞留期、人均日消费、旅游毛收入预测，以及收入乘数和就业机会数预测等，构成相当重要的领域。在政府或旅游企业中，客源市场问题也占据工作中重要位置。

出行系统主要探讨旅游者对各种旅行方式（公路、铁路、水上航线、空中航线、缆车、索道、游径及乘坐设施等）的知觉特征和选择模式，旅行的时空分布与空间类型（如单一型、沿途型、基地型、区域性、环游型等），以及旅行社旅游线路的设计组合等。它包括由旅行社提供的旅游咨询、旅行预订和旅行服务，政府、旅游目的地或旅游销售商向旅游者提供的信息服务，旅游目的地规划和主办的意在激发潜在游客出行动机的旅游宣传、营销等子系统。在目的地产品策划、规划和营销过程中，涉及旅游产品的市场分析。

目的地系统主要是指为已经到达出行终点的游客提供游览、娱乐、经历体验、食宿、购物享受或某些特殊服务等旅游需求的多种因素的综合体。它是旅游系统中与旅游者联系最密切的子系统，它和出行系统中的交通因素一起，常被人们通俗地归纳为上述的"六要素"说，并且导致一部分人产生较模糊的认识，以为整个旅游系统本身就是由此"六要素"所构成。具体来讲，目的地系统由吸引物、设施和服务三个方面的要素组成。吸引物是在旅游资源的基础上经过一定程度的开发形成的，一般包括景观系统和旅游节事两个部分，因此有时可以将吸引物系统近似地理解为旅游资源系统。设施子系统包括除交通设施以外的基础设施（给排水、供电、废物处置、通信及部分社会设施）、接待设施（宾馆、餐饮）、康体娱乐设施（运动设施、娱乐设施等）和购物设施等四部分。服务子系统是一类特殊的子系统，是造成目的地的吸引力的有机组成部分。虽然它大部分情况下是非形态的，却可起到举足轻重的作用。

支持系统是指国家、地方政府及其旅游职能部门以及与旅游业关联度很高的相关产业对旅游的支持作用。支持系统是旅游科学研究中一个重要的组成部分，缺乏一个政策保障、环境影响评价和保护计划，以及专门人才教育和培训的旅游系统，将会导致旅游发展中社会影响恶化、资源损毁、环境质量退化、经济衰退等不良后果。实际上，从某个角度而言，旅游发展战略的制定及其实施本身，就可看成某种形式的旅游健康发展的政策保障，即旅游发展战略编制行为本身也是旅游系统的一个组成部分，是旅游业可持续发展的必要保障。

由此可见，旅游系统是通过旅游者的旅游活动而使各组成要素相互联系、相互作用构成的一个有机整体。首先，它是一个动态系统。随着时间的变化，系统的状态也不同，旅游地表现出的季节变化和旅游地旅游产品的生命周期，旅游服务质量的好坏、旅游资源品位的高低、市场需求的变化、旅游环境的破坏与否，旅游目的地的好客度都直接影响系统的输入。其次，它又是一个闭环系统。旅游系统的各要素是相互联系、相互影响的，旅游系统中任一组成成分的变化都有可能导致整个旅游系统的变化。最后，它是一个开放系统。旅游系统的外部环境的变化也会引起系统结构本身的变化，因此旅游系统也是一个具有开放性结构的系统。

根据系统论的基本思想方法，我们把全域旅游视为一个系统有机整体，用系统论的理论与方法研究全域旅游理论、全域旅游资源配置与开发利用、全域旅游管理等问题，目的在于揭示全域旅游的内在联系与外在环境关系的规律性。

二、旅游产业链理论

要明白什么是旅游产业链，首先要清楚何为产业链。目前，理论界对产业链并没有达成一个统一的认识。由于广泛涉及企业和行业的范畴，不同的学者从不同的研究目的和研究视角给出了不同的解释，比较具有代表性的是以下两种：

一种是从政府和企业的角度认识产业链。企业经营要有好的"上家"和"下家"，这种经营环境中的上中游，对企业而言，通常称为供应链，对于政府则称为产业链（李仕明，2002）。这种观点认为，产业链是一个包含价值链、企业链、供需链和空间链四个维度的概念。这四个维度在相互对接的均衡过程中形成了产业链，这种"对接机制"是产业链形成的内模式，作为一种客观规律，它像一只"无形之手"调控着产业链的形成。

另一种是从战略联盟的角度认识产业链。产业链是指在一定的产业群聚区内，由在某个产业中具有较强国际竞争力的企业，与其他相关产业中的企业结成的一种战略联盟关系链（蒋国俊、蒋明新，2002）。这一定义强调产业链的区域性以及产业链内企业之间的合作关系。

从以上产业链的定义可以看出，产业链的形成需要具备以下几个条件：一是产业链中要有核心企业或者是龙头企业，从而带动其他相关企业形成链条；二是产业链中的企业要具有相关性，这种相关性既可以表现为投入产出关系，也可以表现为横向的协调统一关系；三是产业链通常针对某个区域而言，产业链是增强区域产业竞争力的重要方式；四是产业链中的各个企业是合作关系、联盟关系。我们对旅游产业链的界定也从这几个方面入手。

（一）旅游产业链的定义

1.基于旅游者需求的旅游产业链界定

旅游者的需求拉动了旅游产业要素的形成，因此旅游产业链的界定也常从旅游者需求角度出发。如李丹枫等认为，旅游产业链是指旅游消费者从获得旅游信息并决定进行某次旅行、经过空间移动，到最终实现旅游体验这一系列的活动过程中，因吃、住、行、游、娱、购等旅游消费涉及的企业分属不同的产业类型而形成的一种产业链接关系（李丹枫、覃峭、张林，2009）。何建民提出，对于常规旅游来说，旅游产业链包括了目标顾客的选择、定位、产品设计、价格制定、渠道选择和形象推广等（何建民，2007）。这类概念都强调产业链始于旅游者空间移动，止于旅游者旅游消费体验的实现，是吃、住、行、游、购、娱六要素相关企业的集合。这种界定方法使旅游产业的边界相对较窄，通常被称为狭义的旅游产业链，但便于统计与操作。也正因如此，目前国家旅游局主导的旅游产业统计口径也基本上采用这一界定方式。

2.基于旅游产品供应的旅游产业链界定

通常认为旅游产业是由生产旅游产品与服务的旅游企业集合构成的，因此不少关于旅游产业链的定义从旅游产品与服务的供应角度出发，如有的学者将旅游产业链定义为一条包含了所有旅游产品与服务的供应与分配的链条（Tapper & Font，2004），旅游价值链因此可分为赢得订单（win order）、分配前的支持（pre-delivery support）、分配（delivery）以及分配后的支持（post-delivery support）四个阶段，以实现旅游产品的端到端无缝连接（Yilmaz & Bititci，2006），或者将旅游产业链定义为包含了旅游供应商、旅游开发商、旅行社和游客四个部分的单链（KaukalHőpken & Werthner，2002）。

3.基于空间移动范围内旅游产品供应的旅游产业链界定

基于旅游者需求的旅游产业链界定划分了旅游产业链的起点与终点，使旅游产业研究具有可操作性，基于旅游产品与服务供给的价值链强调了旅游产业链的多元性，但又陷入概念泛化的困境。于是又有学者将旅游产品与服务的价值链终点限定在"特定旅游目的地的分配和营销"内，相应的旅游供应价值链定义为：参与了从旅游产品/服务不同部分的供应（如航空业、住宿业）到最终旅游产品在特定旅游目的地的分配和营销这个过程中不同活动的旅游组织所组成的网络（ZhangSong & Huang，2009）；或者将旅游供给限定在旅游者空间转移过程中，定义为：在旅游者到目的地的空间转移及旅游消费过程中，为其加工、组合并提供旅游产品，以助其完成到达目的地的旅行与游览，此间所形成的以旅游企业为核心的各种产业供需关系（王保伦、王蕊，2006）。

综上所述，笔者根据产业链的定义和形成条件，给出旅游产业链的定义。旅游产业链是指为满足旅游者的旅游需求，以产业中具有竞争力或竞争潜力的企业为链核，与相关产业的企业以产品、技术、资本等为纽带结合起来，通过包价或零售方式将旅游产品间接或直接销售给旅游者，以助其完成客源地与目的地之间的旅行和游览，从而在旅行社、饭店、餐饮、旅游景区、旅游交通、旅游商店等行业之间形成的链条关系（见图3-4）。

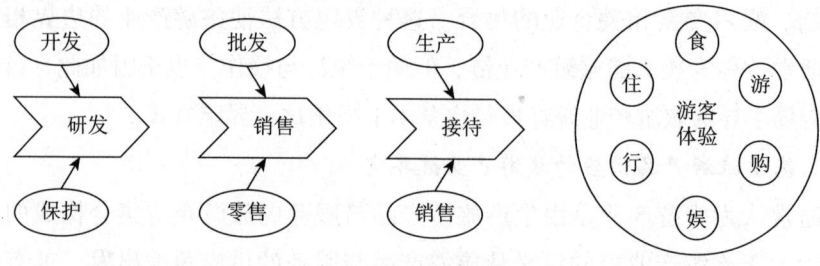

图3-4　旅游产业链

（二）旅游产业链的特点

1. 复杂性

旅游产业链的各个组成部分虽然分工不同，但是为满足旅游者的需求，它们构成了一个相互关联的共同体、一个动态协调的产业系统。旅游产业链环节多，产业链各要素在数量、质量和层次结构上协调难度比其他产业大。此外，产业链中各个企业隶属于不同部门，它们相互影响、相互制约，旅游产业链呈现出高度复杂性。

2. 特殊性

特殊性表现在两个方面：一是组合关系的特殊性，二是链核的特殊性。传统产业内的各企业主要是基于上下游产业中的物质投入与产出而进行分工合作，产业内的企业通过纵向产业加工链被联系在一起，而旅游产业内的企业是基于为旅游者提供完整的旅游产品、服务而进行的专业分工，企业间不是通过生产环节联系，而是通过旅游产品的组合进行合作。传统产业内的各类企业，在物质投入产出基础上形成了前后联系的纵向关系，而旅游企业之间是根据旅游消费需求而形成的专业分工，各种不同类型的旅游企业之间是横向组合关系。

产业链是围绕核心企业，通过对信息流、物流、资金流控制，将各节点企业直到最终用户连成的整体中间经济组织。核心企业是产业链的链核，协调产业链中不同节点企业的行为。在传统产业链中，往往是以市场前景比较好、科技含量比较高、产品关联度比较强的优势企业为链核，通过这些链核前后联系形成链条。在旅游产业链中，处于链核地位的不是旅游产品或服务的生产商，而是担负着大量组织协调工作的大型旅行社和掌握客源信息的旅游运营平台。对于自发形成的自驾游产业链体系，不存在核心企业。

3. 关联性

旅游产业链涉及众多的国民经济部门，既包括核心旅游产业，也包括旅游相关配套产业，它们共同围绕吃、住、行、游、购、娱六要素形成一个完整的产业体系。旅游产品、服务的提供需要第一产业、第二产业、第三产业众多相关行业和部门的协力配合，如为旅游业提供物质支撑的农业、渔业、畜牧业、林业等属于第一产业，轻工业、重工业和建筑业等部门和行业中的相关部门属于第二产业，邮电通信业、金融业、保险业、公共服务业、卫生体育业、文化艺术业、信息咨询服务业等相关产业属于第三产业。按照世界旅游组织的定义，旅游产业链涉及29个经济部门中的108个行业，这些行业与旅游活动发生直接联系或间接联系，这些产业为旅游产业的发展提供了物质基础，成为旅游产业运营的有力支撑，而旅游产业的发展也会反哺这些产业。

4. 中间性

产业链条上的企业之间不是简单的市场关系，而是一种长期战略联盟关系。与纵向一体化不同，产业链是独立企业间的联合；与企业联合不同，产业链中的企业联盟在各方承诺的关键性领域中能像单一公司那样运作。旅游产业链既不是简单的市场交易关系也不属于纯粹的企业组织关系，而是一种介于宏观和微观之间，同时具有微观和宏观特征的中间组织，是一种具有市场的组织和组织的市场特点的中间组织。

5. 网络性

传统产业链是基于产品工艺分工的纵向产业关联，表现为企业间上中下游关联形态。旅游产业综合性较强，决定了其产业链是基于旅游客流的网络状关联形态，核心企业和节点企业之间的关联复杂性更强，既有纵向关联（上游大型旅游商、下游景区、饭店、宾馆、导游、司机），也有横向关联（宾馆、饭店、景区、商品部门）和混合关联。

全域旅游可以说就是一个产业链。本书旨在构建全域旅游的产业链，运用旅游产业链的思想可以在研究全域旅游过程中，从整体上总揽全局，把握全域旅游的发展方向；从整体上运筹帷幄，进行合理空间布局和要素配置；从整体上协调旅游地规划开发、配套设施、保障体系。

三、旅游地可持续发展理论

（一）可持续发展的提出

自20世纪80年代，随着经济的发展，人与自然矛盾关系逐渐激化，可持续发展问题成为国际社会普遍关注的热点问题。90年代中期，作为中国在世纪之交的一个必然选择，可持续发展战略被正式纳入我国国民经济和社会发展"九五"计划和2010年远景目标纲要，它与科教兴国战略一起被确定为中国走向21世纪的两大国家战略。

可持续发展理论的形成是以唯物史观为基础的。历史唯物主义认为，人与自然是既对立又统一的：人类本身就是自然界长期发展的产物，是自然界的一部分，但由于自然界是人类生存和发展的基本物质前提，人类的发展离不开自然界。同时，人与自然的统一不是像动物那样简单地适应自然、直接生存在自然界中，而是通过认识世界、改造世界的社会实践活动，实现"自然界的人化"，并在这个过程中，实现人与自然的和解，保持、维护其与自然的结构的稳定与平衡，实现人与自然现实的、具体的、历史的统一。

可持续发展理论提出的直接目的是解决生态恶化的困境，寻求克服传统发展方式对自然生态和环境的负面影响的有效途径，所要解决的核心矛盾是人与自然的对立问题。透过理论的表层我们可以看出，它谋求的是经济发展与人、资源、环境的协调，以期推动社会的全面进步。它强调环境与经济的协调，人与自然的和谐，其核心思想是健康的经济发展应建立在生态持续能力、社会公正和人民积极参与自身发展决策的基础上。它所追求的目标是既要使人类的各种需求得到满足，个人得到充分发展，又要保护生态环境，不对后代人的生存和发展构成危害。它特别关注各种经济活动的生态合理性，强调对环境有利的经济活动应予以鼓励，对不利的应予摒弃。强调把环境保护作为发展进程的一个重要组成部分，作为衡量发展质量、发展水平和发展程度的客观标准之一。

与传统的发展观念相比，可持续发展观具有整体性、有机协调性和以人为本性。

整体性是指可持续发展观在空间维度上体现着整体与局部的统一，在时间维度上体现着现在和未来的统一，在文化维度上体现着理性与价值的统一。它注重人与自然的关系、人与人关系的优化，追求的是社会各个领域如经济、社会、文化、生态的整体推进、协调发展。在纵向关系上注重把持续的和长远的利益作为社会发展的一个重要衡量标准。所以可持续发展观追求的不是局部的、暂时的效益，而是整体的、长远的效益。

有机协调性是指它把整个自然界和人类社会看成一个各种要素有机组成的密不可分的巨大系统，各部分是相互规定、同构共生、协调发展的关系，强调各部分功能的正常发挥对保持整体稳定的重要性。可持续发展理论要求注意发展的极限，遵循适度的原则。该理论实际上主要涉及三个方面的可持续性：一是自然的可持续性；二是经济的可持续性；三是社会的可持续性。只要社会在每一个时间段内都能保持资源、经济、社会同环境的协调，那么，这个社会的发展就符合可持续发展的要求。可持续发展不单是经济问题、社会问题或生态问题，而是三者互相影响的综合体。

以人为本是指人的全面发展是该理论的基本目标和最终理想，经济增长只不过是实现这一目的的手段。《里约环境与发展宣言》指出："人类处于普遍关注的可持续发展问题的中心，他们有权讨一种与自然相和谐的健康而富有成效的生活。"人的全面发展的前提是社会的全面发展，但社会的全面发展又必须通过人的全面发展来加以体现。人的全面发展不仅指满足人的物质生活需求，还包括满足人们在社会生活、精神生活、政治生活等多方面的各种价值需求，使人体力和智力上的各种潜能得到充分展现。

可持续发展已经是当今经济社会发展的一个新的方向，而且人们也认识到了可持续发展的重要性，可持续发展的界定并不只包含了经济，其中还包含了自然的、社会的、生态的、经济的以及利用自然资源过程中的基本关系，从而以确保社会经济各方面的长远发展。

（二）旅游地可持续发展理论

可持续发展是指既满足当代人的需求，又不对后代人满足其需求的能力构成危害的发展。许多教训告诉我们经济的发展固然重要，但损害环境而换来的经济发展所造成的后果更可怕，所以许多国家和组织都在致力于可持续发展的研究。旅游业是世界最大的行业之一。2010年，世界旅游业理事会主席兼首席执行官鲍姆加藤曾表示，旅游业有能力在10年里，以每年超过4%的速度增长。鲍姆加藤先生还特别强调，生物多样性是旅游业的重要资本，是维持旅游业持续增长的基础，是确保旅游业可持续发展与我们未来的成功关键，是保持环境、经济与社会化三者之间在旅游业中平衡的关键。

1980年，世界旅游组织在菲律宾通过的《世界旅游宣言》提出"所有旅游资源各国和整个国际社会都必须采取步骤加以保护"。1990年加拿大召开的Globe'90国际大会对旅游可持续发展目标进行了较全面的描述，最核心的一点是要保证在从事旅游开发的同时不损害后代为满足其旅游需要而进行旅游开发的可能性。与此同时，科学界研究可以说更早更全面涉及旅游可持续发展问题，如1971年利姆（Lime）和斯坦基（Stankey）就研究了旅游环境与容量的问题，1986年皮尔斯（Co.pearce）与琳赛（I.J.Lindsay）在《产业与环境》中论述了美国的旅游海岸及国家公园的旅游环境与发展问题。

从全域旅游的视角考察，旅游的可持续性是与旅游竞争力相互依存的一组政策性概念，也是旅游发展方式转型的重要考量参数。如果说一个旅游目的地的竞争力是其在旅游市场中的有效竞争能力及盈利能力，那么旅游可持续性则是全域提升旅游竞争力的过程中，维持其自然、社会、文化及环境资源的能力。尤其是要关注自然资本的消耗，规避表象的有效竞争力及盈利能力对目的地自然资本和社会文化资本所带来的消耗，鼓励其对自然资本的存储及投入，以保证对未来持续的旅游消耗提供持续的自然资本供给。为此，要转变旅游发展方式，实现可持续旅游。

可持续旅游是"满足现有旅游者和地方社区居民需求的同时，保护和增强未来的发展机会"。其核心价值是经济效益、社会公平与环境完整的统一。这里，经济效益既需要当代人的福利改善，也需要维系和保持后代人的经济发展机会；社会公平既需要保护人类和文化遗产，也需要在维系社区生活方式及文化传承基础上实现生计质量的改善；环境完整则是维系基本的生态过程和生物多样性，诱导景观环境质量的改善和提升。

全域旅游的核心目标是全域发展的可持续性，实现旅游发展机会的全域公平，旅游发展利益的全域共享，旅游发展风险的全域共担，是需要可持续发展理论进行支撑的。

四、旅游地生命周期理论

旅游地生命周期理论是阐释旅游地演化的基本理论之一。巴特勒（Butler）将旅游地的发展演化划分为探索、起步、发展、稳固、停滞、衰落或复兴6个阶段，并以S形曲线形式对其进行了直观的表达（见图3-5）。旅游地生命周期理论与旅游地发展过程中影响要素及其作用机制的变化密切相关，旅游地生命周期理论可为有效判定旅游地所处的发展阶段及历史演进过程，描述和分析影响旅游地发展的各类要素，以及旅游地的未来发展预测和相关决策的制订提供指导。

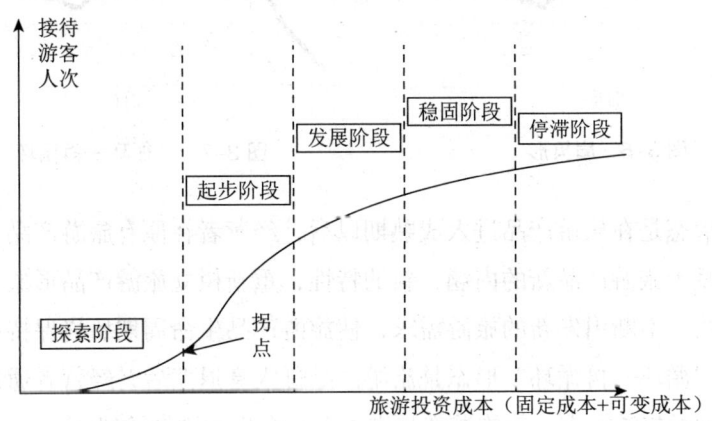

图3-5　旅游地生命周期

黄震方等人利用Tramo/Seates季节调整和多峰拟合方法进行主题型文化旅游区阶段性演进的研究，分析游客波动的阶段性，探讨主题型文化旅游区成长演化，揭示了主题型文化旅游区演化的生命周期：探索起步期、充实发展期、快速发展期、平稳发展期和后续发展期（衰亡或复兴），其中探索起步期和充实发展期对应于旅游文化产品开发期，而快速发展期、平稳发展期和后续发展期则分别对应于旅游文化产品的发展期、成熟期和衰亡或复兴期。

刘荣对旅游产品生命周期阶段进行了分析，旅游产品生命周期理论模型的每个阶段反映了消费者、竞争者、生产者、销售及利润状况等方面的不同特征。

在实际经营活动中，人们发现并非所有的旅游产品都要经过4个阶段之后退出市场。有的旅游产品跳过导入期，直接进入成长期；而有的旅游产品则是昙花一现。所以，旅游产品的生命周期模型并非都表现为S形曲线。不同的旅游产品、不同的市场环境表现出不同的生命周期曲线。有学者曾研究数百种产品，发现并总结出6种之多的产品生命周期形态，其中最为典型的是"扇贝"形（见图3-6）和"循环—再循环"形（见图3-7）。

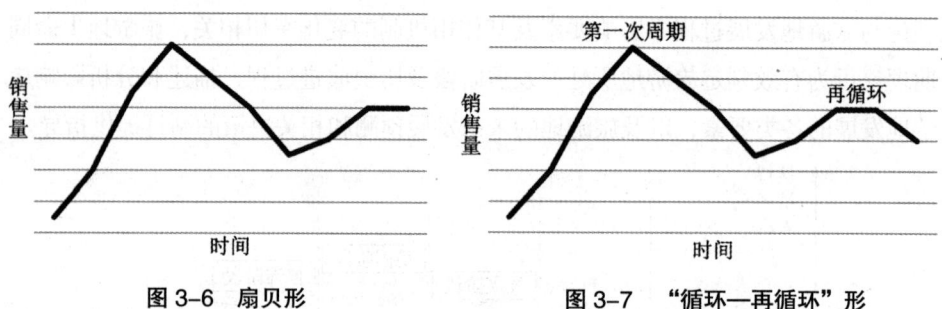

图 3-6　扇贝形　　　　　　　图 3-7　"循环—再循环"形

扇贝形态是在旅游产品进入成熟期以后，经营者在原有旅游产品基础上进行更新，赋予旅游产品新的内涵、新的特性，重新树立旅游产品形象，开发新的旅游市场，不断引发新的旅游需求，使旅游产品生命周期始终保持在一个理想阶段。"循环—再循环"形态是旅游产品进入衰退期后，经营者通过采用有效措施，刺激旅游需求，使旅游产品进入下一个生命周期阶段。

产品生命周期理论揭示了旅游产品从诞生到衰亡的运动过程，对大多数的旅游产品来说都是遵循的，因为旅游产品在市场上的销售情况和获利能力是随着时间的推移、供给状况的变化以及消费者兴趣的转移而发生变化。对旅游产品生命周期的分析和判断有利于经营者更好地了解旅游产品发展现状，掌握旅游产品在不同的生命周期阶段可能出现的问题并及时进行人为调节，以使旅游产品经久不衰，始终保持旺盛的生命力。

全域旅游本身是一个动态过程，由初级走向高级，由分散走向一体化。借鉴旅游地生命周期理论，可以将全域旅游合作视作一个系统，判断其发展所处的阶段，由此展开全域旅游发展态势的诊断分析，力求达到"扇贝型"生命周期形态。

五、旅游区位理论

2002年，国家旅游局将区位作为旅游业分析的重要指标和地区旅游发展规划的一项评审标准，列入国家标准《旅游规划通则》。在旅游开发和发展中，区位论的原理和思想发挥着越来越重要的作用，逐渐形成旅游区位理论。

（一）区位理论

"区位"源于德文"standort"，于1882年由W.高次首次提出。区位在1886年被译为英文"location"。区位同位置不同，既有位，也有区，还有被设计的内涵。其主要含义是某事物占有的场所，也含有"位置、布局、分布、位置关系"等意义。

区位理论（the Location Theory）最早渊源于古典经济学，是关于人类活动空间分布及空间组织优化的理论。自1826年杜能（Von Thunen）创立"农业区位论"以来，区位理论迅速发展，经历了古典区位论、近代区位论和现代区位论三大发展阶段。

1．古典区位论

主要指杜能（1826）的农业区位论和韦伯（A.Weber，1909）的工业区位论。这两种理论的共同特点都是立足于单一的企业或工厂，着眼于成本、运费最省（宋家泰、顾朝林，1987），追求单项的区位决策，模型所反映的是静止的、局部的均衡，属于成本指向研究。

2.近代区位论

主要有费特尔（Frank A. Fetter）的贸易区边界区位理论（1924，开创了区位论市场学派的先河）、俄林（Bertil Ohlin）的一般区位论（1933）、克里斯泰勒（Walter Christaller）的中心地理论（1933）、赖利（W.Reilly）的市场区分界点理论（1929，1931）、廖施的市场区位论（1940）等，近代区位论立足城市或地区，着眼于市场的扩大与优化，追求宏观静态平衡发展，属于市场指向研究。

3.现代区位论

始于"二战"以后，与古典、近代区位论相比，其研究内容、对象、方法等方面存在较大差异，空间性、区域性、系统性是现代区位理论研究的主要特征，区域空间结构理论、区域经济增长理论、区域发展阶段理论等成为现代区位论的基础。

将古典区位理论与现代区位理论进行比较，可以发现：

（1）古典区位理论在区位主体上仅考虑一个生产地，而现代区位理论则考虑到企业内外的多个生产地。

（2）古典区位理论仅考虑区位主体中的单一部分（如工厂部分），而现代区位理论则考虑到区位主体中的研究、开发、设计，零部件加工，部件组装，最终组装，检验修理，培训、流通、办公等。

（3）在区位目标上，古典区位理论仅考虑利润（或成本），而现代区位理论则还考虑非金钱上的收益以及满足。

（4）古典区位理论缺乏或轻视区位选择的具体目标，而现代区位理论则有市场占有率、吸引与稳定人才、形象、名声、市场测试、回避汇率风险、收集信息、避免贸易摩擦等具体目标。

（5）古典区位理论中产品、规模、销售价格、市场、劳动力、设备、土地、运费等都是事先给定或认为是固定的，而现代区位理论则考虑产品的新、成熟、标准化、差别化、多角化、多样化等，考虑规模的大小，也考虑销售价格的高低，更考虑市场的地方性、区域性、全国性以及国际性，还考虑短期、长期、集中、分散、特殊的市场等。

不同时期的区位论，分别从不同的角度探讨了区位的最优选择问题，用于指导人们在生产布局时，选择最优的地点、场所，以满足以下标准和原则：一是成本最小的原则，强调最低运费率和最低生产成本。二是市场范围最大原则，强调企业布局具有最大的市场服务范围。三是利润最大化原则，综合考虑生产成本和市场销售，寻求最大利润空间。四是寻求区位满意原则，以能最好地利用社会经济基础，获得最好的生产和生活条件为标准。

综上所述，区位理论是关于人类活动的空间布局和空间组织优化的理论，是探讨地理空间对各种经济活动的分布和区位的影响，研究生产力最优布局的空间组织理论。

（二）旅游区位的定义

人类进行各种活动，必然要选择各种场所。人类选择活动场所的地点（位置）即为"区位"。区位体现了为满足人类活动，而在活动需求与活动供给之间形成的某种空间联系，而这种空间联系可能是活动需求与活动供给之间竞争、适应的结果。因此，区位选择是活动需求与活动供给双方互动的过程，研究区位必须从两个角度予以分析，特别是由于旅游资源的地域性与旅游者偏好的多样性，研究旅游业区位更强调应从旅游供给与旅游需求两方面考虑。

旅游的本质属性是文化属性，文化属性是旅游者需求（偏好）多样性的内在原因。旅游业的本质属性是经济性，经济性来源于旅游资源价值的置换，旅游资源内涵丰富，从理论上讲，具有普遍存在性特点，但旅游资源开发具有选择性，因此，旅游区位应有两个层次，即宏观层次与微观层次。宏观层次是要明确旅游业发展所凭借的物质基础——旅游资源开发的优先顺序或梯级；微观层次是为了有效利用和置换旅游资源价值、满足旅游者需求而在旅游交通、旅游饭店、旅行社、旅游商店等旅游设施、旅游服务方面的区位选择。

因此本书给旅游区位的界定是：旅游区位指区域范围内及周边各种因素与旅游的联系及其对旅游发展的影响程度，这些因素包括经济、文化、环境、资源等。

旅游业是高度关联的企业，从各产业的协作到全域旅游的发展都离不开区位论的指导。从微观来看，旅游企业投资开发旅游景点、兴建旅游项目，要考虑最佳区位选择问题，需要区位论的科学指导；在具体的经典线路设计、横向合作方面，更需要考虑最佳区位以满足游客的需要，还要以区位论为指导；从宏观来看，全域合作也要从成本、市场范围、利润最大化和区位满意角度来衡量选择最佳的合作对象。区位论对全域旅游发展指导是具体和现实的。

（三）全域旅游区位创新

在全域旅游的开发中，为了扬长避短、提升价值，人们总是会想方设法使旅游区位变得更加优越，这种行为和过程就是旅游区位创新。所谓旅游区位创新，就是指人为改变原有旅游区位条件，以取得某种竞争优势，促进游客进行感知、选择游客和体验消费，推进旅游地更好发展。作为相对于其他旅游地和客源地的位置与关系，旅游区位具有相对、系统、辩证、动态的特征，同时与游客的感知密切相关，这决定了旅游区位创新的广阔空间。

1. 资源整合

要使得全域实现跨越式发展，必须打破区域间的行政界线，以资源和产品集合的方式，重新整合出一种超越区域概念的复合型旅游产品，打造可以对数个中心城市形成辐射的大的区域性旅游产品，通过更广阔的市场来保持一定的客源。在全域旅游圈内，围绕中心城市的各具特色、优势互补的游憩进程旅游地正在形成，这种以"点—线—面"结合的区域旅游资源组织开发的"板块旅游"结构模式，将逐渐取代过去的"点—线"旅游结构模式，以多样化的旅游产品满足消费者不断增长的旅游需求。

2. 形象提升

如果区域内有同类旅游资源存在，则会对全域旅游发展形成一定程度的制约，即地理位置临近、存在共同市场的同类旅游目的地中吸引力较大的，通常会占有较大的市场份额。吸引力越大，市场占有率就越高；反之，则越低。当各旅游目的地吸引力的大小过于悬殊时，强吸引力的旅游目的地就会将弱吸引力的旅游目的地笼罩在它的阴影下，并使后者失去市场。这种情况下，如何破除全域内部竞争就是需要考虑的问题。其实，弱吸引力的旅游目的地要想寻求更大的发展空间，首要问题就是形象变更，彻底从形象上走出阴影区。例如，以自然花卉为主打形象的话，位于黄陂的大余湾永远比不上木兰山、木兰天池的天然景观和云雾山的花卉,这自然与知名度是分不开的,所以大余湾发展旅游就回避了这些,以徽派老宅为卖点进行宣传推广,产生了良好的效果。

3. 区域联动

区域联动,打造复合型产品。复合型产品是指在全域内已经有相当规模和相当知名度的品牌旅游产品时,将自己的产品概念融入这个大的品牌当中去,成为知名旅游产品品牌的一部分,利用知名品牌的光环效应将自己点亮。此做法的依附效应明显,可以迅速提升处于区位劣势旅游产品的知名度,使产品在较短的时间内走向更大的市场。这种对旅游产品的外延式发展,是全域旅游发展的必然趋势。例如,武汉江夏区以花卉著名,熏香悦花卉中心就是依附整个江夏的花而发展,现阶段吸引了无数的游客前去赏花、露营。

4. 交通优化

区位交通条件的改善可大大提升区域旅游的可进入性,为旅游产品或旅游线路的组合扩大空间,提升旅游线路组合的灵活性和选择性,有助于丰富和充实全域旅游产品的内容。例如,九寨沟黄龙机场的建成为人们游览九寨沟提供了新的方式。以往人们会担心交通条件或地质灾害等问题,对陆路运输的安全性不是非常信任,而用时短、相对安全的空中运输方式可以为游客提供比较快捷、舒心的旅游途径。交通要素的科学配置是全域旅游区建设所面临的重要命题。

六、空间相互作用理论

空间相互作用是指区域之间所发生的商品、人口与劳动力、资金、技术、信息等的相互传输过程。它对区域之间经济关系的建立和变化有着很大的影响。一方面,空间相互作用能够使相关区域加强联系,互通有无,拓展发展的空间,获得更多的发展机会。另一方面,空间相互作用又会引起区域之间对资源、要素、发展机会等的竞争,并有可能对有的区域造成损害。

区域之间能够发生相互作用需要满足以下三个基本条件:

(一)区域之间的互补性

区域之间的互补性,即相关区域之间必须存在对某种商品、技术、资金、信息或劳动力等方面的供求关系。从根本上讲，只有区域之间具有了互补性，才有建立经济联系的必要。空间相互作用的大小与互补性成正比。

（二）区域之间的可达性

区域之间的可达性，即区域之间进行商品、资金、人口、技术、信息等传输的可能性。一般来说，可达性受以下因素的影响：一是空间距离和传输时间。区域之间的空间距离和传输时间越长，进行经济联系就越不方便，为此付出的投入也会增加，因而，可达性就差；反之，可达性就好。二是被传输客体的可传输性。可传输性与被传输客体的经济运距有着密切的关系。由于受经济支付能力、时间、心理等方面的限制，各种商品、人口、技术等的经济运距是不相同的，即它们的可传输性存在较大的差异。被传输客体的可传输性越大，则可达性也大。三是区域之间是否存在政治、行政、文化和社会等方面的障碍。如果区域之间存在经济保护壁垒、文化隔离、政治和社会方面的矛盾或冲突，可达性就差。反之，区域之间各方面的关系良好，可达性就好。四是区域之间的交通联系。交通联系方便、通畅，则可达性好；否则，可达性差。总之，区域之间的空间相互作用与可达性是呈正向关联的。

（三）区域之间的互补性

这是指两个区域之间发生相互作用的可能性受到了来自其他区域的干扰。因为区域之间的互补性是多向的，即一个区域可以在某个方面与多个区域同时存在互补性，但它究竟与哪个区域实现这种互补性，取决于它们之间互补性的强度，强度越大则发生相互作用的可能性及程度也就越大。从中也可看出，由于干扰机会的存在，有互补性的两个区域之间也不一定就能发生相互作用。总而言之，区域之间发生空间相互作用首先要存在互补性，可达性好，并且没有干扰机会或干扰机会的影响小。

此外，第三方干扰也是影响相互作用发生的重要因子。只要区域之间相互作用的宏观环境是和平的，不存在第三方干扰，区域之间发生相互作用的机会就越多。

旅游业作为一种新的产业经济活动，其构成要素包括旅游者、旅游资源、旅游设施、旅游服务等，区域之间存在显著的差异性。旅游资源特色和差异是驱动旅游发生的本源性动力之一，也是区域之间相互成为旅游目的地和客源地的基本依据,亦是引起区域之间旅游流空间作用的物质基础,从本质上考察,旅游流是区域之间空间相互作用的重要表现。借鉴空间相互作用理论,可进一步揭示全域旅游内部互动与合作发展的内在机制。

七、核心-边缘理论

(一)理论基本概述

核心-边缘理论是1966年由美国区域规划专家弗里德曼在其学术著作《区域发展政策》一书中系统提出来的。他认为任何一个国家都由核心区域和边缘区域组成,在区域经济增长过程中,核心与边缘之间存在不平等的发展关系,核心居于统治地位,边缘在发展上依赖于核心。

核心-边缘理论认为区域经济增长的同时,必然伴随着经济空间结构的改变。通过区域结构的转变将经济增长的空间动态过程划分为四个阶段:前工业化阶段、工业化初期阶段、工业化成熟阶段和空间相对均衡阶段。总体上来说,核心-边缘理论提供了一个关于区域空间结构和形态变化的解释模型。归纳起来这一理论主要阐释了不平等关系、区域扩散、空间结构地位和共同发展这四个基本问题。

该理论起源于解决发达国家与发展中国家的关系问题中,世界上对核心-边缘理论的研究均侧重于国民经济的宏观角度,主要是运用该理论模型对区域经济发展产业集聚进行分析讨论。与之相比,我国在这方面的研究相对滞后。国内研究主要是将国外基本理论与改革开放的实践结合,进行区域经济发展过程中的对策性研究,基本理论研究相对不足。我国学者的研究多为对该理论在假设条件上的变化调整或者扩展研究以及实证分析。对核心-边缘理论从开始的经济全球化、国民经济、区域经济发展战略的讨论,逐步向区域内部产业协调、区域之间相互协调研究转移。随着区域规划的发展,边缘化的概念被不断泛化,从刚开始在经济领域之间的讨论,不断向各个领域如人口、阶层、行业、移民等延伸。

(二)全域旅游核心-边缘理论

核心-边缘理论在全域旅游的空间布局和空间结构变化具有非常重要的指导意义。一个区域旅游的发展中,运用核心-边缘理论中的"多层极核模式"

比较常见，运用"单核模式"和"平行多核模式"相对较少。由于中国一个城市或地区内的旅游资源丰富，而且对于其中一个旅游资源中又会派生出若干个子资源，这样，就形成了"多层""核"的结构模型。

"多层级核模型"，简要来说是不同的产业具有不同的市场可达性（market accessibility）或者市场获得能力（market access），因此每一产业服务的市场半径就不同；同样不同的区域也具有不同的市场潜力（market potential），市场潜力的大小决定了每一区域产业集聚的规模，市场潜力较大的区域其产业集聚的规模也较大；加之一系列政策的干预，如户籍制度的限制、不同的区域发展战略以及连接性基础设施投资在区域之间分配等，导致不同区域的要素流动性、内外部需求能力、产业集聚的规模以及贸易自由化程度等存在显著差别。"多层级核模型"是一个更符合中国空间经济现实状况的模型。事实上，中国当前已经形成了以多层级核心-边缘空间结构为主要特征的经济景观，呈现出以东部为核心的东—中—西部三大地带格局，在地带内部（如东部地带）又呈现出以经济发达的沿海地区为核心的沿海与内地之分，而在沿海地区又有以环渤海、长三角及珠三角城市群为主要经济增长极的核心与边缘之分。

"多层极核模式"在发展的初期，"中心核"必须聚集各种旅游的要素，必须让"中心核"成为该区域内旅游的绝对中心。到了旅游发展的中期，由于"中心核"的旅游要素过度集聚，旅游成本上升。直至后期，过剩的旅游要素逐渐从中心城市向边缘区域扩散和转移，这就会促使边缘区域景区景点逐渐开发，交通与通信等服务设施逐渐完善，旅游收入增长速度逐渐加快，甚至超过中心城市，从而形成次级和再次级旅游发展核心。

当单个"多层级核模式"成功发展的同时，多个在地域上平行的核心-边缘体系区域，也会形成一种联动的发展效应。所以，在全域旅游规划中，核心景观或者核心功能服务区所组成的景观群落的规划至关重要。其不一定非得在地理上占据地域的中心，但必须是该地域功能中心，必须是该地域的精品。

（三）实际应用解读

在实际应用中，还有一种"都市旅游圈"构造。"都市旅游圈"是指在空间结构上运用核心-边缘理论的结构特征，形成由内向外的"都市中心旅游圈""环城游憩旅游圈""远郊休闲旅游圈"圈层结构。人流互换呈现出"围城"效应。它带来的直接利益是在集聚了众多旅游资源的中心城发展不停滞的前提下，又促进了或者带动了原本旅游资源未被开发的中心城边缘地带的旅游发展。在这样的良性循环下，该区域的旅游将会快速发展，并呈现核心与边缘共同发展的局面。

边缘区域与核心区域不只是控制和依赖的关系，它们之间形成的空间结构机制可以有效地应用于各个领域，尤其是目前案例最多的旅游规划。边缘地带潜在的效益和边缘效应的强弱得益于所属核心区域本身的属性和规模，边缘地带的形态与效益直接反映出相邻异质主体空间的性质与发展动向。核心与边缘资源的空间互补特性、产品价格竞争的优势、旅游交通网络的建设及边缘区人口数量的变化等都与城市旅游核心-边缘空间结构形成及协同发展息息相关，这说明核心区域与边缘区域之间存在着引领与带动、平衡与互补、支持与发展的关系。据此，要理顺全域旅游合作与发展的空间关系，建构起合理的全域旅游空间结构秩序。

核心-边缘理论在试图解释一个区域怎样由互不关联、孤立发展，变成彼此联系、发展不平衡，又由极不平衡发展变为相互关联平衡发展的内在机制，对全域旅游发展具有较高的解释意义和指导价值。

八、空间竞争理论

旅游地的空间竞争是由于多个旅游地在同一地域内出现引起的，当多个旅游地在同一地域出现时，它们各自的吸引力往往会出现此消彼长或同步增长的动态变化和地域旅游市场结构的再组织。

旅游地空间竞争理论看似与全域旅游的研究无关，但是笔者在此处提出，就是想引起大家的注意，如何破除内部竞争，走向全域合作，提升旅游目的地的整体竞争力，这也是全域进行合作的基本原动力。旅游地空间竞争理论有涉及如何破除内部竞争以提升整体竞争力，指出很大程度上要依靠制度创新、管理创新、产品创新、服务创新。显然，研究全域旅游，必须借鉴和运用好旅游地空间竞争的基本理论。

"旅游地的空间竞争是由于多个旅游地在同一地域内出现引起的，当多个旅游地在同一地域出现时，它们的各自的吸引力往往会出现此长彼缩或同步增长的动态变化和地域旅游市场结构的再组织。"（保继刚，1994）这种表述是目前对于旅游地空间竞争的一般界定，它主要揭示了空间竞争现象的外在表征——客源市场地域结构的变动特征，而这种市场结构的空间变化实质上就是竞争的结果。我国学者对于旅游地空间竞争的研究基本上是从20世纪90年代初开始的，研究内容及理论成果主要是集中于旅游地空间竞争类型及竞争关系、旅游地空间竞争力及竞争优势这两方面。

（一）旅游地空间竞争类型及竞争关系理论

在竞争类型及竞争关系方面，我国学者基本上是基于对特定类型或特定区域旅游目的地的旅游空间竞争分析来进行研究的。保继刚先后对沙滩、喀斯特石林、名山、温泉等类型的旅游地进行了理论和实证的讨论。研究表明在一定区域内部同种类型的旅游地的空间集聚往往会引起旅游地旅游发展的此消彼长，旅游资源属性等因素会对空间竞争的结果造成影响。2008年，保继刚又对长三角地区的四个典型次区域内的城市旅游地竞争关系类型和实质进行了客观剖析。

根据目前的研究成果，旅游地空间竞争主要分为两种类型：一种是替代性竞争，主要发生在资源类型相同或相似的旅游地即同类型旅游地之间，表现为一对旅游地的游客量此长彼消；另外一种是共生性竞争，主要发生在若干资源类型有较大差异的旅游地即不同类型旅游地之间，表现为双方的吸引力因对方的存在而增强，呈现出互补关系。一般而言，旅游地的空间竞争主要是同类型旅游地之间的竞争，不同类型的旅游地在同一地域出现，主要产生互补作用。但由于旅游者旅行的空间尺度不同，对目的地选择的偏好不一样，不同类型的旅游地之间也会产生竞争。因而，竞争关系是客观普遍存在的。

（二）旅游地空间竞争力及竞争优势理论

国内学者在对旅游地空间竞争类型及竞争关系进行研究的同时，也对旅游地竞争力的影响因素和竞争策略作出了一系列的探讨。章锦河（2002）认为距离是决定旅游地之间空间竞争的性质与程度的关键因子。严春艳（2011）在对东源县与周边县市同类旅游资源之间的竞争特点以及东源县内部异类旅游资源之间的互补关系进行论证的同时提出东源县旅游发展对策。石婧（2001）通过分析四个丹霞旅游地的共性与各自的竞争优势提出建立丹霞旅游地多赢的可持续发展的空间竞争格局的有关战略及发展建议。唐继刚（2005）在总结旅游地空间竞争的层次、形式与影响因素的基础上，分析了岳西县与天柱山、天堂寨相邻风景区之间现实和潜在的空间竞争关系，并对其旅游业发展所需采取的竞争策略组合进行了阐述。在这些研究中，这些学者都不同程度地运用了以下几个理论展开研究，这些理论对于我们研究弱势旅游地的形成机制、发展策略等方面也有着重要的指导意义。

1. 比较优势理论

比较优势理论作为区域经济学中的一个重要理论，它的实质指的是"一个地区利用具有比较优势的资源实现产品生产的特色化及成本化，进而在与另一个地区的市场竞争中占有一定优势"。以比较优势理论指导区域旅游开发，可以避免旅游地间的重复性开发，指引区域内旅游地结合自身优势资源开发各具特色的旅游产品，促使区域内形成一个良好的旅游地空间互补关系，所以比较优势理论对于旅游地开发具有十分重要的指导作用与现实意义。

2. 竞争优势理论

20世纪90年代初期，迈克尔·波特在比较优势理论基础上提出了竞争优势理论。竞争优势理论强调的是竞争主体的策略行为，体现的是一种将各种生产要素参与市场竞争的高层次理念。根据这个理论，区域旅游产业必须通过产业整体运作效率的提高来获得效益和发展，区域旅游产业的宏观效益更多地来自系统的经济效益，而旅游经济效益的实现很大程度上依赖于系统经济的良性运转。

结合比较优势和竞争优势理论，在本书中，笔者比较认同马男提出的竞争力箭形概念模型（见图3-8），认为"旅游地空间竞争力是旅游地空间竞争的主体在对具有比较竞争优势的资源占有的基础上，通过开发、创新、发展更具竞争优势的生产要素和生产环境，并向旅游市场提供高效用度和满意度的旅游产品和服务，由此获得较高旅游市场占有率的能力"。

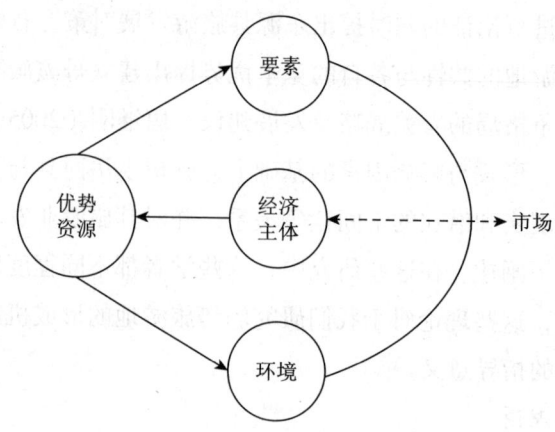

图 3-8 竞争力箭形概念模型

第二节 全域旅游内涵解析

一、概念界定

目前，国内关于全域旅游概念的研究非常活跃，可以说全域旅游的大热从2015年持续至今，没有一点衰减的趋势。但由于全域旅游本身尚处于实践性探索阶段，其概念和理论尚无统一的结论，因而，全域旅游概念和内涵的界定也是因人而异的。

李金早认为全域旅游就是各行业积极融入其中，各部门齐抓共管，全城居民共同参与，充分利用目的地全部的吸引物要素，为前来旅游的游客提供全过程、全时空的体验产品，从而全面地满足游客的全方位体验需求。全域旅游所追求的，不再停留在旅游人次的增长上，而是旅游质量的提升，追求的是旅游对人们生活品质提升的意义，追求的是旅游在人们新财富革命中的价值。

相应地，全域旅游目的地就是一个旅游相关要素配置完备，能够全面满足游客体验需求的综合性旅游目的地、开放式旅游目的地，是一个能够全面动员（资源）、立足全面创新（产品），可以全面满足（需求）的旅游目的地。从实践的角度，以城市（镇）为全域旅游目的地的空间尺度最为适宜。

全域旅游是把一个行政区当作一个旅游景区，是旅游产业的全景化、全覆盖，是资源优化、空间有序、产品丰富、产业发达的科学的系统旅游。它要求全社会参与，全民参与旅游业，通过消除城乡二元结构，实现城乡一体化，全面推动产业建设和经济提升。

厉新建（2013）最早对全域旅游概念进行界定，各行业积极融入其中，各部门齐抓共管，全城居民共同参与，充分利用目的地全部的吸引物要素，为前来旅游的游客提供全过程、全时空的体验产品，从而全面地满足游客的全方位体验需求。全域旅游所追求的，不再停留在旅游人次的增长上，而是旅游质量的提升，追求的是旅游对人们生活品质提升的意义，追求的是旅游在人们新财富革命中的价值。相应地，他还对全域旅游目的地进行概念阐述，全域范围内一切可资利用的旅游吸引物都被开发形成吸引旅游者的吸引节点、旅游整体形象凸出、旅游设施服务完备、旅游业态丰富多样、能吸引相当规模的旅游者的综合性区域空间，是以全域旅游理念打造的全新目的地。

四川大学杨振之教授（2015）认为全域旅游的定义内涵主要包含五点：一是区域旅游资源富集而工业发展基础薄弱或受限；二是以旅游业为引导或主导，推进区域经济发展；三是以旅游业为引导或主导，在全域合理高效地配置生产要素；四是以旅游规划作为区域顶层设计，在旅游规划引导下实现"多规合一"，使"全域旅游"理念在城乡规划、土地利用规划、村镇规划、交通规划等方面切实落地，促使全域以旅游业为重心配置资源；五是适时适度投入适当政策，改善基础设施和公共服务设施，保护自然文化和生态资源，增进公共旅游休闲福利，复兴历史城区、小城镇和农村社区发展活力，真正惠及社会全员。

吕俊芳（2013）认为全域旅游体现的是一种现代整体发展观念，区域各方面的发展应服务于旅游发展大局，形成全域一体的旅游品牌形象。她还对全域旅游产生的理论基础进行论述，提出全域旅游开展所应具备的三个基础条件，即社会条件、人口条件和资源条件。

综上所述，笔者认为全域旅游是指在一定行政区域内或者是一个地理板块和文化板块内，运用后工业化时代的发展理念，以旅游业为优势主导产业，实现区域各类资源（旅游资源、文化资源、行政资源、社会资源等）的有机整合、产业深度融合发展，社会共同参与，通过旅游业带动乃至统领经济社会全面发展的一种新的区域旅游发展理念和模式。通过该理念和模式，实现该区域成为能够全面动员资源，全面创新产品，全面发展产业，全面促进社会进步，全面保护资源与环境，全面满足移居者和定居者的生活与休闲，旅游拉动经济社会发展效应明显的旅游目的地。

全域旅游通俗地讲就是全部区域一体化发展旅游，全域旅游发展战略秉承现代整体发展观念，突破景区局限，使区域建设、环境保护、交通运输、餐饮服务等各个方面都服务于旅游发展大局，形成全域一体的旅游品牌形象。全域旅游发展战略是把一个行政区看作一个旅游景区，是旅游产业的全景化、全覆盖，是资源优化、空间有序、产品丰富、产业发达的科学的系统旅游。

二、五行八卦智慧解读全域旅游

（一）透过五行看全域旅游

简单地说，五行是指木、火、土、金、水五种构成物质的基本元素。五行学说采用取象比类的方法，将世上万事万物朴素地分为五类，在五行属性的基础上，运用生克制化的关系，来说明和解释事物之间的相互联系和变化。

如果说，阴阳是古代的对立统一学说，那么五行是原始的普通系统论。五行智慧关乎自然的呈现与持续运作。五行智慧强调有机联系与整体概念，而全域旅游也是强调有机联系与整体发展的现代大旅游观念。全域旅游是将特定区域作为完整旅游目的地进行整体规划布局、综合统筹管理、一体化营销推广，促进旅游业全区域、全要素、全产业链发展，实现旅游业全域共建、全域共融、全域共享的发展模式。

1. 木：从旅游行业演进看全域旅游

木，所在方位是东方，性质是生发、条达。木者，树也，树结构（包括结点元素和分支关系）在客观世界中广泛存在，形象地表示了行业的演进。我国的旅游资源丰富多彩，但我国旅游业的发展经过了和其他一些国家不同的发展历程。大体来讲，我国先发展了服务于外交的入境旅游，然后随着经济的发展、各方面条件的成熟，发展了以产业经济为主体的国内旅游和出入境旅游。

自从20世纪90年代旅游业被确立为经济产业以来，直接经济功能一直是旅游发展的首要功能。在《国务院关于加快发展旅游业的意见》（国发〔2009〕41号）中更明确赋予旅游业两大定位，"国民经济的战略性支柱产业和人民群众更加满意的现代服务业"，也主要是产业方向的定位。近些年，随着大家对旅游业综合功能的认识，"515战略"更强调了旅游业产业和事业并重的性质，全域旅游于是应运而生。

2. 火：从市场需求变化看全域旅游

火所在方位是南方，性质是向上、激发。火，很好地象征了市场需求。需求的变化，不断激发市场，犹如星星之火可以燎原。随着中国经济不断的持续发展，人们的旅游需求也发生了重大改变，越来越多的人厌倦了走马观花式的传统的观光旅游，转而开始爱上休闲、放松和娱乐为主的休闲度假旅游。相对于观光旅游而言，度假旅游是一种更高层次的旅游形式。现代旅游市场的变化，从游客旅游观念上有观光、度假、休闲的层次；从组织方式上，从团队旅游过渡到散客旅游、智慧旅游。另外，旅游的两大市场简单说是本地休闲和异地旅游。因此，我们可以说全域旅游也是全域休闲。

3. 金：从旅游行政管理看全域旅游

旅游行政管理是严肃苛刻的事情，金所在方位是西方，性质是清静、收杀。金，很好地象征了行政管理。这些年，旅游行政职能从以酒店、旅行社、景区、全行业标准化、智慧旅游的旅游行业管理发展到旅游公共服务、产业促进、市场监管三大职能。旅游行政管理部门对旅游业进行科学、有效管理和调控。不同级别权限不同，管理的性质和内容也不同。大体来讲，从全域旅游的职能来讲，国家旅游局侧重在国家产业政策制定，省级旅游部门层面侧重在产业环境营造，市州旅游部门侧重在旅游目的地产业体系构建方面，而县级旅游行政部门的重点则是将一个县域按照一个整体的旅游区来规划发展。

4. 水：从旅游经营管理看全域旅游

水利万物而不争，上善若水也是旅游经营管理的精髓。水所处的方位是北方，性质是向下、收藏，象征旅游经营管理。旅游经营管理主要是对旅游资源、旅游设施、旅游服务等旅游业赖以生存和发展的三大要素的经营管理。在旅游经营管理拓展方面，一方面是职能经营，侧重功能模式，如我们常说的旅游吃、住、行、游、购、娱、商、养、学、闲、奇、情等要素的管理；另一方面是平台经营，主要是通过构建平台，经营一个区域旅游产业生态系统。

5. 土：从旅游体验构建看全域旅游

土所在方位为中央，性质是长养、化育，象征旅游体验。旅游体验是一系列特定体验活动的产物，是由众多复杂因素构成的综合体，这些因素包括个人感知、地方印象以及所消费的产品等。以"体验"为经济提供物的体验经济是继农业经济、工业经济和服务经济之后的新经济形式。旅游体验以游客为中心，以游客为根本。旅游体验构建可从体验空间建设，即"地"的层面入手，也可以从体验情景建设，即"天"的层面入手，还可以从游客体验管理，即"人"的层面入手。人法地，地法天，天法道，道法自然，最终自然而然，在旅途中实现自我。

（二）以八卦智慧解析全域旅游

八卦在中国文化中与阴阳五行一样用来推演世界空间时间各类事物关系的工具。每一卦形代表一定的事物：乾代表天，坤代表地，巽代表风，震代表雷，坎代表水，离代表火，艮代表山，兑代表泽。八卦就像八只无限无形的大口袋，把宇宙中万事万物都装进去了，八卦互相搭配又变成六十四卦，用来象征各种自然现象和人事现象。八卦可以很好地用来解释全域旅游这一全新的发展理念。

1. 乾

乾亦是刚健旺盛之运动，如飞龙在天空飞舞。这个卦表示运气强，但升得太高，到了极点，也有下降失败的可能性。易经所说的"亢龙有悔"，就是教人得此卦时，虽然很好，但要谨慎，以免遭损失，从天上掉了下来。全域旅游发展首先明确一种"亢龙有悔"的心态，旅游行业突然被国家顶层提到了制高点，成为战略性支柱产业，但是目前旅游行业的现实却显示，大众旅游的规模被充满水分的统计数字放大了，国民休假的制度还在艰难地分娩的阵痛期中，国民的旅游意识仍在萌发中。至于学者冀望的全域旅游，现在被功利主义者拿来揠苗助长，其后果如同大跃进式的"工业化""城市化"一样，需要若干年的消化、阵痛才能化解其积累的矛盾、后果。旅游业有其自身的自然成长过程与规律，行政权力催发的揠苗助长终将付出沉重的物质、财力、人力与生态的代价。在全域旅游问题上，学者的探索应与"全民炼钢"式的运动保持距离，更不要推波助澜，慢慢来，不能让全域旅游还没有成长起来就达到了制高点。此外，乾亦指旅游景色的壮美。

2. 坤

坤指地，这个卦地的形象说明当前主客关系状态。相对于我们所在位置来说，地是静止的，代表当前关系是静止状态，变化较少；地是广大的，地上万物生长，象征着当前关系比较宽松而悠闲。静止而广大的两个方面，组合在一起，形成一种比较稳定而宽松的关系。主方应当珍视这种关系，顺应形势，努力维持目前的状态。不过要注意，静止是暂时的，主方应当做好应对变化的准备。全域旅游就是在区域内营造一种休闲的氛围，各生产要素、各产业部门也是力求维护一种稳定且宽松的状态，彼此相互联系又不相互牵绊，将一个区域整体作为功能完整的旅游目的地来建设、运作。此外，坤也指旅游景色的秀美。

3. 艮

艮是山，艮卦谈的乃是如何抑止自己言行的卦。也即当行则行，当止则止；当说则说，不当说则不说，一切必须审慎抑止为是。山也指稳定，政策要稳定，不能朝令夕改。一是在国家层面，顶层设计引领全域旅游发展的政策要稳定持续；二是在省级层面，发力推进全域旅游发展在区别对待的同时注重稳步前进。推进全域旅游，需要充分发挥省级政府的特殊作用，省级层面要在"统筹布局、突破重点、强化考核、调动市县、整合资源"等方面着力，成为全域旅游发展的中场发动机；三是在市县层面，全力整合推进全域旅游发展要素，具体项目具体规划期限不定，短长期规划结合，持续观察。

4. 泽

泽是水。两泽相连，两水交流，上下相和，团结一致，同秉刚健之德，外抱柔和之姿，所以要流动灵活，因地制宜，因时制宜。首先，对游客和本地休闲消费客群而言，一个地方的全域旅游是否具有吸引力，核心仍在于有没有符合市场需求、能吸引消费者的旅游吸引物。因此全域旅游的开发必须立足于自身特点，从市场需求出发，开发相应的旅游产品。其次，全域旅游应该在适合旅游开发的区域内，立足地域特色，充分利用旅游+的手段，实现有针对性的产品的创新。在全域范围内，寻找适合发展旅游的关键节点，通过旅游+的手段，把旅游和不同产品业态进行创意组合，形成满足市场需求的有效供给。因此，旅游+是手段、工具和方法，是政府做全域旅游的关键所在。

5.震

震为雷。两震相叠，反响巨大，应居安思危，怀恐惧心理，不敢有所怠慢，遇到突发事变，也能安然自若，谈笑如常。震卦的震，是借雷震的震，但自不当仅指雷震的震，它有一种震动、震撼、震惊、震慑综合的意思。全域旅游发展更是要随时保持警醒，居安思危。全域旅游参与人员众多，尤其要在全域旅游规划前期防范旅游安全事故；全域旅游是生态的旅游，要注意开发与保护相结合，规避迫害自然的行为，以免招致自然的反噬。

6.离

离就是火，光明的意思，应把握中正的原则，不可投机取巧。应觉悟升沉生死是自然常理，乐知天命，才不会因得不到依附而自寻苦恼。全域旅游是将整个地域作为一个旅游目的地来打造，势必要求全社会参与、全产业协调、全行业融合，通俗解释为旅游+。无论旅游与哪个行业融合，都要把握好该原则，不能本末倒置，总不能发展农业旅游，建好了农场，养好了奶牛，却不见游客前来。离就是火，光明的意思，全域旅游的管理涉及全产业，因此一定要透明公开化。

7.坎

坎，低陷不平的地方，坑穴。卦象是水，两滴水在一起，还是水，双方的危险和困难合在一起，还是危险和困难。应当谨慎行事，诚恳地维持与对方的联系，做到互利双赢，共同克服困难。如有些老、少、边、穷的地区，由于地域和经济的束缚，旅游发展滞后，但这些地区往往是旅游资源富集、民族民俗风情浓郁、发展旅游独具优势潜力的地区，可以将全域旅游创建与扶贫攻坚有机结合起来，整合各种资源和资金，通过大力实施全域旅游战略，全面改善基础设施和公共服务，全面推进扶贫攻坚和精准扶贫，推动贫困人口在全域旅游发展中更多受益，促进当地居民在全域旅游发展中充分就业创业，大力发展全域旅游共享经济，保障人民群众公平享有旅游权利，使全域旅游成果普惠广大人民群众。又如大中城市，环境遭到严重破坏，但往往又是主要的客源地，这些区域可以大力推进全域旅游，将全域旅游作为都市核心区提升优化的战略平台和实现路径，通过建一批都市旅游示范区，使其成为城市社区、文化区、旅游休闲区、产业集聚区、现代商业区等多区功能叠加、和谐共享的新型城镇。此外，特色小城镇、旅游风情小镇建设可以与全域旅游创建紧密结合，使全域旅游成为引领中小城市提升发展品质的战略平台与抓手。

8.巽

巽是风，谦逊受益，象曰：一叶孤舟落沙滩，有篙无水进退难，时逢大雨江湖溢，不用费力任往返。全域旅游示范区的创建就是为了形成一种标准，形成一股全域风气，即在旅游行业形成"新常态"。

笔者认为旅游的本质是促进并服务于人的流动的产业。人是第一位的，也是最重要的。而不断传承延续的文化则是人集体智慧的结晶。中国传统文化是鲜活的、不断发展创新的。国学思想传承到今天，也已经不仅仅作为知识体系而存在，更应该被人看成一种创新思维的方法和解决问题的工具。国学智慧用于现代旅游产业的发展，其想象空间是非常大的。在当今互联网+时代，大众创新、万众创业成为国家战略的时期，国学智慧无疑将重构旅游行业新的体系，也必将开创智慧旅游的新境界。

第四章 全域旅游发展战略

第一节 全域旅游核心要义

一、全域旅游发展核心:"六全"

(一)全空间

全空间的发展并不意味着要全面开发搞旅游,而是要形成"斑块—廊道"的发展格局,依赖良好的交通体系,增加产业点、延伸产业链、拓展产业面、构建产业群,形成若干旅游产业聚集区,打造各具特色的旅游主体功能区,形成若干具有资本聚集、项目聚集、客流聚集、消费聚集的旅游产业集群。

(二)全行业

全行业就是指旅游在整个目的地产业结构中具有突出的地位,是目的地未来产业发展的融合点、动力点与核心点。随着目的地产业结构的调整,目的地的工业、商业、房地产、手工业等产业都可以打通与旅游业之间的关系,用旅游业来改造、提升这些产业的附加值,通过产业融合来推动这些产业与旅游业的共同发展。

(三)全动员

全动员就涉及旅游拉动就业,旅游就业有一个特点,阶段性就业很强,临时性就业很强,但这同样是就业。吸引目的地最广泛的居民参与到旅游业服务、经营中来，最广大的人民群众都能从参与旅游中获得各自的利益，同时通过最广大人民群众的积极参与，提升目的地的好客度，全面满足游客的旅游体验，提高旅游体验的满意度。

（四）全管理

实施全域旅游的过程中，相关部门要发挥作用，提升效能，充分体现领导重视，构筑发展平台，重视整合公共环境，公共产品，公共服务；构筑公共平台，提供社会服务，创造发展商机。建立合理机制，政府主导部门支持，市场主体企业运作，社会参与利益，协调和谐发展。

（五）全过程

所谓全过程，即指从游客进入目的地开始，一直到游客离开目的地，在这整个过程中，目的地应能提供旅游体验，保证游客从一个体验点到另一个体验点的途中，旅游体验无处不在。因此，在全域旅游发展过程中，应该着力构建"体验点—体验线—体验面—体验场"的体验模型，既重视体验的过程管控，也重视体验的先期介入和后期调控。

（六）全结构

全域旅游发展的重中之重，在于旅游经济结构的调整，包括花费结构、市场结构、区域结构、城乡结构、投资结构、产业结构、产品结构、组织结构、运营结构、技术结构、人才结构和国际结构。在旅游业做结构文章，才能谋长远发展。

二、全域旅游发展要义："六域"

（一）本域

全域旅游不只是指疆域，也指文化领域，注重本土化文化传承，还原本真。习近平总书记说："依托现有山水脉络等独特风光，让城市融入大自然，让居民望得见山、看得见水、记得住乡愁。"这充满诗意的表达引起了全社会广泛共鸣。"记得住乡愁"，是全域旅游规划过程中地方县市旅游发展的重要原则，注重"以情动人"。"乡愁"是一种复杂的感情，有忧伤、有苦涩、有甜蜜、有温馨。"乡愁"是乡音、乡情、乡文、乡俗、乡景给人的一生留下的深刻印象。"乡愁"是一种怀古、怀旧、怀乡的情结，是一种对逝去的岁月、逝去情节的思恋。虽然去的不是自己的家乡，但他要找到那种感觉。所以"乡愁"是每一个人根深蒂固的情结。这种"乡愁"虽然有的埋藏得很深很久，但随时都在萌动，一有机会，它就冲腔而出。追逐"乡愁"是人们心中难以抑制的冲动。这就是中国人一到节假日就想回家的原因，也就是中国人总想落叶归根的根本原因。

（二）逸域

安乐闲适的境域。《黄庭内景经·隐藏》："逸域熙真养华荣，内盼沉默炼五形。"务成子注："物外真气自然养生。"全域旅游强调旅游主体在旅游审美过程中，达到"心与物游、物我两忘"的境界，即审美主体全身心地去体验感应自然，既不拘泥于自然山水的外在形态，也不受囿于伦理道德的理性制约，把心完全融化为物，物也完全融化为心，从而达到物我融为一体的相谐相忘。

（三）异域

《楚辞·九章·抽思》："有鸟自南兮，来集汉北。好姱佳丽兮，牉独处此异域。"王逸注："背离乡党，居他邑也。""异域"指他乡异地，旅游本身就是离开自己的常住地，为了满足精神愉悦获得探新求异的过程。全域旅游发展过程中要强调一个"异"，异于他乡，改变原来在城镇化建设过程中千篇一律模式化建设的现状。

（四）土域

就是指疆域，除了行政区域的划分，还有地理区域划分、人文区域划分。全域旅游的发展，不同的地方可以不同的标准进行区域划分。例如，"中国土司遗产"项目申遗成功，就是突破了行政区域，三个省一起申遗，包括湖北恩施唐崖土司城遗址、湖南永顺老司城遗址和贵州播州海龙屯遗址。

（五）静域

原是佛教术语，指庄严洁净的极乐世界，亦指僧寺等清净处所。用于此处强调全域旅游发展过程中注重游客体验，给游客清净与安宁，改变现在5A级景区那种拥挤喧嚣的状态，从心出发，以静为本，留住游客。

（六）界域

整个存在的物质与非物质中，有不同的存在方式。这些不同决定了它们不可能与以其他方式存在的物质与非物质发生接触。而这些不同存在方式称作不同的界域。界域强调在全域旅游发展过程中给游客留下独特印象,不只靠景观景点的独特性,也可以通过服务设施的可识别性、文化习俗的替代性来形成一定"界域"。

第二节 全域旅游战略前沿

全域旅游把一个行政区当作一个旅游景区进行建设和提供服务。全域旅游要求域内各行业积极融入,各部门齐抓共管,全城居民共同参与,充分利用目的地全部吸引物要素,为游客提供全过程、全时空的体验产品,全面满足游客全方位体验需求。

一、全域旅游的"全"理念

随着全域旅游概念的兴起,学术界关于全域旅游的相关研究日渐增多,大多以"全"为主要理念,其中最具代表性的核心观点如下。

(一)"四新八全"

厉新建(2013)重点研究了全域旅游应具备的核心理念,提出要有全新资源观、全新产品观、全新产业观和全新市场观的"四新"理念(见图4-1),并提出了落实全域旅游理念的"八全"架构(见图4-2),即全要素、全行业、全过程、全时空、全方位、全社会、全部门、全游客,提倡产业融合以及游客与居民之间的交融,强调景观要素转向景观要素与环境要素并重,形成"斑块—廊道"的发展格局,构建"体验点—体验线—体验面—体验场"的体验模型,使旅游产业转向旅游目的地和旅游经济。

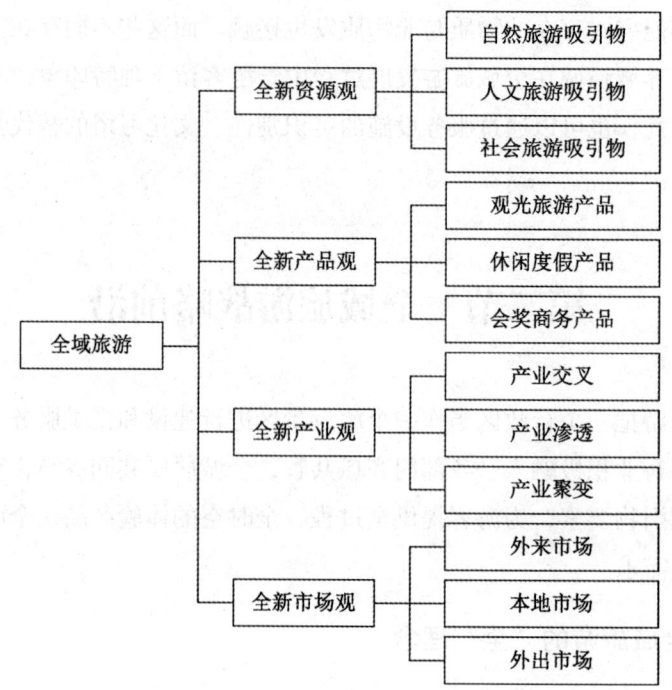

图 4-1 全域旅游"四新"理念

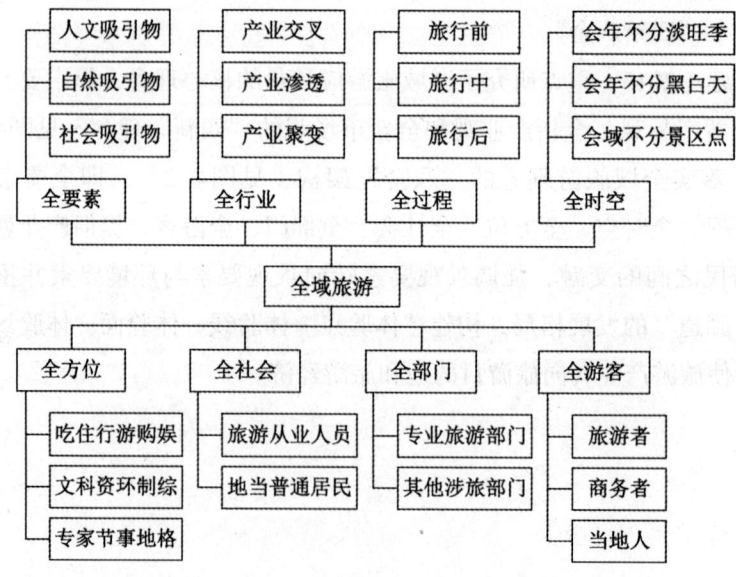

图 4-2 全域旅游"八全"架构

（二）"四全"模式

汤少忠（2014）对"全域旅游"发展的时代背景进行了梳理，以重庆市渝中区为研究对象，提出了全域旅游全景、全时、全业、全民的"四全"模式。其中，全景即全域景区化以吸引游客；全时即全天候旅游体验和全感官项目设计，使旅游不分昼夜，留住游客；全业即以旅游业为主导带动服务业与其他产业全业融合，提升传统产业附加值；全民即通过"全民共建+全民营销+全民共享"构建主客共享的旅游目的地，实现旅游惠民、便民、富民。"四全"模式突破了传统旅游发展单一的局限性，让旅游事业与旅游产业同步可持续发展。

二、全域旅游破"全"思维

全域旅游要尝试突破以"全"为主的思维，发展全域旅游不能面面俱到，应立足地方旅游发展条件和所处阶段，以市场为导向，破除求全迷思，寻重点，找抓手。

李金早在《全域旅游大有可为》提出五点误区：推进全域旅游并不是到处建景点景区、到处建宾馆酒店；推进全域旅游，并不是到处进行旅游开发；不是所有地区都有条件在近期实行全域旅游，全域旅游要分步推进，切不能搞运动，不能刮风；推进全域旅游要因地制宜，突出特色，不可简单复制、粗暴克隆；全域旅游不可无序而为，一哄而起。

由此，全域旅游建设的工作重点、方法思路要根据不同区位条件、旅游资源及其发展阶段有针对性制定，另外还要考虑实现周期、难易程度的不同，因而，做全域旅游不能一味追求"全"，而要解放思想、有所创新，适时打破"全"的理念包袱，切不可盲目实现面面俱到，而要有的放矢，寻找合适突破口，具体问题具体分析，以推动旅游业的可持续发展。

（一）发挥优势，以优带面

从实际来看，并不是所有地区都适合开展全域旅游，但对于有一定旅游资源，如旅游景观资源、人文历史资源、风俗人情资源，结合地方特色，选择合适的方式、模式等来发展很重要。因而，全域旅游要分步推进，切不能搞运动，不能刮风，可以考虑以"雁阵模式"打造区域内有明显的旅游主打产品、旅游资源禀赋高、旅游产业覆盖面广，有优势成为该区域的主导产业、主体功能、主打品牌，放大核心竞争力。

（二）立足特色，融合发展

旅游业有综合性，带动效益比较大，很多地区只看到短期利益，盲目开发，简单复制。然而，全域内并非所有区域都适合旅游开发，全景中也有非景观建设区，如若不惜血本地开展全域旅游开发和全景观化，显然不符合经济社会发展要求和规律，要从各地区的实际情况出发，积极探索独具特色的发展路径和模式，实施有针对性的举措。在进行顶层设计时，既要出台创建标准，树立样板，更要鼓励首创精神，避免千城一面、千景一格、千点一味、千域一样的呆滞状况，要形成色彩斑斓、百花争艳、各具特色、生动活泼的现代大旅游格局。百花齐放、丰富多彩才是全域旅游的魅力所在。

此外，推进全域旅游，就是要融合发展旅游业，使得旅游与城镇建设结合，与美丽乡村建设结合，与农牧业深化发展相结合，与扶贫攻坚相结合，与民族文化保护相结合，与自然山水保护和提升相结合，通过旅游+的手段，把旅游和不同产品业态进行创意组合，形成满足市场需求的有效供给。因此，旅游+是手段、工具和方法，是政府做全域旅游的关键所在。

（三）合理布局，优化配置

推进全域旅游并不意味着到处进行旅游开发，处处建景点景区、宾馆酒店等，而是更加关注景点景区、宾馆酒店等建设的系统性和规划布局的合理性。在全域旅游格局中，以游客体验为中心，以提高游客满意度为目标，按照全域景区化的建设和服务标准，整体优化环境、景观，优化旅游服务的全过程，做到处处都是风景而非到处都是景区景点，处处都有接待服务而非到处都是宾馆饭店。统筹发展，实现全域景区内外一体化。

还应当注意的是，全域旅游强调旅游发展与资源环境承载能力相适应，以一种积极有效的开发性保护模式，通过全面优化旅游资源、基础设施、旅游功能、旅游要素和产业布局，更好地疏解和减轻核心景点景区的承载压力，更好地保护核心资源和生态环境，统筹规划建设，实现设施、要素、功能在空间上的合理布局和优化配置。

（四）跨界融合，多元营销

全域旅游就是以旅游业的发展来带动其他产业的发展，树立跨界融合的思维,切入点是做深度互动体验的向导。要满足外来游客的深度体验和当地居民公共休闲需求。跨界融合思维的运营模式包括:一是"旅游+产品采集+商贸洽谈+论坛"模式,通过产品实现"旅游品鉴";二是"主客共享"模式,让外地游客宜游,让本地居民宜居宜业,同时让游客走进当地居民生活;三是软实力营销,如"旅游+体育+文化"互动模式,如景区马拉松、环城环景区自行车赛等;四是创新评价模式,要用跨界融合思维对全域旅游做效果评价,特别要考虑门票酒店效益外的溢出效应。

全域旅游的营销重点是"生活方式的营销",以用户的体验度和满意度来定价值,避免千篇一律,发掘特色,其营销应该关注两点:一是产品端。要统一思维,打造大旅游目的地,政府统一规划、统一营销口径、统筹协调营销渠道和资源,根据目的地资源、用户消费习惯、配合旅游行业的大数据进行旅游资源的整合、旅游产品的创新与开发、旅游从业人员的专业培训,真正做到从消费者的角度出发,为消费者量身定制旅游产品。二是客户端,除了在产品端方面为客户量身打造,还要从旅游的全程体验服务上为用户考虑,包括丰富的资讯,便捷的交通,美食,舒适的住宿,专业的旅游从业人员,热情、有素质的当地人,等等,真正达到让消费者深入体验当地生活方式,享受旅游,享受生活的目的。目前的旅游市场越来越细分、越来越多元化:旅游目的从单一的观光为主,升级为观光、休闲、度假并存的多元结构;对旅游出行组织方式的需求,从组团为主转化为自助、自驾、组团相结合;旅游人群也开始划分为儿童市场、学生市场、情侣市场、家庭市场到老年市场;旅游者的行为举止变得极富个性。全域旅游的开发必须从市场需求出发,研究目标旅游市场的特征,开发相应的旅游产品。

此外,合作是全域旅游的核心观念。全域旅游是一种创新模式,在全域范围内,既要寻找适合发展旅游的关键节点,对于一些特色较相似的地区,又要联合发展,打造一个区域旅游,在合作的基础上,再体现不同地方的生活差异,凸显全域自然、文化特色。另外,全域旅游可以打破地理界线、行政束缚,作为一种产业甚至区域合作模式,带动区域经济发展,最终实现从小旅游格局向大旅游格局转变。这种合作模式是更为广义的形式,而不仅限于本区域内,是格局观的突破,也是体现区域发展走向成熟的标志,是旅游业提质增效和可持续发展的客观要求,也是世界旅游发展的共同规律和大趋势,代表着现代旅游发展的新方向、新动态、新需求。

第三节 全域旅游战略体系

一、传统旅游发展战略体系

(一)需求型发展战略

需求型发展战略要研究和解决的核心问题是"投资有效期内市场的需求"。传统的旅游需求研究主要针对过去多年的现实消费进行分析研究,在假定收入边际消费倾向和产品边际消费倾向不变的情况下,稳定的消费行为会平稳地延续并成为未来消费的特征。

因此,在旅游地进行的客源市场抽样调查成为旅游需求研究的重要信息来源,而完全的需求信息更应该反映更广阔的旅游出行地的需求信息,以客源地和目的地市场构成的信息才能全面反映市场需求信息。需求战略研究重点解决如下问题:信息的真实性和有效性;面向投资的需求体系研究;"大家需要什么?"的体系研究;以需求为导向的产品体系设计;以需求为导向的规划体系。需求型发展战略框架如图4-3所示。

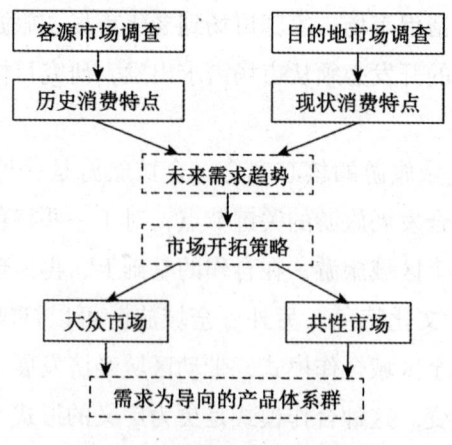

图4-3 需求型发展战略框架

（二）资源型发展战略

资源型发展战略在现在或者未来仍然具有很强的现实意义。资源的挖掘与整理仍然是开发利用、塑造多样化旅游产品最便捷、最直接、最廉价的发展方式。旅游发展的关键并不在于资源发展方式，而在于因资源存在而形成的固化的开发利用模式。传统旅游发展中资源的传统开发模式在于将资源直接推向市场，之间缺少资源的整理和产品塑造环节。"我有什么"成为传统资源利用的最典型的逻辑范式。

这种逻辑范式具有两个弊病：一是我有什么，自然与你无关。二是我有什么，我就只能有什么。从而形成了不能适应市场需求、一成不变的封闭格局，成为资源型发展模式的致命弱点。资源型发展战略应重点解决以下问题：

第一，区域资源评价标准体系，这种标准是可以横向比较的，这样就需要将现有大量定性的指标转换成为可以度量的定量指标，杜绝在评价中主观的评价方式和评价结论。第二，区际旅游资源替代与相互竞争研究，通过竞争研究建立旅游同盟和无障碍旅游区的联合竞争框架。第三，依托大众市场和共同市场建立以资源为导向的旅游产品体系。第四，建立资源供给型旅游发展规划体系和战略研究体系。

资源型发展战略框架如图4-4所示。

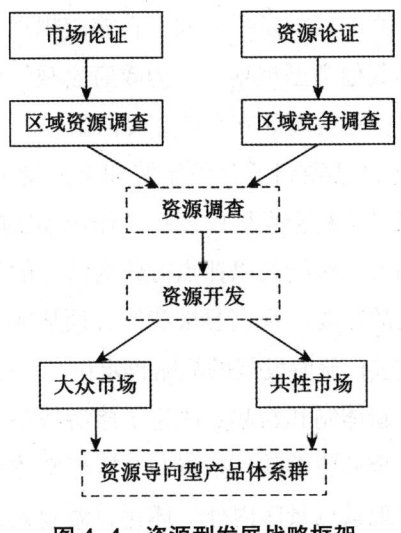

图4-4　资源型发展战略框架

（三）投资型发展战略

在市场经济体系中，投资行为是由投资商来完成的。投资商在旅游投资选择中立足于三个方面：第一，项目投资经营。项目投资立足于企业、公司对旅游市场需求信息的掌握情况，对在什么地方、什么项目和投资规模进行综合论证。企业的这种发展通常建立在企业项目发展战略和项目规划的基础之上，通过对项目所在区域比较优势资源组合、差异市场和细分市场论证，确立以项目和活动为导向的项目开发，制订项目发展规划和项目发展战略。第二，主题旅游开发。建立在区域特色资源组合、市场细分和差异市场的基础上，通过市场论证和资源论证，进行主题旅游开发，并确立以主题旅游为导向的旅游投资战略，制订主题旅游发展战略和进行主题旅游发展规划。第三，结合主题旅游战略和项目发展战略，制订"什么产品有哪类市场"的细分发展策略，实现投资战略。

二、全域旅游战略体系

旅游发展战略研究在新时期具有全新的战略意义，并将在旅游发展研究和旅游规划应用中承担起重要作用。在理论研究方面，战略研究更加关注旅游发展的趋势以及旅游业与其他产业、社会、环境、生态、文化传承等方面的综合作用，全面指导旅游研究与旅游发展方向；在旅游规划方面，旅游战略规划将独立于旅游发展规划和其他类型规划，成为政府宏观管理旅游业在定性质、定地位、定功能、定形象、定规模等方面的重要依据。

旅游业发展到现在，已经到了全民旅游和个人游、自驾游为主的全新阶段，作为综合性产业在经济社会发展中发挥的作用和影响更加广泛，时代赋予旅游业的责任也空前加大，传统的以抓点方式为特征的景点旅游模式，已经不能满足现代大旅游发展的需要。现实要求我们必须从30多年来的景点旅游模式转变为全域旅游模式，进行旅游发展的战略再定位。

新时代、新环境、新体制和新起点决定了旅游战略研究必须富有创新研究的理念、方法和体系。全域旅游就是指将一个区域整体作为功能完整的旅游目的地来建设、运作，实现景点景区内外一体化，做到人人是旅游形象，处处是旅游环境。全域旅游发展基本遵循以下三种架构：全域景区化、新型城镇化与美丽乡村、全域旅游+。三种架构相互融合，共同作用，也可单独支撑，形成全域旅游的良性发展。

（一）全域景区化模式

全域景区的建设不等于全域内景区的简单加总，而是将景区自身的美学、文化、观赏、休闲价值扩展到整个区域。这种发展架构适合于环境优良的区域。与现有的景点景区相比，全域景区化具有整体美化区域、推进基础设施建设和促进服务水平提升、丰富旅游产品、延伸产业链条、提升区域竞争力和知名度等诸多好处，是发展全域旅游最根本的一点，当然也是最为艰辛、跨越时间最长的步骤，需要遵循发展规律，循序渐进地推进。

全域景区化的实现有两种模式：一是"精品景区+精品线路"模式，二是全域无景区化模式。

1."精品景区+精品线路"模式

适合于观光型的区域旅游，在区域内选择若干个精品景区进行重点打造，并将连接精品景区的线路进行精细化打造。精品景区包含自然生态型景区、文化型景区、商街城镇型景区以及人造景区等类型。

2.全域无景区化模式

表面上与全域景区化自相矛盾，实则是实现全域景区化的另一条途径，适合于不以观光为目的的区域旅游。在旅游对象较为广泛的前提下，其强调打破门票经济，采用开放式的经营方式，使旅游更加自由。全域无景区化崇尚到处都是滞留点，随时都能成行，因此，对区域的景观打造、基础设施建设、旅游服务设施建设有着更高的要求。

（二）新型城镇化与美丽乡村模式

新型城镇化与美丽乡村建设是全域旅游开发的重头戏，强调用旅游产业引导城镇和乡村实现就地城镇化。具体的打造方式，是在区域内选择若干具有代表性的城镇和乡村，作为全域旅游在新型城镇化方面的突破口和切入点，按照"城乡一体、区域协调、城乡均衡、基本服务均等化"的原则，构建"向心发展、组团布局、统筹融合"的城镇发展体系，从全域产业布局、综合交通、公共服务、基础设施、生态环境、信息与社会管理等方面构建全域城镇化发展的支撑体系，着力打造集现代新城、活力新区、特色新街、优美新居于一体的新型城镇化结构，加快城乡一体化发展。其架构如图4-5所示。

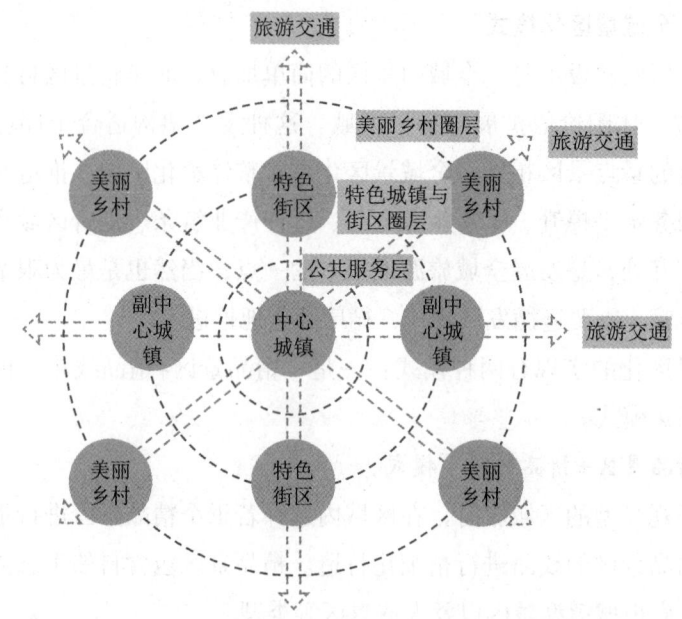

图4-5　全域旅游发展理念下的新型城镇化与美丽乡村架构

（三）全域旅游+模式

旅游是一个无边界的产业。旅游+，是多方位、多层次的，"+"的方式也多种多样。旅游+以巨大的市场力量和市场机制，为所"+"各方搭建巨大的供需平台，旅游+是实现全域旅游的最根本措施，也是推动区域经济转型升级的新引擎。

随着经济社会和旅游业的不断发展，旅游+的内容会越来越多，各地旅游+的内容也各有侧重，各有特色，需要因地制宜、因时制宜地选择旅游+的优先领域重点突破。所谓"+"，可以是共同技术与市场基础的融合，如工业、农业等大产业，还可细化到创客、教育、文化、养生、养老、休闲运动等具体产业，也可以是路径依赖的融合方式，如互联网、交通、购物等关联性产业。任何一个所加的产业，都可以单独支撑起全域旅游的特色，也可相互叠加，起到更好的支撑作用。

第四节　全域旅游战略重点

一、全域旅游的战略构想

发展全域旅游本身就是发展理念的创新,也是发展模式的创新,是旅游转型升级的新方向。走全域旅游的道路,就是要提升旅游业发展能力,拓展区域旅游发展空间,培育区域旅游增长极,构建旅游产业新体系,培育旅游市场新主体和消费新热点,实施旅游品牌驱动战略和创造旅游发展新引擎。

(一)设施服务的安全便捷

全域旅游所带来的是居民生活方式的变革,这种变革使得旧式旅游服务不再能满足人们的出行需求。原有的类似"圈地式服务"使得旅游诉求都仅限于特定的空间与时间,而现在旅游者更迫切要求的是一种"此心安处是吾乡"的旅游体验,所体现出来的是一种无所不在又处于无形的服务。由此,发展全域旅游,首先要解决的是基础设施与基础服务问题。从交通到食宿、从虚拟搜索到现场服务、从经济成本到精神成本,都应该是关注焦点,以满足旅游者多层次的需求,提供更加安全便捷的服务。

(二)管理思想的开放共享

开放发展是我国基于改革开放成功经验的历史总结,也是拓展经济发展空间、提升开放型经济发展水平的必然要求。共享发展是社会主义的本质要求,是社会主义制度优越性的集中体现。旅游业是综合性产业,包括主要从事招徕、接待游客,为其提供交通、游览、住宿、餐饮、购物、文娱等,概括起来就是起于旅游者虚拟搜索、止于旅游者结束旅行的全过程。这决定了旅游业的开放性和共享性。

全域旅游更加注重构建开放发展空间,打破地域分割、行政分割,打破各种制约,走全方位开放之路,形成开放发展的大格局,以释放旅游业综合功能,共享旅游发展红利,为居民(包括游客)共建共享美好生活、基础设施、公共服务、美丽生态环境提供便利。实施全域旅游,促进城乡旅游互动和城乡一体,不仅能够带动广大乡村的基础设施投资、道路建设、农田改造等,提高农业人口的福祉,缩小城乡差距,还能提升城市人口的生活质量,并形成统一高效、平等有序的城乡旅游大市场。

(三)资源配置的绿色协调

绿色发展是实现生产发展、生活富裕、生态良好的文明发展道路的历史选择,是通往人与自然和谐境界的必由之路。实行全域旅游更加注重经济社会发展各类资源和公共服务的有效再配置,有利于发挥旅游作为资源节约型、环境友好型产业的优势,强调的是既宜居又宜游,处处是风景,处处可旅游。发展全域旅游,融入了可持续发展理念,贯串了人地和谐相处的思想,把生态和旅游结合起来,把资源和产品对接起来,把保护和发展统一起来,将生态环境优势转化为旅游发展优势,创造更多的绿色财富和生态福利,为社会提供舒适、安全、有利于人体健康的产品的同时,又以一种对社会、对环境负责的态度,合理利用资源,保护生态环境。

协调发展是全面建成小康社会"全面"的重要保证,是提升发展整体效能、推进事业全面进步的有力保障。全域旅游推进旅游业协调发展,实现原有单一景点景区建设和管理到综合目的地统筹发展转变,意在破除景点景区内外的体制壁垒和管理围墙,使得旅游基础设施和公共服务建设从景点景区拓展到全域。此外,发展全域旅游有利于统筹实施供给侧结构性改革,促进供需协调;有利于推进乡村旅游提质增效,促进城乡协调;有利于完善产业配套要素,促进软硬件协调;有利于提升整体服务水平,促进规模质量协调。

(四)建设规划的全面系统

传统规划大多各自为政。以旅游交通服务为例,公路是公路的规划,铁路是铁路的规划,民航是民航的规划,各有各的枢纽,各有各的标准,很难做到互通有无。发展全域旅游,则不能因循传统规划思路,必须改革创新经济社会发展规划理念,将旅游规划理念融入经济社会发展全局,将旅游资源与其他资源合理配置,推进多规合一和公共服务一体化。

全域旅游模式的规划与景点旅游模式的规划不同,不再只是规划景点景区、宾馆饭店,而是以游客体验为中心,以提高游客满意度为目标,按照全域景区化的建设和服务标准，系统全面规划景点景区内外协调发展，整合各类资源要素，优化旅游服务的全过程。例如，从景点景区和城市的旅游厕所革命拓展为景点景区内外、城乡一体推进的全面厕所革命。

在管理体制上，强调综合效应，表现为综合产业发展和综合执法需求，以提升治理能力，实现区域综合化管理。围绕形成旅游发展合力，通过综合改革，破除制约旅游发展的资源要素分属多头的管理瓶颈和体制障碍，更好地发挥政府的导向引领作用，充分发挥市场配置资源的决定性功能。围绕形成旅游市场综合监管格局，创新旅游综合执法模式，消除现有执法手段分割、多头管理又多头都不管的体制弊端。最终，构建全域大旅游综合协调管理体制。

二、全域旅游战略路径

（一）产业围绕旅游转

旅游业综合性强、关联度高，与许多产业相互关联，这就决定了旅游业不可能游离或独立于其他产业自行发展。全域旅游中的产业不再局限在传统的"六要素"产业，强调全域的旅游化融合，旅游化升级，通过旅游发展产业化，产业发展旅游化，丰富旅游产品，壮大旅游产业规模，同时促进相关产业链条的拉长和产业的升级增值，形成真正的大产业格局。

加强旅游与商务、文化、农业、教育、建设、环保、发改、体育、医疗卫生、金融、电信等部门的合作，加快发展旅游会展、旅游文化、旅游信息服务、旅游航运、旅游金融、旅游专业服务、旅游农业等产业融合的重点领域，可以加快培育新的产业空间，形成新的消费热点，形成新兴的交叉优势产业，从而延伸出产业链的全域化，进而拓宽全域产业面、深化集聚全域产业群（见图4-6）。充分发挥旅游业的融合功能，以旅游产业全域辐射带动，组建形式多样又独具特色的产业融合模式，充分利用各地区位条件、景观资源禀赋、社会经济条件，有利于实现旅游业包容性增长。同时，它又融合了当地相关产业、拉动地方经济、彰显地方特色，有利于实现旅游业可持续发展。

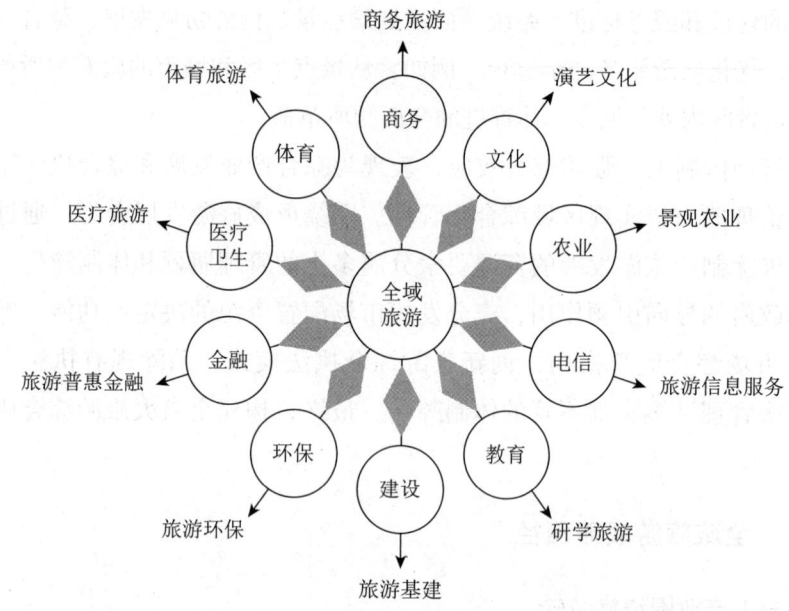

图 4-6　全域旅游产业交互融合

（二）产品围绕旅游造

发展全域旅游，不再是传统旅游"走点""串线"的"点线"观光旅游模式，随着旅游者的见识越来越广、休闲舒适性要求越来越高，景点景区观光已经无法满足其旅游需求，旅游目的地产品势必进行创新，必须从传统的思维中跳出来，对市场需求深度把握，以"匠人精神"提供让市场惊喜的极致产品、服务及体验。

以资源为依托，以市场为导向，以开放为契机，以创新为动力，采取政府主导、社会参与、市场运作、文化带动等措施，开发整合现有旅游资源，合理分类"引客—迎客—留客"资源，加速形成旅游区域多核中心，进一步增强旅游产业的核心竞争力，着力构建主打旅游产品，实现产品围绕旅游造，打造产品的全域化发展，彻底改变原有景点景区开发各自为政，"小、弱、散、差"的开发格局，通过全域化的旅游产品打造，发展具有推动作用的旅游景区（点）扩散作用，集中力量，使资源优势向产品优势、市场优势的转化（见图4-7）。

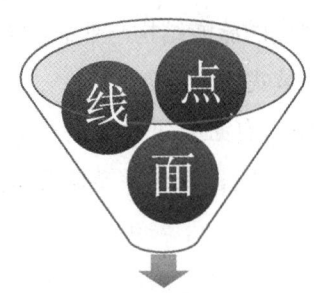

图 4-7 全域旅游的产品构建

（三）服务围绕旅游配

全域旅游所提倡的服务，在服务的规模、氛围、品质等方面都突破了传统旅游区和非旅游区的二元服务结构，旨在构建全域一体化的服务体系，以多核驱动，循序带动，营造全网络化、全过程的立体空间服务氛围（见图4-8）。

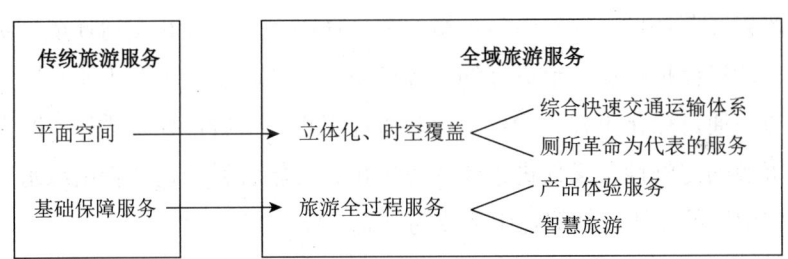

图 4-8 全域旅游服务体系演变路径

立体化时空覆盖表现为，利用旅游资源打造多元立体化旅游产品，充分考虑"自驾游时代""风景绿道慢行时代"特征，通过厕所革命等公共服务及高铁、高速公路、航空、水运等立体综合快速交通运输体系，搭建立体化游览框架，实现全域立体化时空旅游格局。旅游全过程服务以智慧旅游为手段，全域Wi-Fi覆盖，智慧旅游设施逐步全域覆盖，打造"行前+行中+行后"的全程化服务，整合分散的旅游需求和供给，实现线上线下互动；以体验服务为核心，践行多增长极和旅游发展轴的思想，促成优势资源与要素的点线面立体式聚集，形成主题鲜明和特色突出的旅游结构与业态配置，创新自驾车旅游、个人游等自助服务体系，提供全域式体验服务。

实施全域旅游发展战略，有必要进行旅游公共服务体系规划，以提升全域旅游服务氛围与服务品质，完善现代旅游服务体系，提升全域旅游地的软实力。

（四）环境围绕旅游兴

随着旅游者消费层次的提高及旅游产业基础设施的日趋完善，游客对目的地旅游环境的适宜性、休闲体验性、绿色环保性有了更高的要求和期许，不仅重视旅游目的地的经济接待能力，更注重其优越、舒适的旅游环境所带来的心理愉悦。

旅游环境包括自然环境（涉及生态环境和自然资源）、社会环境（即人文环境、经济环境、当地旅游业管理服务状况、游客与居民心理和治安环境等）和人工环境（主要指供水供电设施、交通设施、通信设施及旅游服务设施等）。全域旅游注重旅游目的地的可持续发展，通过弥补自然环境、提升人文环境、改善经营环境、完善市容环境、强化休闲环境、优化交通环境、协调景观环境，严格保护环境，形成好的发展环境，以"环境变革"为驱动因素提升城市品质；通过绿化工程、治理工程和搬迁工程注重城市环境质量，既保持全域自然资源的完整性，又促进整体环境优化，使旅游目的地"青山绿水"发挥"金山银山"的作用，使绿色生活成为常态。

旅游环境作为旅游活动得以存在和进行的外部条件的总和，使人们在开展旅游活动时产生美感，并获得精神与物质享受以及知识乐趣。全社会的生态环境保护和建设、节能减排及资源节约型社会的建设和城乡环境、交通环境能力的美化都将构成全域旅游的生态环境和自然人文景观基础，从而增强旅游目的地形象吸引力，提升游客的满意度，同时也是共建美丽中国的有效途径。

第五节　全域旅游未来展望

全域旅游是将特定区域作为完整旅游目的地进行整体规划布局、综合统筹管理、一体化营销推广，以旅游业为优势主导产业，实现区域资源有机整合、产业深度融合发展和社会共同参与，通过旅游业带动乃至于统领经济社会全面发展的一种新的区域旅游发展理念和模式。因而我们可以说，全域旅游是一种理念，是区域发展的先行指引，决定区域战略目标的前瞻性和世界性，体现了发展观的价值取向。全域旅游是一种追求，是游客对于出行体验的追求，是居民对于生活质量的追求，是政府对于区域发展的追求，是企业对自我发展的追求。全域旅游是一种生活，代表当下的生活理念与生活品位，融合了生活文化与生活方式。

30多年来，我们发展旅游，以建景点、景区、饭店、宾馆的"景点旅游"模式推进，造成各景点景区的封闭建设，游客仿若"点上跳蚤"，在旅游线上折腾。全域旅游将原有"单一型"景区打造成为全域旅游的联动型和扩散型景区，做到景在城中，游在城中。旅游不再是点线结合，而是点线面相互渗透，互为表里，使得游客在面上跳舞。

作为供给侧改革的重要方式，全域旅游得到需求侧的推动。从游牧社会、农业社会、工业社会、后工业社会，到我们未来要追求更高生活质量的社会阶段，在生产方式、生活方式重叠和分离的过程中，旅游的需求会越来越旺盛，旅游方式和旅游地位也会发生变化。团队游时代的旅游体验，其质量可以通过节点的管控来加以控制和保障，而散客化时代由于游客行动空间的分散性，加大了旅游体验质量的保障难度。散客化发展潮流所推动的全域化旅游发展，要求旅游行政管理体制的及时调整与创新。一方面，旅游领域的政府主导应该更多地突出旅游目的地公共服务体系的建设；另一方面，则需要及时调整旅游行政管理体制的规格，以强化对公共资源的调控能力，通过资源协调、服务对接等具体措施来保证全域旅游理念的落地。

全域旅游是一种大的战略。现在国家对旅游业的期待越来越高，期望旅游业能起到更好的带动作用。在全面发展的过程中，如何凸显旅游产业的中心地位，如何形成一个良好的产业生态，以开发共享的姿态去推动群落化的发展，是非常重要的命题。全域旅游作为共享经济社会的一种全新模式，一种体验化的生活方式，更有助于推动机制变革，提高资源配置效率，推动游客和当地居民的幸福增长机制的互动循环。全域旅游会打造成一个有板块有廊道的网状格局，构建一个全新的旅游发展生态圈，放大目的地原有的核心竞争力，从而形成旅游目的地新的竞争力。未来全域旅游发展过程中的旅游不再简单围绕着价值链展开，而是在整个产业群落的网状互动中提质增效，以功能性强调资源配置关系，以共享性促进产业融合，以智慧化打造市场平台，以动态性推动协同创新，以旅游+实现优化升级。

第五章　全域旅游产业链

旅游业综合性强，关联度高，拉动面大，这些特点是在旅游业多年发展过程中提炼出来的，已经耳熟能详，但在现实中却往往成为套话，容易影响旅游产业的深度发展。

对应综合性强，旅游的发展目标应该是体系化的目标，而不仅仅是经济指标；对应关联度高，应当是完整的产业交融概念；对应拉动面大，旅游就超越了经济产业范畴，也成为社会产业、文化产业、环境产业，尤其是在区域拉动和就业拉动方面产生了不可替代的作用。

全域旅游追求的是深入体验，在这个过程中，时间空间化，空间时间化。时间并没有消失，空间展示了时间的变动，固化在空间之中，体现在区域的方方面面。时空变幻，在时间上是连续的，在空间上是继起的，在理念上是提升的，在文化上是传承的。好的项目开发会形成好的氛围，时时是景点，处处是舞台，人人是演员，个个是观众。因而，全域旅游就是一个完整的链条。链条由各个环节组成，环节的缺失就是产业的断裂，环节的不匹配就是产业的薄弱，环节的不平衡就是产业浪费。

可以说，传统产业链的思路是先开发资源，再逐步完善形成产品，通过产品走向市场，构建品牌。但现实中没有这样的路径，都是滚动发展、逐步调整的。因此，本章仅做概念的界定和思路的梳理，如何运行需要具体问题具体分析。

第一节 全域旅游产业链的界定

产业链的提出可以追溯到17世纪中后期，研究的焦点集中在劳动分工和产业化、农业、工业、资源、文化方面。国内学者们依据产业链的一般研究方法和旅游具体实情进行旅游产业链的研究，并通过对旅游产业链理论的分析和深化，有效地将我国在旅游产业链研究的触角伸及较新的旅游领域——全域旅游，从而加深对全域旅游产业发展、运行规律的认识，完善旅游学科理论体系。

一、产业链

产业链的定义是本章研究的逻辑起点，目前理论界对此并没有一个权威的定义，不同的学者从不同的研究目的和研究角度给出了不同的解释。在进行研究综述的时候，笔者发现了一个很有趣的现象：有的学者认为产业链就是供应链，也有些学者认为产业链就是价值链，甚至有些学者在同一篇文章里交叉使用这些概念。那供应链、价值链和产业链三者之间存在怎样的密切关系呢？

供应链的概念是从扩大的生产概念发展来的，它将企业的生产活动进行了前伸和后延。伴随着"横向一体化"思想的兴起，越来越多的企业致力于核心业务，而将非核心业务外包。因此，企业之间便形成了一条从供应商到制造商再到分销商的贯穿所有企业的"链"。由于相邻节点企业表现出一种供给与需求的关系，当把所有企业依次连接起来便形成了"供应链"。

价值链的概念是由美国的迈克尔·波特提出的，在其《竞争优势》（1985）一书中，波特认为每一个企业都是对产品进行设计、生产、营销、交货等基本活动，以及对产品起辅助作用的各种活动的集合，这些基本活动和辅助活动都可以用价值链表示出来。可以这么理解，生产要素的人力资源、技术等辅助活动是为产品的设计、生产、营销和交货这些基本活动服务的。基本活动创造企业的价值，辅助活动是企业能够进行基本活动的保障。这种基本活动和辅助活动之间的联系是横向联系，构成了价值链的内部联系。而存在于供应商企业价值链与生产企业价值链之间的联系是纵向联系，构成了价值的外部联系。由此可见，应该在更大的范围理解企业价值链，在这个范围内，应包括供应商企业价值链、生产企业价值链、买方价值链。波特提出的价值链是主要针对企业内部而言的。

一般意义上的产业链，是指在现实的经济活动中，若干相关产业部门之间基于经济活动形成的产业内在客观的经济技术关联，这种关联是环环相扣、首尾相接的链条式关系形态。而狭义上的产业链指的是区域产业链，指某一区域在市场机制作用下，由某一发达产业链带动，相关上下游产业协调发展，从而形成前后向连锁效应极强的产业链条。这里的区域产业链可以是一条完整的从上游到下游的链条，如迈克·波特描述的加利福尼亚州的葡萄酒业的产业链。在这条产业链中既有葡萄栽培、葡萄酒业的科研机构，又有几百家商业酿酒商、上千个葡萄种植者。此外，还有大量的葡萄灌溉、收割和储存设备、酒瓶和瓶塞、木桶和标签等供应商。在这里，我们可看到一条从葡萄种植、葡萄酒研发到葡萄酒酿造、配套设施的制造以及销售推广的完整产业链条。

我们从波特提到的价值链中也可以看出产业链和价值链的不同。价值链主要是针对一个企业的经营状况开展的价值分析，其目的是阐明企业的价值生成机制，剖析一个企业的价值链条的构成并使其尽可能地拉长和优化，从而使企业处于竞争优势地位。产业链的范围更广，是指经济布局和组织中，各产业之间以及不同地区之间构成的具有链条式的经济组织关系。产业链是指一种产品的"生产—流通—消费"全过程所涉及的各个相关环节和组织载体构成的一个网络状结构。它是一个产业成长发展的必然产物，是随着该产业的形成而自然形成的，并将随着该产业的消亡而自动消失。由此可见，价值链是相对于一个企业及企业内部而言的；而产业链是强调有相关联的产业在同一地区之间或不同地区之间，涉及的不只是一个企业。这是站在企业外部的角度来看的。

目前，对于产业链的界定没有一个统一权威的定义，比较具有代表性的有四种：

第一种，企业经营要有好的上家和好的下家，这种经营环境中的上游、中游、下游，对企业而言，通常称为供应链，对于政府，则称为产业链（李仕明，2002）。由此可以看出，供应链是相对于产业链内部的某个企业而言的，而产业链则是从产业链外部看产业链内企业的关系，而且产业链要与政府和其他重要机构有密切关系。

第二种，产业链是构成同一产业内所有具有连续追加价值关系的活动所构成的价值链关系（杨公朴、夏大慰，1999）。这一定义认为，产业链是一种建立在价值链理论基础之上的相关企业集合的新型空间组织形式。

第三种，产业链是指以市场前景比较好、科技含量比较高、产品关联度比较强的优势企业和优势产品为链核，通过这些链核，以产品技术为联系，以资本为纽带，上下连接，向下延伸，前后联系形成链条。这样，一个企业的单体优势就转化为一个区域和产业的整体优势，从而形成这个区域和产业的核心竞争力（郑学益，2000）。这一定义强调产业链中核心企业的地位，并强调产业链的形成对提升区域产业核心竞争力的重要作用。

第四种，产业链是指在一定的产业群聚区内，由在某个产业中具有较强国际竞争力（或国际竞争潜力）的企业，与其他相关产业中的企业结成的一种战略联盟关系链（蒋国俊、蒋明新，2002）。这一定义强调产业链的区域性和产业链内企业之间的合作关系。

结合上述，本书对产业链作如下定义：通过市场前景比较好、产品关联度比较强的优势企业或龙头企业这个链核上下连接，前后联系所形成的链条。这个优势企业或龙头企业的单体优势可以提升整个区域和产业的整体优势，从而形成这个区域和产业的核心竞争力。这个定义强调的是产业链中核心企业的地位，并强调产业链的形成对提升区域产业核心竞争力的重要作用。

从以上产业链的定义可以看出，产业链的形成需要具备以下几个条件：一是产业链中要有核心企业或龙头企业，从而带动其他相关企业形成链条；二是产业链中的企业要具有相关性，这种相关性既可以表现为投入产出关系，也可以表现为横向的统一协调关系；三是产业链通常是针对某个区域而言的，产业链是增强区域产业竞争力的重要方式；四是产业链中的各个企业是一种合作关系、联盟关系。我们研究旅游产业链乃至全域旅游产业链的构建，也应该从这几个条件入手。

二、旅游产业

早在20世纪初，有学者曾提出旅游并非一个产业。但是，随着全球旅游市场的深入发展,大多学术界和业界人士都承认旅游已经成为对国民经济产生重要影响的产业。特别是2009年11月,国务院常务委员会通过的《关于加快发展旅游业的意见》明确指出"把旅游业培育成国民经济的战略性支柱产业和人民群众更加满意的现代服务业",旅游作为一个产业的认知已经深入人心。

然而,当前关于"旅游产业"的内涵仍存在不同观点:一种观点认为旅游产业等同于旅游业。例如,学者魏小安、王大悟依照《国际产业划分标准》中对旅游业的界定,指出旅游业与旅游产业大同小异;另一种观点虽然不否认第一种观点,但是认为两者不能等同,认为旅游产业所包含的内容比旅游业更加宽泛。

按照世界旅游组织1998年发表的《旅游业对经济的影响》的报告中的提法,旅游产业指"为旅游者提供产品和服务的行业(旅游业)以及其他对旅游消费者活动有较大依赖的行业(辅助行业)"。显然,"旅游产业"比"旅游业"的外延要广泛得多。更具体地说,就是为了充分满足旅游者的消费需求,由旅游目的地、旅游客源地以及两地之间的联结体、组织、个人通过各种形式的结合,组成了旅游生产和服务的有机整体,这个有机整体称为旅游产业。在商品经济条件下,旅游经济运行的主体是旅游产业,它不仅是实现旅游者活动的一种供给表现,也是推动旅游经济运行与发展的主体力量。

旅游产业有三个特征:一是从旅游产业的范围看,它是一个跨地区、跨行业的产业;二是旅游产业的产业边界没有明确的规定,它是一个以旅游活动为中心而形成的资源配置产业,凡是为旅游活动提供直接或间接服务的行业和企业,都是这个配置产业的组成部分;三是从产业性质上看,它是一个以提供劳务产品为主的服务性行业,它所提供的服务包括直接和间接服务在内的综合性服务。我们研究旅游产业链乃至全域旅游产业链的综合性,也应该重点考虑这几个特征。

二、旅游产业链

从旅游产业到旅游产业链,一字之差,"链"是指用金属环节连套而成的索子,寓意为关系,所以旅游产业链更强调在旅游产业内或者旅游产业的各企业、各部门之间的战略关系。为什么本章的标题不定为"全域旅游产业"而是定为"全域旅游产业链"呢？事物发展到一定的阶段，你不去找关联，关联也会来找你，大到一个国家，小到一个企业、一个个体，都离不开"联系"二字，总有千丝万缕的联系。如今的旅游业已经由没有分岔路口的内陆河流航行到出海口，到了浩渺的太平洋，前面不仅有前所未遇的风浪，而且有暗礁、旋涡，这时候如果没有航海图，没有罗盘，没有有效的分工，没有船长、大副、二副、轮机长，就再不可能"直挂云帆济沧海"了。这个简单的比喻说明，旅游业不是单独一个企业能完成的，因此，旅游业也应该作为一个链条来加以研究。

（一）旅游产业链的概念

旅游产业链思想来源于产业链理论，它是指引当前旅游业深入发展的重要理论工具。根据产业链的概念和基本内涵，可以将旅游产业链定义为：为了获得经济、社会、生态效益，通过生产旅游产品满足旅游者各种需求形成的不同产业、部门之间的动态链接，是建立在旅游产业内部分工和供需关系基础上的一种产业生态图谱，是以旅游业中的优势企业为链核，以旅行社、饭店、旅游交通、旅游商品、旅游景区等相关行业和企业的共同利益为基础而结合起来的，共同直接或间接地为旅游者提供旅游产品和服务，满足旅游者需求的旅游企业生态综合体。

旅游产品的本质特点决定了旅游产业链的结构要比传统产业复杂得多，关联性也大得多。根据旅游的六要素——吃、住、行、游、购、娱，可将旅游产业横向链条大致划分为餐饮、饭店、旅行社、资源、交通、旅游产品六大部分，具体可概括为旅游资源、旅游企业、旅游交通、旅游客源四个要素。旅游资源是进行旅游的首要条件，是旅游产业得以发展的最根本也是最原始的资本，资源通过相关企业的开发经营被充分发掘经济价值，从而促成产业的发展，这是产业链中最关键的一环，即产品开发的过程。而产品的最终消费并回收成本和获利才是促进产业发展的最大动力，这需要市场的接纳和推动加以实现，通俗来说，即旅游产品需要旅游者加以消费，才能最终转化为经济效益，这是一个从原料到加工最后到消费的简化循环过程。

在该定义中，有以下五层含义：

第一，旅游产业链的链核是指旅游产业内部的优势企业，也就是说在旅游产业中，凡是具有行业竞争力，并能整合相关产业资源的企业都是旅游产业链的链核企业，如旅行社、饭店、旅游交通与旅游景区等行业中的强势企业都可以担当起组织客源、组合及销售旅游产品、分配旅游收入等产业任务。当前我国旅行社、饭店、旅游景区的集团化发展思路与旅游产业链核培育的观点基本上是一致的。

第二，在旅游产业链中，旅行社、饭店、旅游交通、旅游商品、旅游景区等相关行业之间是一种合作、互补关系，其中任何行业发展滞后，都会影响旅游产品的完整性，影响旅游产业效益的提高。在我国旅游产业发展进程中，旅游商品"拖后腿"的现象就比较突出。长期以来，我国旅游商品在开发设计、包装宣传、品牌质量、类型结构等方面存在诸多问题。对于旅游者而言，他们有购买旅游商品的愿望，却找不到要购买的东西，买到手的商品却不满意，可见旅游商品的滞后发展一方面破坏了旅游者旅游经历的完整性，另一方面成了旅游产业发展中的一个"瓶颈"。

第三，产业链是产业关联程度的表达。产业关联反映了产业之间的供求关系，在生产过程中，各个生产阶段之间存在着上下游的关系，产业关联性越强，链条越紧密，资源的配置效率也越高。

第四，产业链条是资源加工深度的表达。它代表了从旅游资源到最终消费之间的距离和社会资源利用深度的可能性。产业链越长，表明可以加工的深度越深。

第五，产业链是满足需求程度的表达。产业链始于旅游资源，止于消费市场，但起点和终点并非固定不变。随着社会进步和生活水平的提高，人们对现有产业会产生更高的要求，形成新的需求压力，迫使产业链向两端延伸、加长。

（二）旅游产业链的特征

旅游产业是一个高度错综复杂的产业。但是大多数学者几乎都把对其的研究点放在旅游的六大要素上，即行业主要涉及餐饮、交通、旅行社、酒店、购物、景点景区等行业。它们以并存的方式使旅游产业链横向延伸，而且旅游产业外部的其他产业与它有着紧密联系，如信息服务、娱乐、邮电通信业、会展业、房地产产业,这些产业和旅游产业链有着纵横交错的联系,这就使旅游产业链具有立体空间性,不再是简单的横向延伸,而是向前后左右四周延伸辐射。

此外,还有一种对旅游产业链的研究是集中于价值链的视角进行。价值链是产业链的价值形态。旅游产业价值链是对产品供应链的投入产出的价值描述,由基本价值链、可变价值链和延伸价值链组成。基本价值链是从旅游客源地到旅游中介,再从旅游中介到旅游目的地这一过程的价值链环节;可变价值链是旅游产业以及相关产业之间的价值连接,旅游过程中的主导企业是区分旅游产业价值链上下游的关键因素;延伸价值链包括信息服务、会展业、房地产业等。在现今这个网络发达的时代,旅游价值链的模式开始由"一对一"的模式转变成网状模式,从而使条状的价值链演变为价值网。在价值网中,价值链成员之间实行的是"多对多"模式,具体来说就是利用电子商务媒介和互联网把旅游客源地、旅游中介、旅游供应商纵横交错地联系起来。

旅游产业与其他产业关联度较大,旅游产业链具有其自身的特点,主要如下:

1. 旅游产业链中的企业之间存在横向联系

旅游产业链中的企业具有横向的联系,这是旅游产业链与传统的产业链最大的不同。传统的纵向产业链只有最后一个环节,即生产出可以直接消费的产品的企业才会直接接触消费者。产业链中其他环节的交易等各种关系都隐藏在各个生产者之间的市场关系中。要提高产品和服务的质量,只需加强直接面向消费者的终端企业经营管理能力。而旅游产业链中的各企业的横向联系更为明显,链条中的每一个环节都直接面对消费者,其中任何一个环节出了问题都会影响整条产业链的可靠性和稳定性。因此,旅游产业链的优化升级也更为困难。

旅游活动在空间上是分隔的,在时间上是连续的。旅游活动的经营主体将时间上连续的旅游服务在不同的空间中连接起来,使游客从旅游客源地到旅游目的地圆满地实现他们的目的。旅游经济的发展一方面是市场的扩大,另一方面是旅游资源、旅游项目、旅游线路的增加和丰富。旅游产业链中企业的横向联系更为明显,这一特点也就决定了分处旅游产业链各个环节的企业的地位是同等重要的，不像传统的产业链存在明显的上、下游关系，因此在优化升级旅游产业链时，对这些企业一定要有合理的利益分配机制，不可偏废一方。

2.旅游产业链上的任何企业都可以直接为游客提供旅游产品和服务，但都不能提供所有的旅游产品和服务

旅游产品是指旅游者在离开自己的常住地到旅游目的地完成其游览体验活动又返回常住地的整个活动过程，以及这一过程中旅游者所享受到的各行业企业所提供的一系列产品和服务，是最具综合性的产品。而这一系列的产品和服务不是某一个行业或某一个企业所能提供的，它只是能提供一部分的旅游产品。例如，风景旅游区最多只能提供游客的吃、住、游、购、娱这几方面；而旅游交通只能是为游客提供行这个方面；酒店也是只能为游客提供吃、住这两方面。由此可见，旅游产业链上的各个企业必须分工合作，才能够提供完整的旅游产品和服务。

3.旅游产业链上的各个行业之间缺乏有效的约束力

受旅游产业链中的企业存在横向联系这一特点的影响，旅游产业链上的各个行业之间缺乏有效的约束力。在纵向的传统产业链中，因为只有下游生产产品，提供终端产品的企业直接面对消费者，处在产业链条上其他环节则隐藏在生产者之间的市场关系中，这也就使得生产者之间可以随时调整合作内容，甚至是合作伙伴。而旅游产业链的横向特点决定了整条产业链直接面对旅游市场，各个行业的利益来源于各自为游客提供的旅游产品，收益的多少由旅游市场的大小决定，并不直接受其他相关行业的制约。因此，各个行业之间是缺乏有效约束力的。各个行业之间为争取更大的旅游市场、争夺更大的利益会产生矛盾，同时，各行业的发展规模和产品质量等问题会随之出现。

4.旅游产业链整体上呈现出网络状特征

旅游的核心产业链包括四个环节：旅游资源的规划开发、旅游产品的生产、旅游产品的销售、旅游产品的消费。而旅游核心产业链从生产到消费的整个过程与第一、第二、第三产业的部门都产生了联系。这些相关产业就构成了旅游相关产业链。

核心产业链的产业部门和相关产业链的产业部门之间存在在物质、信息的供需上的互相传递关系,并进行相对稳定的交易和合作。通过核心产业链的连接,旅游产业链整体上呈现出网络状特征。

5. 旅游产业链更具有跨区域性

产业链对一个区域的经济增长有着重大的意义。旅游活动时间上的连续性和空间上的分割性决定了旅游产品在空间上也是分隔的。所以,一条旅游线路经常被各地区所割裂。旅游产业链可以是一个地区的,也可以是跨地区的,甚至是跨国界的。从这个角度出发,打破行政性区域界限甚至国界构建旅游产业链更有意义。

旅游产业链不强调区域性的特点,并不意味着旅游产业链的形成对于增强区域旅游产业的竞争力没有很大作用。恰恰相反,区域内的旅游企业通过参与旅游产业链上的分工和竞争,可以提高竞争力,获得竞争优势。这一作用在促进区域旅游产业链的发展方面具有重大意义。

6. 旅游产业链辐射的广泛性

从旅游产业的概念中,可以看出旅游产业涉及诸多产业和部门。它的运行直接或间接地对其他部门产生影响。一个地方的旅游产业发展良好,就会带动当地的住宿业、餐饮业、娱乐业、城市建设、交通运输业等领域的繁荣和发展。经济发展了,就业机会也就增多了,进而会促进当地的就业情况也向好的趋势发展。另外,这个地方的旅游业越繁荣,它吸引的劳动就业人数就会越多。所以,旅游产业链具有广泛的辐射性。

由于产业链本身的概念界定就具有一定的模糊性,当涉及某个具体产业或行业时,大多会探讨该类型产业链的类型和特点,而不是去试图给出概念。对全域旅游产业链的概念界定虽然是很困难的一件事,但对于理解全域旅游产业链的特性又显得很有必要。

对此,笔者作出如下界定,所谓全域旅游产业链是指特定区域内形成的以分工协作为基础、以产业联系为纽带、以旅游企业为主体、以体验旅游为形态的链网状产业组织系统。定义中的"特定区域"除了按照行政区域划分,还可按照地理区域、人文区域划分等,不同的项目可以以不同的标准进行区域划分。

第二节　全域旅游产业链的特点

一、强烈的文化性和地域性

旅游产品是一种精神性产品，生产旅游产品的环节和要素，从旅游吸引物及其类型、住宿设施、饮食到娱乐方式、旅游商品，甚至交通方式等，都具有鲜明的文化特色和强烈的地域色彩。与一般产业链相比，全域旅游产业链既然在前面加了"全域"二字，就明显带有更深刻的地域文化烙印和较强的地域根植性。因此，全域旅游产业链的价值环节的构建，更注重就地取材、本地配套，讲究"原汁原味"。如全域旅游的一大落地形式——乡村旅游，强调的是"住农家屋，吃农家菜，做农家活"，而不是豪华高档的城市酒店式配套服务。每一条全域旅游产业链都有其自身的特色，不同区域旅游产业链之间的相互替代性相对较弱。一般来说，某个区域不能以"贴牌"的方式参与到另一个区域的产业链分工中去，也不能像某些"两头在外"的产业链那样，采用"零资源"模式构建全域旅游产业链。

二、"内容为王"的原创性

旅游发展正遇到一个从量变到质变的节点，其中一个重要的标志就是从"平台为王"到"内容为王"，从追求数量到追求质量，从追求规模到追求品味，从普及到提高。所以全域旅游产业链，不追求全域的范围有多大，链条的辐射有多长，而是追求全域内服务的精致性，什么叫"贴心而不打扰"，追求链条的简练性，什么叫"短小而精悍"。在全域内，在产业内要保持一种匠人精神的"原创性"。

以日本关西的京都为例，去过那里的中国人都会感叹"真正的唐朝"不在中国，而在日本。京都之美，是处处渗透的禅意之美、和风之美，每个细节都经过精心规划与设计，街道狭窄而井然有序，环境一尘不染，民居幽雅，堪称日本的乡愁。

京都是有着1300多年历史的古都,但很多人不知道,日本大约450万家中小企业中,超过10万家企业从京都起步,而这些企业由几十万个"匠人"作为其主要构成。所谓匠人,就是一辈子只专注于做一件事的人。在这种匠人精神的影响下,追求极致成为日本企业的一大特点。日本的企业经营者们会以一种近乎宗教的情怀去打磨产品,任何一种服务型产品做到极致都被称为"道",如茶道、花道。全域旅游上下产业链一定要秉承这种匠人的"原创性"精神。

三、"粗""短"完整的价值结构体系

产业链的长短是由产业链上价值环节的多少决定的,其中纵向联系环节决定产业链的"长度"、横向联系环节决定产业链的"宽度"。在全域旅游产业链中,由旅游资源到旅游吸引物的增值过程所构成的"主链"并不"长"。但"主链"与众多的"支链"有着广泛的横向联系,这些"支链"大多有较多的前后联系环节,使全域旅游产业链表现出较大的"宽度"。

一般的区域产业链大多只是区际产业链条或者全球产业链条中的一段甚至一环,而全域旅游产业链的价值环节则比较完整。全域旅游产业链条的主链,除销售环节外其他环节基本集中在区内,一条产业链中的销售环节通常散布各地。旅游产品的销售不需要物流环节,它实际上就是一个信息传递的过程。

四、消费发散的空间结构

全域旅游产业链前后环节连接而成的空间结构非常独特。与一般旅游产业链"就地消费"的特征不同,"就地消费"认为,由于旅游产品不可移动,只能就地消费,旅游产业链的消费环节集中在旅游目的地,不仅旅游产品本身要在旅游目的地消费,旅游过程中的各种配套附属产品也都要运到旅游目的地或直接在旅游地生产。因此,旅游产业链上的消费者在空间上是流动的。但全域旅游产业链已经是在全域内,不再局限于最终的旅游目的地,已经达到了无景区化消费,消费者在空间上可以是相对静止的,最终产品经由全域旅游产业链环节的传递,送到散布在各地的消费者手中,就像VR技术一样。所以,旅游产业链是"消费集中型"链条,而全域旅游产业链则是"消费发散型"链条。而且,在游客的旅游消费(游览、休闲、度假等)中往往伴随着其他的附带消

费,如饮食、住宿、购物、娱乐等。这就意味着,与普通产业链仅有经销商和成品商面对消费者不同,在全域旅游旅游产业链末端是众多横向联系的企业(旅行社、景点、酒店、餐馆、商店、娱乐场、运输公司等)共同面对消费者和消费市场。每个企业都向游客提供旅游产品或服务,但都不能提供完整的旅游产品;它们是全域旅游产业链上各自独立又相互联系的半自律子系统。这使区域产业链具有明显的模块化、集群化特征。

全域旅游产业链这种以横向联系为主的产业链结构,容易导致旅游企业之间关系松散,缺乏有效的约束机制。因此,在全域旅游产业链中,需要加强对横向关系的整合,政府管理部门、行业协会等规制机构和中介机构的监管、协调作用显得相当重要。

五、全域旅游的体验形态

有这样一个故事:有一个地区刚开始是种花生的,花生成熟以后,农民拿到市场上去卖,1元1斤,我们把它叫作农业经济;后来人们把花生米烘干后做成各种花生食品,卖到10元1斤,这就叫作工业经济;接着,又有人把花生经过产业包装和市场营销摆到了超市的货架上,变成了20元1斤,这就叫作商业经济;再后来,有人把加工好的花生摆在酒吧或者咖啡厅供人品尝,变成30元1斤,这就叫作服务经济;最后,游人找到花生之乡,让城里人来到这里不仅可以参观花生的各种加工流程,还能参与劳动,一起分享劳动果实,一天下来每人要给当地的农民200元,这就叫作体验经济。

而全域旅游产业链就是要在这种体验经济的形态下组成完成,首先为区域"找魂",接下来整个产业链的部门、企业、个人围绕这个"魂"发展体验经济,将整个区域作为一盘棋来下,每个地方都相当于一个棋子,要有其独特的功能性。

第三节 全域旅游产业链的运行

在全球化背景下,中国正转向资源、资本、资讯等要素综合配套、全面发展的态势。在这个大前提下,旅游的发展也不再只依赖于单一的资金要素,而是依靠各个旅游要素的整合发展与旅游要素市场的健全与完善。面对全球化背景下中国的新变化，应调整思路，从旅游要素全面配套、全面协调、共同提升这个角度来研究旅游的发展，以旅游要素市场的培育来促进中国旅游的发展。

所谓要素市场，就是各类经济要素的市场组合与市场交易，构成总体发展格局。要素市场基本上由资源、资金、市场、土地、人才、技术管理、信息与企业产权等组成，对于旅游而言，文化要素也成为重要的组成部分。市场的发育要依靠要素市场的支撑。任何一个产业都需要这些要素，而这些要素的投入强度如何，彼此之间的组合关系如何，又构成了一个国家根本性的竞争力。

中国制造能力强，被称为"世界工厂"，商品市场与国际上大体接轨，而且培育了比较强的竞争力，但是要素能力弱，在要素市场上还有非常大的差距，因此要进一步研究要素市场与商品市场的互动。商品市场是结果，要素市场是原因，或者说要素市场是基础，商品市场是要素市场基础上的表现。要素市场越完善则商品竞争力越强；反之，商品竞争力强就要求要素市场趋于完善。

传统意义上的旅游产业要素就是人们经常提到的"吃、住、行、游、购、娱"，但如今的全域旅游旅游产业要素已扩展为"吃、住、行、游、购、娱、体、会（会议）、养（养生）、媒（媒体广告）、组（组织）、配（配套）"，它们相互交织组合，形成了以下九个类别的行业，构成了一个紧密结合的旅游产业链：

游憩行业：包括景区景点、主题公园、休闲体育运动场所、产业集聚区、康疗养生区、旅游村寨、农场乐园等的经营管理和运作的行业；

接待行业：旅行社、酒店、餐饮、会议等；

交通行业：包括旅游区外部的公路客运、铁路客运、航运、水运等，也包括景区内部的索道等小交通；

商业：集购物、观赏、休闲和娱乐等于一体的购物休闲步行街、特色商铺、创意市集等；

建筑行业：园林绿化、生态恢复、设施建造、艺术装饰等；

生产制造业：车船交通工具生产、游乐设施生产、土特产品加工、旅游工艺加工、旅游衍生品加工、信息终端及虚拟旅游等设备制造；

营销行业：旅游商务行业（包括电子商务）、旅游媒介广告行业、展览、节庆等；

金融业：旅行支票、旅行信用卡、旅游投融资、旅游保险、旅游衍生金融产品等；

旅游智业：规划、策划、管理、投融资、景观建筑设计等咨询行业以及相关教育培训行业。

全产业链发展模式是基于产业链的基础理论衍生出的，其以产业为基础，将产业链上的企业从横向和纵向两个向度加以联合，从而实现"从农产源头到消费者食用"中各关键环节的统筹，构建一个以产业链贯通的上游产业、中游产业、下游产业并存与融合的产业结构体系。

在农业产业链中，农业产业的附加值高低取决于产业类型在农业产业链中的位置，产业链的核心内容是产业价值，根据农业产业价值"微笑曲线"理论（见图5-1），农业产业价值随产前、产中、产后的产业形式不同，在产业链上分类为上游、中游、下游产业，其产业价值体现为两端高、中间低的特点。全产业链模式，即涵盖产业链上游至下游的职能企业，产品从技术研发到经营销售的过程整合到一个产业体系，全过程可控制、可追溯，提升内部技术力量和外部竞争力量。

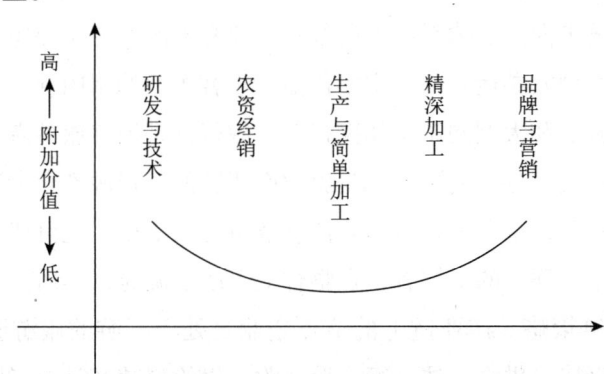

图 5-1 农业产业价值链的微笑曲线

全产业链模式有效地融合了品牌价值、创新意识、渠道管理等一系列有利因素，形成一个有利的优势群。其以粮油食品贸易加工开始发展，紧紧抓住消费者的需求和市场的要求及社会发展的有利契机，建立起各环节紧密相关、互相影响、互相联系的多元化发展方针，并且将这种优势延伸至生物能源开发利用、房地产项目投资开发、酒店连锁经营和金融业等相关领域。在发展的过程中，不断地增加同世界各国用户在上述相关产业间的具体合作。

全产业链模式能够合理地规划各种产业，能够实现对一个产品从种植、加工和物流，以及最后销售的全过程进行监控。巩固基础性产业的同时，统筹兼顾发展多种产业，提升农业科技含量，保障我国人民群众的粮食安全。面对现代市场的波动，如国际经济危机、原材料市场的动荡或政治环境的不稳定能够快速作出反应和调整，尽量减少因此受到的损失。在终端消费的需求反馈至企业后，企业按照消费者的要求进行生产，避免了生产的无序性，从而能够有效地预测市场的变化和消费者的需求，降低企业生产危险。同时，真正建立了联系，就使得上下两个环节有序顺接，同样不会盲目进行。从初级的依靠种植等人工密集型产业向劳动密集型产业转化，最后实现大机械化生产提供了有力的帮助。通过企业计划和市场机制，促使农产品附加值的提升以及能够稳定市场价格，真正实现将农业生产活动与营销环节的无缝连接，增加农民收入水平，推动我国农业的发展升级。

传统旅游产业链体系的构建主要从纵向和横向两个角度加以分析。

旅游产业链纵向产业体系由上游核心企业和下游节点企业组成。产业链上的核心企业是大型旅游运营商，主要包括处于客源地的组团社、大旅行社（如中青旅、广之旅）和大型网站（如携程）。旅行社是衔接旅游者和旅游目的地的中介，作为产品"分销商"，又是旅游产业链的"资源整合者"。旅游网站作为旅游运营平台，掌握了大量游客信息及市场话语权，也可成为核心企业。核心企业作为旅游环节的掌控者，在整合上下游资源时，实质是帮助旅游产业制定产品和渠道策略。产业链上的节点企业是处于下游的旅游服务供应商，包括为旅游者直接提供吃、住、行、游、购、娱等旅游产品或者服务的节点企业。它们以横向关联方式直接面对旅游消费者。目前，我国旅游产业链上的节点企业往往各自为政，作出忽视甚至损害其他企业利益的决策。

横向产业链整合，即对产业链核心企业或节点企业实行兼并、重组等方式，扩大经营规模或组建产业链的若干子链。产业链水平（横向）整合可以有两种方式：一种是进行水平（横向）合并；另一种就是建立横向联盟，典型的就是价格联盟。旅游产业链的横向整合目的不是提高市场势力、增加垄断利润，而是减少横向分散风险性。产业链横向整合主要表现为横向"对接"，即实现旅游产业链中六部门（吃、住、行、游、购、娱）的连接以及旅游产业链中企业之间的联合和重组，还包括同一类旅游资源的对接。如旅游景区实现横向兼并，收购当地的饭店、宾馆、旅游纪念品生产制造商、地接社、旅游车队等企业，以及旅游景区之间的横向合作等，从而实现链条横向延伸。

全域旅游产业链是横向与纵向同时构建产业链，延伸与整合同步进行。有个传统的概念是纵向一体化，指企业向其上游产业或下游产业的扩张，包括前向一体化和后向一体化两种形式。例如，旅游交通运营商为了更好地利用客源销售渠道，向上游兼并旅行社就是前向一体化；大型旅游运营商为了节约成本，直接收购景区就是后向一体化。处于节点位置的餐饮企业，对餐饮部门上游企业（农产品、特色产品种植企业、农产品加工企业、包装企业）和下游企业（运输企业、销售企业）进行整合，使之向上游拓展，向下游延伸，在加强自身企业核心竞争力的同时，打造出一条食品产业链条。全域旅游的纵向一体化会怎么表现呢？大型旅游运营商、景区、参与部门都是一盘象棋上的子，最后整盘棋怎么下？各司其职，冲锋陷阵，不存在整合不整合、延伸不延伸，大家只是在一个军事的统领下，冲着最终的目标前进，利益分配也按照自己的职能来。

第六章 全域旅游规划

第一节 全域旅游规划的理念创新

一、传统旅游规划理论体系

（一）传统旅游规划概念

要了解旅游规划的概念，首先应该对规划的概念有一定认识。规划是个人或组织制定的比较全面长远的发展计划，是对未来可能的发展状态所进行的一种设想或构想，以达到不同情况下所采取的不同对策。这种设想以及所要达到的目标必须通过人们的努力，并且采取必要的行动才能实现。

旅游规划理念是指贯串于旅游规划整个制定、实施过程的对旅游规划起统领性、方向性与根本性指导意义的思想。旅游规划是一个地域内旅游系统的发展目标实现方式整体部署的过程。

（二）传统旅游规划的作用

旅游规划的作用，就是在旅游系统内部建立起由正反馈、前反馈和负反馈机制组成的旅游发展控制体系。借此，旅游规划指导旅游系统不断地提高内部各因素之间的方向协同性、结构高效性、运行稳定性和环境适应性，增强旅游系统的整体竞争力。旅游规划在内化于旅游发展的过程中，其作用具体表现为确定旅游发展的目标，对旅游系统要素进行整合，规避旅游系统的发展风险，修正旅游发展的目标偏离，保障旅游系统的稳定运行，等等。

(三) 传统旅游规划理念中全域旅游规划的借鉴

在我国，大多数学者和专家认为理念是属于意识、思想的范畴，包括文化传统、价值取向、伦理道德、美学哲学等多方面的内容。理念即是理性的观念，观念体系规划理念的界定包括内涵和外延部分，或者具体将规划理念分为核心理念和非核心理念。核心理念是对规划起着指导性、方向性、根本性指导意义的规划思想，以下为旅游规划理念的核心内涵。

1.旅游可持续发展理念

旅游可持续发展理念是以保持当地生态系统、环境系统和文化体系完整性为前提的，在保持和增加未来旅游发展机会的条件下所实现的旅游发展，强调生态合理性优先，生态资本优先和生态效益优先。旅游可持续发展是旅游规划实践中具有长远利益的发展理念，其内部特征是生态环境压力与社会环境压力小于旅游系统的承载力，其外部特征是增长连续性、系统稳定性和代际公平性，能接受环境与社会承载力反馈的规划体系，是旅游规划未来发展的大趋势，也是全域旅游全面实施的基础理念，要在实践中坚决改变"高投入、高消耗、高污染、低效益"的传统发展模式，在全域旅游实践中将传统旅游规划理念中的旅游可持续发展理念融入全域旅游规划体系中，并在实践中不断补充、完善，使之成为全域旅游发展过程中的指导性理念。

2.树立开发与保护并举的"双赢"观念

在旅游开发时，应注意协调好资源与环境保护的关系，应确立"保护性开发"的主题，将"有效保护是开发的前提，保护的目的是更好地开发"的理念贯串于整个开发过程。在自然资源保护方面，要根据资源的状况和特点采取具体的保护措施；对人文资源的保护方面，要在挖掘当地文化内涵的基础上，维护和加强地方文化的个性化和多样化。在全域旅游的规划过程中，也要遵循传统旅游规划中"保护第一"的规划理念，实行保护与发展双赢的措施，以自然资源保护和人文资源保护并重为规划原则和指导思想。

3.适度超前的规划理念

事物是不断变化发展的，在进行旅游规划过程中要深入把握这个规律，为了防止错过机遇，需要拥有超前的旅游规划理念，抓住旅游发展过程中的机遇。目前我国的开发，在项目设计中，缺少对旅游需求趋势的预测，没充分考虑我国旅游跳跃式发展的特点。这些情况今后若任其发展，将会对我国全域旅游的发展产生致命的影响。因此，应该根据全域旅游发展的大趋势，积极倡导和鼓励超前开发的项目，限制或取消那些已经饱和或将要过时的项目。

4. 树立原生态理念

未来旅游市场将越来越崇尚自然生态，追求个性化、知识性、参与性与体验性，呈现出多元化、层次化的发展趋势，国内散客游、家庭游、自驾车游趋势显著增加。因此，旅游规划要根据以上发展趋势来针对性地指导产品的设计与开发，本着"亲近自然"的原则，坚持"用有限的资源开发出无限的乐趣"的规划理念，对自然与人文旅游资源的开发利用提出方案时，尽可能少地给予人为的改变，注重山水原生态的理念，在旅游开发过程中重视原生态山水环境的保护，为游客呈现原汁原味的原真性生活。注重人文景观的原生态，让游客领略旅游目的地历史文化的厚重，重视对历史残存遗址的保护，禁止大范围的修葺。对于历史类景点，解决可进入性、可游览性和适当地进行一些修复即可，保留其原生态面貌，做好维护工作。另外要保留地方风情的原生态，即地方风情独特的景区要注意地方民俗风情的传承与保护，保护地方风俗民俗的原真性，不要过分被商业化，把乡村人们的生活画面和地方人类历史文明结合起来，真实地展现给旅游者。

二、全域旅游规划与传统旅游规划的区别

从规划实践看，"全域旅游规划"与"传统旅游规划"的区别在编制全域旅游规划过程中，有些专家提出全域旅游规划不是法定规划，应该在法定规划的基础上以全域旅游的理念去做传统规划。汤少忠认为全域旅游规划应在传统规划的框架基础上，针对旅游发展面临的新变化、新问题、新趋势进行系统创新，概括起来有以下五大创新。

（一）创新体制观

全域旅游概念中，旅游的发展不是孤军奋战，而是在融合中共同发展。因此全域旅游发展的体制机制设计比传统旅游发展的体制设计要求更高，要求通过体制机制的创新改革设计，理顺旅游部门与其他相关部门的关系，突破限制

新时代旅游发展的障碍，推动旅游业的跨越式发展。

（二）创新产品观

全域旅游产品，不再是传统旅游"走点""串线"的"点线"观光旅游模式，在此基础上要构建满足游客不去景点景区的"基营"休闲度假模式。随着国内游客的见识越来越广、休闲舒适性要求越来越高，旅游目的地产品势必要进行创新。

（三）创新产业观

全域旅游中的产业不再局限在传统的"六要素"产业，强调全域的旅游化融合，旅游化升级，通过旅游发展产业化，产业发展旅游化，丰富旅游产品，壮大旅游产业规模，同时促进相关产业链条的拉长和产业的升级增值。在《成都市温江区全域旅游发展总体规划》中，汤少忠（2016）将旅游产业划分为核心产业、相关产业、延伸产业和外围产业，整体构建"1+5+6+N"的全业旅游发展体系，充分发挥旅游业在产业转型升级发展中的作用。

（四）创新服务观

全域旅游服务，在服务的规模、服务的氛围、服务的品质等方面都胜于传统旅游。它突破了传统旅游区和非旅游区的二元服务结构，构建了全域一体化的服务体系。因此，实施全域旅游发展战略的旅游地，都有必要进行旅游公共服务体系规划，以完善提升全域旅游服务氛围与服务品质，提升全域旅游地的软实力。

（五）创新营销观

全域旅游营销，不再是政府、企业单方面的营销推广，而是政府、企业、居民、游客"四位一体"的全民营销。在全民营销中，更加强调旅游目的地的"营"造，政府与企业全域化旅游产品及服务建设、居民热情好客的参与等构成了游客口碑互动宣传的基础。因此，全域旅游的营销，不仅要从客源地（外部营销）的角度考虑宣传什么，还要从旅游目的地的角度考虑建设什么。

三、全域旅游规划的理念创新

全国旅游规划发展工作会议提出，要围绕新时期旅游业发展战略定位，用全域旅游创新思维引领新时期旅游规划发展工作，充分发挥旅游规划工作在旅游业发展中的基础性、战略性地位。

（一）全域旅游规划的六大焦点

全域旅游是伴随旅游业供给侧改革而诞生的一种新的区域旅游发展理念，是区域旅游发展的升级版。与传统旅游规划不同，全域旅游规划的编制要立足大区域、着眼大旅游、策划大项目、打造新业态，全面实现以旅游为驱动的区域经济增长。新时期全域旅游规划需要对新常态、新发展与新路径进行战略再定位。在供给侧改革的全域旅游发展浪潮中，马勇（2016）认为，进行全域旅游规划时要着重关注以下六大焦点：

1. 聚焦全域理念引领，规划布局产业生态圈

新时期进行旅游规划时，要以"全域旅游"的发展理念为引领，明确提出全域旅游发展的量化指标，统筹规划全域旅游要素重组、规划融合全域新业态、规划全域一体化营销、规划综合管理全域项目、规划塑造全域品牌形象、规划提升全域功能价值、规划创新投资模式，实现多规合一，构建层次清晰的旅游发展时空体系。全域旅游规划发展要树立全域旅游产业生态圈的发展理念，在全域范围内形成以旅游企业为主体、以政府政策为指引，以全民参与为方向的协同共建共享机制，充分发挥金融市场杠杆作用，运用全域互联网思维整合全域旅游发展要素，加强产业生态圈内的商品流、信息流与资金流的全域流动，全面布局全域旅游产业生态圈。

2. 聚焦全域存量优势，综合盘活旅游要素资源

全域旅游的提出使得旅游规划的编制有了更高的要求，新时期全域旅游规划需要跳出旅游看旅游。首先，聚焦资源存量优势，编制全域旅游规划时要改变传统的旅游规划编制将区域资源存量锁定在旅游资源上的旧识，以大旅游资源观为引导，将生活资源、产业资源盘活，整合区域内的各资源要素，使之为旅游发展所用。其次，聚焦产业存量优势，规划中对特色产业、支柱产业进行引导，赋予其旅游功能，一方面可以拓展原有产业的发展空间，提升旅游附加值，另一方面可以通过旅游与其他产业的相互延伸实现产业融合。最后，聚焦项目存量优势，对区域现有旅游项目进行提档升级，通过将传统旅游项目赋予新的内涵、引进新的技术等实现存量项目的二次腾飞，同时为全域新旅游项目的策划指明方向。

3.聚焦全域业态融合，目标锁定旅游+新业态旅游

新业态是全域旅游经济增长的关键点，是创造全域旅游消费新需求、增强全域旅游核心竞争力的重要抓手。新时期全域旅游规划将发展目标锁定在旅游+新业态，聚焦全域旅游业态的融合，具体体现在以下三个方面：第一，聚焦经营提升型业态规划，通过对区域内既有的旅游业态、旅游产品进行提档升级，从而规划出具有一定市场影响力的产品，如规划新的主题酒店对传统酒店业态的经营提升创新；第二，聚焦产业融合型业态规划，通过对全域旅游及其相关产业进行融合而诞生的新业态，如旅游与装备制造业融合形成旅游装备制造业；第三，聚焦市场需求型业态规划，紧密关注旅游消费者的需求开发新业态。充分发挥旅游+的引领带动作用，着重规划开发符合国民消费需求的乡村、养老、研学、会奖、智慧旅游等多业态融合旅游产品，重点聚焦旅游产业新业态。

4.聚焦全域政策驱动，改革全域旅游管理体制

全域旅游作为新时期的旅游发展战略受到了国家及地方政府各层面的高度重视。进行全域旅游发展规划，必然要聚焦到政府层面的政策驱动，借助各项利好政策，规划改革全域旅游综合管理体制。首先，规划聚焦全域旅游发展的领导体制的改革，各地纷纷撤"局"立"委"，从全域发展大局出发整合区域资源、统筹推进全域旅游的工作开展，形成各部门联动的发展机制。其次，规划聚焦全域旅游公共服务体系的构建与完善，将旅游公共服务设施的建设融入城市公共服务设施规划之中。再次，规划聚焦旅游管理机制的创新改革，实现"全域旅游、全面规划、全民服务、全城共享"的根本目标。最后，规划聚焦旅游综合执法机制的创新改革，关注旅游执法的"有权"与"放权"，有效推动全域旅游规划的顺利落地。

5.聚焦全域标准建设，打造全域旅游示范区

日前，国家旅游局公布了全国首批262个国家全域旅游示范区，这些地区享受全域旅游优先发展政策，新时期全域旅游规划将聚焦全域旅游标准化建设，将全域按照旅游景区的建设标准来规划，摆脱"景点旅游"的定向思维，规划全域景区内外一体化，形成全域景区化的建设和服务标准，以顾客需求与顾客满意为导向，推进全域多规合一，规划实现全域旅游的"优化环境、美化景观、精化服务"。新时期全域旅游有别于传统旅游，因而在规划发展中应转变传统定式思维，聚焦全域旅游服务质量评价体系的构建，充分利用大数据，建立现代化、科学化的评价机制，按照全域旅游发展的新形式、新特点规划设置评价指标。规划注重对全域旅游综合效益评估，丢掉"门票帽子"，规划形成全域旅游综合效益评价体系，按照新标准、新指标、新机制来规划打造全域旅游示范区精品。

6.聚焦全域投资创新，引领全域大旅游时代新时期

全域旅游投资发展需创新模式、拓宽多元融资渠道、采用积极的投资策略，紧密联系政策端与市场端，在投资过程中与相关产业的供给侧改革对接，防止盲目投资新的过剩产能，深化全域资源共享与产业融合。一方面，要聚焦规划全域旅游融资渠道创新，积极利用政府投资与市场资本，规划综合运用 BOT、ABS、PPP 等多种融资方式，拓宽全域旅游发展的资金来源渠道；另一方面，要聚焦规划投资项目创新，聚焦"旅游+互联网"的创业创新项目投资，加大对丝绸之路、西部旅游区、长江旅游带等重点区域旅游发展和乡村精准扶贫旅游发展的投资力度，加大对亲子游、养老游、研学游、野奢游、会奖游、海陆空游等新兴旅游业态的开发投资，规划投资品类丰富、内容多样、品质较高的全域旅游产品，挖掘全域旅游市场金矿，领跑全域大旅游时代。

（二）全域旅游规划的转型升级

旅游规划的编制和实施机制必须跟上全域旅游发展的战略要求，打破由旅游部门主导编制旅游规划又难以全面实施的现状。我国目前状况为，各地为了发展旅游业，投入了大量的财力物力，编制了大量的旅游规划，可是效果并不明显，结果并不理想，因为这些规划成果多数难以实施，因此不但造成了人力物力的浪费，也影响了旅游规划对于产业发展的科学指导作用。随着游客活动空间不断扩大，游客数量与时俱增，旅游的发展需要加强对旅游服务质量和品质的提升，要注重对游客权益的保障。但这种科学指导旅游业发展的任务对于旅游目的地来说越来越复杂和艰巨，许多工作远远超出了旅游部门的职能范围。因此，全域旅游规划编制过程中应该破解职权不对等的难题，直面"小马拉大车"的客观现实，把旅游规划编制的组织、核心内容、批准发布和实施的主体上升到当地政府的层面，避免过去旅游部门自身单独组织编制旅游规划而又难以落地实施的局面，由当地政府编制和出台实施权威性强、约束力强、涵盖范围广的全域旅游总体规划，在基层全面探索和深化政府主导性旅游发展战略，争取社会各部门、各行业积极融入当地全域旅游的发展，使旅游业发展在各地经济社会总体发展中具有一定的地位与话语权，促进旅游业发展具有实质性政策和政府企业资金支持，使城市的个性、品牌、文明建设都与旅游发展有机融合。

（三）全域旅游规划的落地形态

强调对旅游"六要素"的规模化发展，其关键支撑来自核心吸引物竞争力、旅游业态配置、游客接待容量和公共服务能力，是成功实现全域旅游的必然形态。必须认识到，旅游目的地是一个复杂系统，想要达成这个复杂系统的均衡可持续发展，就需要以科学合理的指标体系，对其发展能力和质量进行评价，作为开发建设和优化调整的重要依据。现结合国内外相关理论和全国实战经验，提炼"旅游目的地评价指标体系"，具体为：国际认知度；全球独一无二的吸引物；丰富的游客体验活动；高水准的旅游设施；周密细致的安全保障；便捷的可进入性；极高的游客满意度；科学的旅游营销及管理；有效的资源环境保护措施；合作发展旅游业潜力；居民获益、满意和参与度。在此基础上，以全域旅游理念加以统筹，保证全要素投入、全产业参与和全社会受惠，其操作平台便是旅游功能区。

（四）全域旅游规划的统筹平台

要按照国家倡导的实施"主体功能区"的国土空间开发思路，在各地规划发展各类旅游主体功能区，形成发挥各地资源优势、各具特色的旅游活动空间，使其成为探索全域旅游发展的先行示范区。全域旅游是一种系统性的，可持续旅游的发展理念，应当通过一种潜移默化的过程，审时度势、把握时机，逐步在各个旅游目的地规划布局若干个有利于旅游发展的特定空间，从而因势利导、聚集资源，逐步形成若干个全域旅游发展的主体功能区。这些主体功能区以旅游核心项目为引领，进行旅游产业融合，以产业要素和服务要素配套为支撑，全域旅游由点到线再到面进行延伸。这种方式符合全域旅游的发展理念，而试图一开始就把旅游业在一个大的区域里全面布局、全面开花的发展模式，不符合全域旅游产业发展集聚效应的规律，是对全域旅游较为片面的理解。

全域旅游是作为指导一个旅游目的地建设的长期发展战略，全域旅游规划工作需要以一种实事求是的精神、科学的态度和成熟的技术路线来开展，从旅游资源的全新解读、全域旅游规划的编制与转型升级等方面进行全新的探索，以便使全域旅游规划真正发挥功效，更好地服务于全域旅游发展实践以及作用于旅游技术方法的提升。

第二节 全域旅游规划的基本原则

一、全域旅游规划的资源观

在人类价值取向、消费意识等呈现多元化趋势、个性化消费颇受青睐的情况下，全域旅游对旅游产品核心旅游资源概念进行了扩展，在传统自然、文化旅游资源与社会旅游资源分类之外，旅游资源即旅游吸引物也呈现出了多元化趋势，它可以涵盖从天空到陆地到海洋，从城市到乡村，从古代城镇到现代都市，从风景胜地到远古废墟，从静态景观到景区中动态的居民，凡是现代人感兴趣、想了解的，都可以成为旅游吸引物。甚至在某些时期被认为穷乡僻壤的贫困农村，如今借助其相对良好的生态资源，通过开展农家乐等活动，通过展现其原始的自然风貌，勾起人们乡愁情怀，也使其成为城里人热衷的度假胜地。与此同时，旅游地整体形象对增强旅游吸引力的贡献越来越大，目的地各旅游要素间的联系和相互作用强度越加紧密。

旅游资源是全域旅游发展的基础，全域旅游规划的新理念要求突破传统的、局限的旅游资源观，以全域旅游思维重新定义和评价旅游目的地的旅游资源优势。摒弃过去旅游界在旅游规划中存在的惯性思维。传统的旅游资源评价方法是沿用多年的旅游资源分类与评价国家标准，主要用来研究自然旅游资源和文化旅游资源等传统旅游资源。这种固有的旅游资源评价方式显然已经不能适应当今全域旅游发展的要求。近年来，围绕"非传统旅游资源的旅游目的地发展"这一命题，国内学者对传统旅游资源相对贫乏而旅游业发展较好的上海、广州等地进行了系统、深入的研究，取得了一批优秀的成果。"非传统旅游资源"概念的提出是从理论上对传统旅游资源观的扬弃，成为全域旅游发展的理论基础。今后，全域旅游的发展工作应该着力制订全新的旅游资源分类评价标准，以适应全域旅游规划的需要。

二、全域旅游规划的产业链观

全域旅游要求旅游规划充分体现产业间的整合，全域旅游概念中，旅游业的发展要寻求产业间的交叉、渗透、融合，通过产业间的整合，形成新的产业经济效益增长点，甚至催生出新的产业。在全域旅游产业融合过程中，不仅包括与旅游业具有直接关联的交通、通信、商贸等服务业规划的整合，而更强调提高旅游业与地方传统第一、二产业的关联度。传统的旅游规划中往往只关注旅游业的发展，对与旅游业直接相关产业的内在联系关注较多，对于通过旅游业发展带动地方传统产业升级、提高当地居民福利水平方面的具体措施探讨较少，缺少旅游业与当地社会经济融合的组织规划。全域旅游规划中需要强调建立全域产业链，同时满足游客、供给者、旅游地居民等多方利益和福利，创造更多的就业机会，产生巨大的社会效应，以利于扩大社会全方位的对外开放。旅游产业对社会文化影响深远，有利于社会稳定，更符合全面小康、和谐社会等战略目标。

三、全域旅游规划的系统市场观

全域旅游思想强调把旅游区作为一个开放的系统，同时把它作为社会、经济、生态大系统的一个子系统进行规划和建设。首先，全域旅游规划的系统市场观要求规划过程中要对旅游区资源和环境的未来状况予以充分重视，然后对旅游区域各子系统未来的发展趋势进行预测，对不具备基本开发条件的子系统的旅游资源暂时储备起来，保持资源的可持续利用。从以上两点审视旅游系统有助于谋求整个产业系统的整体综合效益的最大化和与整个社会、经济、生态大系统的协调发展。其次，全域旅游不仅注重满足旅游者需求，还应通过旅游业发展，促进当地居民福利水平的提高，包括增加收入、改善生活环境等各方面。最后，要积极开拓各类客源市场，扩大旅游产品的市场吸引范围。

四、全域旅游规划要注重组织结构

全域旅游涉及多个区域的多个产业，因此在规划组织结构上也应多元化，由主要牵头单位组织多个规划部门共同完成，实现包括科技、社会、经济、文化、生态、民俗等方面专家的优化组合、优势互补。随着旅游活动在我国迅速扩展，旅游业对经济的巨大贡献在很多地区得以验证，旅游产业地位逐步提升。因此，许多贫困落后的地区纷纷挖掘地方特色自然文化资源来发展旅游业。这些地区虽然经济和社会发展落后，但相对较好地保存了原生态的环境条件和自然生态风景、文物、特产，也恰好符合当今的消费趋向。对于这类地区来说，其发展旅游业的目的很明确，即以追求经济效益为先，农民脱贫致富为目标，旅游规划必须在考虑当地生态环境保护第一的基础上，对当地经济结构调整、产业经济持续发展有所贡献，全域旅游规划在此类地区更易于实施。

五、全域旅游规划要注重区域联动

面对全球化、区域一体化以及旅游地之间的激烈竞争，区域联动发展原则的提出，成为解决当前全域旅游规划普遍存在区域联动问题的主要措施。区域联动发展原则的落实，关键在于各旅游地居民和各级政府部门统一认识，具有大格局观，充分意识到在一个大区域内，不同地方的各具特色的旅游资源对旅游者来说不是排他性的选择，而是组合性选择、互补性发展。只有从区域整体出发，加强区域合作，实现大区域的资源共享和市场共享，发挥旅游资源的整体优势，才能增强整个区域的竞争力，促进全域旅游的发展。为此，全域旅游规划应从区域利益出发，做到从面到点，点面结合，从外到内，内外协调，处理好与周边旅游地或旅游景区的关系，积极开展分工协作、错位竞争，形成整体与局部相互带动、共同发展、共同繁荣的局面。

六、全域旅游规划落地的可行性原则

全域旅游规划如何落地也是全域旅游规划过程中一个重要的问题。首先要

分析一下它的可行性。一般来说，可以从以下五个方面来论证：

（一）政策可行性

全域旅游规划的落实，一般都会涉及国家相关的政策或地方和部门的法规。政策是鼓励还是限制，是否允许，是否符合法规的要求，是抵触还是遵守，都必须充分地进行分析、考虑。有了政策、法规的支持和保护，项目的开发就比较容易推进，容易获得成功。反之，项目根本就无法进行。

（二）环保可行性

旅游规划的环保可行性要求旅游发展应是一种不以牺牲环境为代价，与自然环境相和谐的旅游，必须把握适度的开发速度，保证生态旅游资源的可持续性，适度、长远的盈利是保障。从旅游涉及的三个活动主体（旅游者、经营者、管理者）来看，要从多个层次上树立可持续发展的思想。因此，我们要从全域旅游策划一开始，就必须力保环境影响度近乎零的目标，达到环保可行性的要求。

（三）技术可行性

全域旅游规划任务的实现还要有技术上的保证，所有项目的设计都要有严格的技术论证，有的重要项目还应该做灾害性评估和可靠性试验。旅游开发和休闲娱乐设计中，越来越多地依托现代科技，全面自主创新，这是非常可喜的现象，但是，我们一定要采用成熟的技术和可靠的设计，必须在功能和安全两方面，确保其技术的可行性。

（四）投资可行性

旅游投资是有着很强的专业性，即不但需要专业的投资技术还要有相当丰富的旅游项目方面的专业经验。全域旅游在投资过程中要求投资者对该项目有着全面深刻的认识，对全域旅游投资过程中的各个环节都有着清晰的认识和把握。全域旅游规划的落实需要有资金投入的保证。无论是资金一次到位，还是分期建设滚动开发，或者采取招商引资，合作开发建设，都必须根据不同情况进行分析，确保项目投资的可行性。资金问题常常是困扰全域旅游规划实施的重要因素，因此，投资可行性是全域旅游规划落地的重要问题。

（五）市场可行性

市场是规划项目能否生存的关键，全域旅游规划要具有大的市场观，开发的项目必须植根于市场，全面考虑市场的需求。没有市场，没有客源，就没有生存和发展的条件。因此，必须对全域旅游规划的项目进行周密的市场调研，客观地作出市场分析，科学地进行市场预测，得出市场可行性的明确判断和可靠结论。

第三节　全域旅游规划的基本程序

一、全域旅游规划的主要内容

第一，对全域旅游区域内的客源市场需求总量、地域结构、消费结构等进行全面分析与预测。

第二，界定全域旅游区域的范围，进行现状调查和分析，对旅游资源进行科学的评价。

第三，确定全域旅游区的性质和主题形象。

第四，确定旅游规划区的功能分区和土地利用，提出规划期内的旅游容量。

第五，全域旅游规划范围内的对外交通系统布局和主要交通设施的规模、位置；规划旅游区内部的其他道路系统的走向、断面和交叉形式。

第六，全域旅游规划范围内的景观系统和绿地系统的总体布局。

二、全域旅游规划的基本路径

（一）旅游地发展现状分析

首先，要对全域旅游区内的历史现状和发展能力进行分析。以现代旅游观为基础，将旅游发展因素作为一个动力系统，去评估旅游地发展的能力，在供需的对立统一关系中寻求培育旅游地发展的持续动力，主要包括旅游需求系统、旅游产品引力系统、旅游发展支持系统及旅游中介系统。深入细致地调查旅游地自然和文化资源以及市场要素，按照全新的旅游产业评价标准对诸如区域社会经济基础和发展环境、旅游产业发展基础、产业发展能力要素以及相关限制性因素等进行系统研究和评价，重点对区域旅游资源进行全面挖掘、提炼和整合，进一步提升已开发类旅游资源价值，积极挖掘潜力型的资源，对旅游地社会经济发展进程、发展条件和现状做出准确的分析和科学的认定。

其次，对全域旅游区在区域旅游系统中的现实地位和作用影响及其潜在的地位与发展潜力进行研究，对旅游地所在的区域环境内的位置进行准确的核定。

最后，通过对全域旅游区的旅游发展状况与其所处社会经济发展水平、客源市场作出判断，找出全域旅游区发展中关键要素的作用与其发展目标达成协调的核心问题，为梳理和开辟全域旅游的发展思路和对策提供前期支持。

（二）旅游地发展目标定位分析

旅游地发展目标定位分析是全域旅游规划过程中的核心内容，旅游地发展目标的确定一般从以下四个层次进行：

第一，全域旅游目的地及其发展主题定位在全省、全国乃至世界旅游大格局的地位。

第二，旅游业在本地区国民经济体系中的产业地位，当地政府对本地区旅游业的定位。

第三，旅游业发展的预期目标。对于旅游目的地目标的定位过程，首先，需要通过对旅游地驱动力机制和动力过程的逻辑性综合分析，来明晰旅游地发展的制约因素和可能取向，如旅游地的旅游经济趋势、用地供给导向、生态维系基础等；其次，目标定位具备分级传递性的特征，目标体系是按照旅游地发展时序来构建的，旅游目的地发展有一定的生命周期，不同生命周期阶段的目标定位皆不一样，但相互间却存在着相互联系，要按照分级依托、逐渐递增的态势进行总体定位；最后，目标定位过程具有跳跃性的特点，旅游地管理者和经营者在旅游业发展目标定位时仍需在众多目标中作出最终选择，并对发展目标的合理性做好承担风险的准备。

第四，明确全域旅游发展战略和产业布局。构建全域旅游，要求在对区域外部发展环境以及内部发展条件进行全面分析的基础上，从全域旅游和旅游目的地两个维度对发展条件进行重新诊断。一方面，结合现状，对照全产业、全要素、全空间、全时间、全游客、全社会等六大特征进行定性评价；另一方面，结合国际国内旅游目的地评判标准进行体系评估，以量化打分形式确定全域旅游建设标准和全域旅游目的地建设的差距，进而明确全域旅游规划的重点任务。

（三）塑造核心吸引物并明确功能空间划分

依据因地制宜、合理布局、生态第一、项目引领等布局原则，结合各区域产业功能，进行分区布局规划，分别对每个功能片区的公共吸引物集聚区域（含自然保护区、风景名胜区、国家湿地公园、地质公园、世界遗产等所在区域）、限制开发区（农用地、滩涂、草地、林地等生态脆弱的区域）、优化发展区（城镇、村庄、度假区及具备建设条件的荒山、荒坡、荒涂等区域）等空间进行划分，重点划定区域边界，界定土地性质和条件，分析片区空间结构，确定片区的重点开发空间，并进行片区旅游生产要素配置。各功能片区内容重点在各区域如何联动发展、片区核心吸引物如何构建、新增项目如何融合与引领、原有项目如何提升、片区旅游业态如何配置、环境承载力如何计算、公共服务设施如何配套等。

（四）全面提升全域旅游服务体系

服务体系规划是全域旅游规划的重要内容，通过全域规划，以"多规合一"方式构建区域旅游服务体系，推进"全域旅游"理念统筹、引领、整合城乡规划、土地利用规划、村镇体系规划、交通规划等专项规划，以旅游业为主导来进行结构调整和资源配置。

第一，旅游区域实现信息全域覆盖，交通全域便捷可达，重点对区域住宿、餐饮、购物、娱乐、休闲、保健、康体、旅游信息系统等服务设施进行系统规划，完善区域旅游服务体系，全面构建区域的户外运动体系、自驾车体系、绿道体系和公共服务体系。通过旅游廊道建设和提升，结合全域交通规划，对旅游廊道道路结构、密度、形式进行调整，控制和引导廊道沿线两侧环境、风貌、建设尺度和形式。

第二，通过全域产业要素布局来调整土地利用方式、土地指标配置、土地划拨时序。通过对旅游建设项目用地资源、环境、边界、景观视线的管控，达到资源合理保护、适度开发的引导作用。

第三,通过村镇体系建设引导规划,包装打造一批旅游主题镇、旅游特色村,引领全域旅游特色名镇名村景观化、差异化、主题化发展。

(五)重点确定近期行动计划

全域旅游必须结合区域国民经济与社会发展规划的期限,近远期结合,重点确定近期实施行动计划和启动性项目,以便于政府决策、招商引资和项目落地实施。

第四节 全域旅游规划的基本类型

目前有部分学者对全域旅游的类型进行了探讨界定,从全域旅游内涵的多方面对全域旅游规划的类型进行了分类,王衍用和许东将全域旅游按照发展基础分为了资源全区域型、市场区位主导型、政府主推型;按照全域旅游的主导功能分为全域休闲型、全域体验型、全域度假型、全域养生型。绿维创景认为,全域旅游规划按照开发模式分为四种架构,即全域景区化架构、全域度假升级架构、新型城镇化与美丽乡村构架、全域旅游+架构;王俊和沈韩笑将全域旅游规划类型按照旅游地发展阶段以及旅游吸引物与市场划分,分为了三类,即全域大景区型、全域旅游服务聚集型、全域+旅游型,并对开发模式做了分析。笔者整理归纳得出以下几种分类方式,以便对全域旅游的开发作出指导。

一、按照全域旅游基础划分

(一)资源全区域型

资源全区域型全域旅游目的地,是指该地区的自然旅游资源、人文旅游资源和社会旅游资源的分布较为均匀,并且区域内资源整体的质量较高,具有较强的旅游吸引力。这类全域旅游目的地在发展全域旅游的过程中,由于资源禀赋高、旅游客源量大、旅游品牌较为响亮,进行全域旅游的转型与其他类型相比较为容易,进程也较短,是发展全域旅游的最佳选择。例如香格里拉、黔东南、呼伦贝尔、湘西地区、张家界、五指山核心区、长白山核心区、福建三明等，这些区域或是有着独特的自然景观，或是有独特的民族风情，或是有着良好的生态环境，多数兼而有之。

（二）市场区位主导型

市场区位主导型全域旅游目的地内的传统旅游资源并没有明显的优势，但一般该类型全域旅游区位于繁华的大都市，拥有良好的市场客源基础，具有良好的基础设施建设与服务体系建设，具备发展全域旅游的基础。如重庆武隆县、浙江安吉县、成都温江区和郑州中牟县等，面向大都市泛旅游休闲新需求，通过全域旅游构建县域或市域大景区，整体重构自身特色，推动区域旅游的进一步开发。

（三）政府主推型

政府主推型全域旅游目的具有明显的特征，这类区域或是经济综合实力较强，如江苏昆山市、浙江义乌市，为了进一步推动区域旅游发展，促进产业转型升级开展全域旅游；或是行政范围较小，为了突破空间发展局限，整体打造旅游品牌而开展全域旅游，如重庆市渝中区。此类政府主推型全域旅游目的地在严格定义上，应该是发展全域休闲旅游。

二、按照全域旅游的主导功能划分

（一）全域休闲型

全域休闲型全域旅游目的地是指区域内以休闲资源为核心吸引力，具有环境优美、气候宜人等特点，资源品质具有美学、历史、科学考察等价值。旅游目的地的服务设施相对于其他类型的旅游目的地更高。功能完善、特色鲜明、档次合理、与环境协调的休闲旅游设施，以及规范化、个性化、人性化的优质服务，可满足游客多种休闲旅游需求，游客到此旅游主要是进行身心的放松和消遣娱乐，将自身融入所在环境中。

（二）全域体验型

全域体验型旅游目的地是指通过分析顾客的不同偏好，提供能彰显其个性化形象和满足游客需求的产品和服务。从线路设计到出游方式的规划，从报价到出游时间的确定，从旅游交通到旅游饭店的选择，无一不考虑参照游客个人的兴趣和爱好。因为针对特定游客设置的任何一次"体验"都是个性化的。全域体验型旅游目的地提供游客自助旅游、自驾车旅游、峡谷漂流等个性化特征非常明显的体验旅游,以消费者的心理特征、生活方式、生活态度和行为模式为基础,设计紧扣人们精神需求的产品,使产品及服务能引起消费者的联想和共鸣,让顾客在消费过程中体验某种情感,学习某种技能,体验自我尊重和自我完善。

(三)全域养生型

全域养生型旅游目的地是全域范围内主打养生旅游、推出养生产品的旅游目的地,养生旅游的特征如图6-1所示,这一类型的典型代表是海南五指山地区(保亭、五指山、琼中等),由于其优良的自然环境和多元的民族养生元素也开展了全域养生旅游。全域养生以巴马最为典型,巴马位于广西河池市西南部,境内山多地少,属于典型的喀斯特地貌。一条美丽的河——盘阳河贯串巴马中部,它不仅是巴马的"母亲河",也是闻名遐迩的"长寿河"。巴马是世界五大长寿之乡中百岁老人分布率最高的地区,被誉为"世界长寿之乡"。

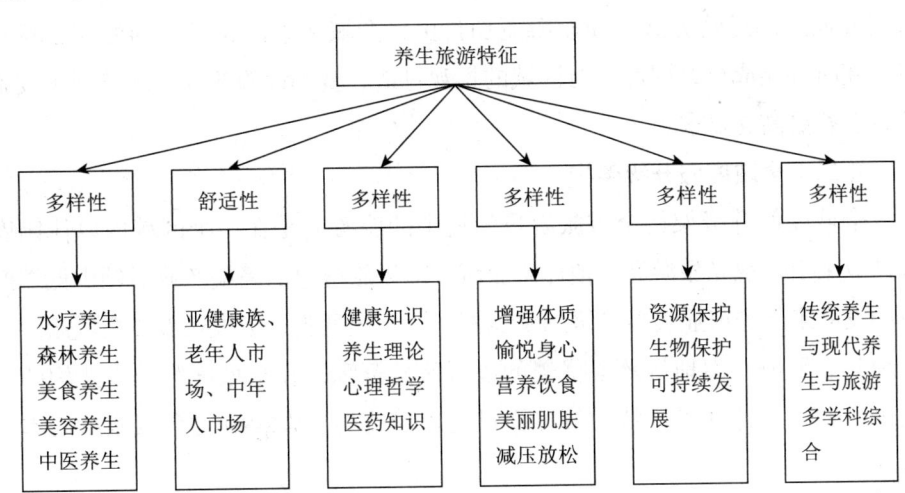

图6-1 养生旅游的特征

三、按照全域旅游的开发模式划分

（一）全域景区化架构

全域景区化架构的开发模式不等同于全域范围内都是景区的加总，而是按照一定的美学、文化、观赏规律将全域范围内布置成一个大的景区。这种全域景区化架构适合于环境优美、生态优良的区域。全域景区化架构具有整体美化区域、推进基础设施建设和促进服务水平提升、丰富旅游产品、延伸产业链条、提升区域竞争力和知名度等诸多好处，当然也需要最为艰辛、跨越时间最长的步骤，需要遵循发展规律，循序渐进地推进。全域景区化的实现有两种模式：一种是"精品景区+精品线路"模式。精品景区+精品线路"模式适合于观光型的区域旅游，在区域内选择若干个精品景区进行重点打造，并将连接精品景区的线路进行精细化打造。精品景区包含自然生态型景区、文化型景区、商街城镇型景区以及人造景区等类型。另一种是"全域无景区化"模式。其表面上与全域景区化自相矛盾，实则是实现全域景区化的另一条途径，适合于不以观光为目的的区域旅游。在旅游对象较为广泛的前提下，强调打破门票经济，采用开放式的经营方式，使旅游更加自由。全域无景区化崇尚到处都是滞留点，随时都能成行，因此，对区域的景观打造、基础设施建设、旅游服务设施建设有着更高的要求。

（二）全域度假升级架构

全域度假升级架构全域旅游目的地中的旅游业是在一个区域内以休闲度假产业来引领观光旅游和其他休闲旅游，即以旅游业的高端产业引领中低端产业的发展来促进产业转型升级的发展模式。全域度假升级模式需要全域旅游目的地具有滨海、山地等环境优美的度假旅游资源，在全域度假升级架构的发展中，要在设计和景区特质等方面进行差异化的开发，满足全域旅游的本质需求。

（三）新型城镇化与美丽乡村架构

新型城镇化与美丽乡村建设是全域旅游开发的重头戏。我国很多乡村城镇经济发展缓慢，但旅游资源丰富，具备发展全域旅游的基础，用旅游产业，引导城镇和乡村实现城镇化，帮助农村脱贫致富是全域旅游发展的一大重点。

具体的打造方式是在区域内选择若干具有特色的，具有区域代表性的城镇和乡村，作为全域旅游在新型城镇化方面的突破口和切入点，按照"城乡一体、区域协调、城乡均衡、基本服务均等化"的原则，构建"向心发展、组团布局、统筹融合"的城镇发展体系，从全域旅游产业布局、综合交通运输业、公共服务业、基础设施体系、生态环境打造、信息与社会管理等方面构建全域城镇化发展的支撑体系，着力打造集现代新城、活力乡村、特色新街、美丽乡镇于一体的新型城镇化结构，加快城乡一体化发展。

（四）全域旅游+架构

旅游是一个无边界的产业。旅游+，是多方位、多层次的，"+"的方式也多种多样。旅游+通过巨大的融合作用，对旅游区各种产业升级提供了道路，通过产业融合带动区域经济发展，为区域全域旅游发展提供了经济保障。旅游+是实现全域旅游的最根本措施，也是推动区域经济转型升级的新引擎。随着经济社会和旅游业的不断发展，旅游+的内容会越来越多，各地旅游+的内容也各有侧重，具有产业特色的地区可以通过旅游+的发展模式来构建全域旅游架构，同时要注意因地制宜、因时制宜地选择旅游+的优先领域重点突破。这里所指的"+"，可以是工业、农业等大产业，可以是创客、教育、文化、养生、养老、休闲运动等具体产业，也可以是互联网、交通、购物等关联性产业。任何一个所加的产业，都可以单独支撑起全域旅游的特色，也可相互叠加，起到更好的支撑作用。

四、按照旅游地发展阶段和旅游吸引物与市场划分

王俊和沈韩笑认为全域旅游的推进应与旅游目的地旅游业发展的阶段与经济发展水平相结合，根据全域旅游目的地不同的发展阶段以及旅游目的地主要旅游吸引物等级和旅游市场将全域旅游划分为不同的类型。其中，旅游吸引物的等级是推行全域旅游的前提和基础，旅游市场的规模则是推行全域旅游的保障和关键。

(一) 全域大景区型

全域大景区型旅游目的地具有以下特征：具有核心旅游吸引物，旅游客源市场广大并且稳定，旅游在当地产业发展中占主导地位，旅游基础设施与服务设施体系完善，旅游发展深入人心，旅游企业和居民全力配合。大多数发展较为成熟的旅游景区景点所在地属于此种类型，升级到全域旅游目的地成本低、速度快，应作为全域旅游推进的重点和先行示范区。

全域大景区型旅游目的地的发展目标是打造处处是景区的全域旅游格局，"精品+景区复制"是实现该目标的模式选择。对景区内原有旅游精品景区进行内涵提升，对景区的线路进行外延和合理布局改建，充分挖掘具有代表性的自然旅游资源和人文景观符号，将景、城、村、人和交通线路五大要素融为一体，对全域范围内的景观全面进行装点，以景建城，以景绕村，以景绘线，实现旅游要素和服务的全域覆盖，形成处处是旅游吸引物、人人是旅游形象的旅游大格局。以供给侧改革思维为指导，努力提升旅游供给侧的产品质量，循序渐进，重点构建高效完善的旅游公共服务体系，提高旅游服务质量，真正达到优质旅游、优质生活的理念，实现全域旅游的扩容和品质提升。另外，加强对互联网技术的应用，统筹建设全域大景区旅游目的地，以技术为支撑，达到全域覆盖网络化。以游客的作息习惯为立足点打造精细化的旅游产品和服务，让区域内旅游产品贴近生活又异于生活，提高游客满意度；构建点线面三位一体的旅游空间架构，由点带线，以线成面，全面铺开；着力推进智慧城市、美丽乡村的一体化建设。

(二) 全域旅游服务聚集型

此类全域旅游目的地典型的特征是坐拥庞大的市场但缺乏旅游产品。一般而言，此类旅游目的地毗邻经济发达地区或自身处于经济发达区，客源市场数量庞大，但由于旅游资源不够丰富，此类型全域旅游目的地的发展方向应以市场为引导，主抓旅游服务的提升，增加旅游吸引物的构建，打造全域旅游服务聚集地。邻近长三角、珠三角的大部分地区属于此种类型。

"旅游公园"发展模式是全域旅游服务聚集型目的地发展的最佳选择。"旅游公园"是指结合市场高消费的特征，开发诸如体育旅游公园、休闲度假旅游公园、养生度假旅游公园、科技体验旅游公园等一系列适合在旅游资源不是很丰富，但客源市场充足，经济基础雄厚的区域发展的全域旅游服务聚集型的全域旅游形式。旅游公园旨在开发出游客满意的旅游产品，以实现全域旅游的发展。该类型旅游目的地顶层设计至关重要，要结合全域旅游发展的五大理念，旅游产品要高端，旅游服务要全方位，旅游设施保障要完善。应结合新时代潮流，聚焦客源市场，以服务型全域旅游示范区为发展目标，推进全域旅游的实现。结合现代化移动终端设备做好全方位的市场营销工作，实现旅游与市场的全方位对接，走市场促旅游，旅游带动区域建设，区域建设服务旅游的全域旅游循环发展新道路。

（三）全域+旅游型

全域+旅游型不同于全域旅游+型，此类型旅游目的地的典型特征是政府、企业和当地居民具有强烈的全域旅游发展的愿望，但由于旅游资源等级低，旅游吸引力弱，旅游市场发育程度低，旅游交通不便、基础设施不完善等，旅游发展尚处探索阶段。此类型全域旅游目的地应该更多地考虑+旅游而不是旅游+，即上文提到的以新型城镇化发展和美丽乡村建设为依托，构建全域旅游发展的大格局是其发展方向。旅游资源零散的大多数地区属于此种类型。

全域+旅游型目的地的长远选择是采取"N+旅游"的开发模式。从短期来看，N可以是新型城镇化也可以是美丽乡村；从长期考虑，N是全域旅游的大环境，全域+旅游型目的地应着重保护环境，这是因为适合此开发类型的旅游目的一般具有保存完好的生态旅游资源或是具有悠久的历史文化资源，要本着可持续发展，保护第一的原则去开发此类目的地。做好基础设施与服务设施规划，如完善道路交通设施、餐饮服务设施等，完善公共服务产品，夯实全域旅游公共服务体系。走梯次融合发展道路，第一阶段注重环境保护和基础设施建设；第二阶段从农业、工业或第三产业其他行业出发寻求发展特色，做出全域旅游发展定位；第三阶段结合特色走全域+旅游的产业融合发展之路，可以融合现代农业、特色工业或其他产业。

第五节　全域旅游规划的项目开发

一、全域旅游项目开发的注意事项

首先，推进全域旅游，进行全域旅游开发并不是到处建景点景区、到处建宾馆酒店，恰恰相反，全域旅游更加关注景点景区、宾馆酒店等建设的系统性和规划布局的合理性。全域旅游项目建设中要对景点景区进行合理的管理、系统的管理，要提高景区和酒店的规格档次。但这不是全域旅游规划工作内容的全部。

其次，在全域旅游规划的大格局中，要做到到处布局旅游风景区、旅游吸引物，而不是简单地罗列旅游景点景区，千万不能把增加景点景区和宾馆饭店数量、扩大规模等同于发展全域旅游，全域旅游是一种循序渐进的发展理念。要防止出现景点景区同质化发展，缺乏创意地遍地开花。

最后，全域旅游的推进，并不是无规律、无序地到处进行旅游开发、进行旅游景点建设，而是一种积极有效的保护性开发模式，是一种可持续发展旅游。全域旅游强调的是旅游发展与资源环境承载能力相适应，运用可持续发展的理念开发旅游项目，要通过全面优化旅游资源、改善增加基础设施、扩大完善旅游功能、衔接各旅游要素、合理进行产业布局，更好地疏解和减轻核心景点景区的承载压力，更好地保护旅游目的地核心旅游资源和生态环境，实现公共服务设施以及各要素在空间上的合理分布。

二、全域旅游项目开发遵循的原则

（一）科学规划原则

科学规划是生态旅游健康发展的基础，也是全域旅游实现可持续发展所要依据的开发原则。无目的、无系统地进行开发只能导致全域旅游资源的破坏，短期的经济利益代替长期的可持续发展，片面的保护与地区经济发展的冲突。全域旅游的科学规划就是通过对全域旅游范围内的资源进行调查、分析与评价，并根据全域旅游市场的需求特点，提出全域旅游规划的总体思想、基本原则以及具体目标。在规划的过程中，特别要注意生物多样性与自然、人文环境的保护规划，因为大部分能开展全域旅游的地方都具有较为独特的自然生态和文化生态遗产，同时应注意对全域旅游目的地旅游环境承载力的研究。由于全域旅游类型多样，层次复杂，既有自然性、高品位性和专业性的旅游，也有文化性、通俗化和大众化的旅游，因此进行全域旅游产品和旅游商品的开发规划，应选择适当的开发模式。对全域旅游目的地的经营管理人员、经营服务设施也应做预先的系统规划，全域旅游最终能否成功达到规划目标，很大程度上与经营管理密不可分。

（二）可持续发展原则

可持续发展目前已经成为经济和社会发展的趋势。可持续发展是既能满足当代人的需要，又不损害后代人满足其需要的发展。可持续发展是生态、社会和经济全方位的发展，包括人类需要、资源限制和公平三大要素。全域旅游的开发，不仅要满足旅游者获得在旅游地享受的需要，还要满足当地的居民获得经济发展的需要；不仅要合理利用当地的全域旅游资源，更要为当地的全域旅游资源的维持和发展创造条件。所以全域旅游的开发不是单方向，而是双向的，是旅游者、投资主体和当地社会之间的平衡和互动，是实现经济效益、环境效益、社会效益的统一，这样才能达到公平。全域旅游的可持续发展实质是要求旅游与自然、文化、经济和人类生态环境成为一个整体，在开发中注重原乡规划的原则，充分保留乡愁元素。全域旅游开发是改善地区经济生活和社会生活的系统工程的一个措施，通过全域旅游的开发促进区域系统的可持续发展，需要全社会的积极参与。

（三）最大限度的社区参与和防"泄露"原则

鼓励社区参与，让当地居民加入到全域旅游开发中来，这也是全域旅游开发成功的原则之一。我国人口众多，一些具有较好旅游资源的地方在经济上比较落后，全域旅游开发如果完全脱离当地社会是很难成功的。全域旅游的开发应积极地获得当地政府、社区、企业和居民的支持，这是全域旅游开发成功的基础。即使自然保护区、风景名胜区这类由国家直接管理的半封闭或封闭区域，全域旅游发展也不应停留在象牙宝塔，否则也很难持续发展，在注重保护的原则上，充分取得当地居民的理解，使其参与全域旅游的开发并从中受益，才能使全域旅游产业和自然保护事业健康发展。让当地居民参与全域旅游的开发进程，从社区的初步评价，到规划过程与实施，直至不断发展中的反馈与监测，都能反映出"共享的社区设想"，从而得到当地的支持。

所谓"泄露"就是旅游的收益流到旅游区域以外。要作出最大的努力，最大限度地使该项全域旅游的经济效益保留在受影响社区内。这也是维持当地居民对全域旅游开发的热情与信心的重要保证。在全域旅游开发过程中，注重对当地居民进行培训和扶助，以提高他们的相关方面技能，更多地参加全域旅游项目的建设和从事旅游纪念品的生产、服务，鼓励创业、带动就业，从而使新的商业机会能在地方层次上解决，使全域旅游给当地经济发展带来效益。

（四）区域整体发展原则

目前一些地方开发全域旅游，大多依托单个的项目带动，不仅规模不大，一些项目与其他项目之间也缺乏有机的联系，因此显得十分零星和破碎，导致了一般旅游者对全域旅游产生误解，认为全域旅游项目难以融入当地旅游业的整体发展中。确实，任何单一的旅游项目都难以有足够的吸引力，更不要说带来显著的经济效益。因此，全域旅游的开发需要有区域思路，要从更大的格局来考虑，要将一个地方的旅游项目放在整个区域的背景中来认识，否则即使有较大的投资，也不会产生很好的效益。全域旅游开发的区域基本单位应为一个县或镇，这样便于在政策和管理上获得支持，而且有利于项目的连接，特别要注意通过基础设施、主题内容、文脉联系不同地点之间的项目。另外，也应对已有景点做新的开发。

（五）全域旅游开发的用地原则

1. 纳入土地利用规划、社会经济规划、城乡规划进行用地统一规划

如果以全域旅游作为顶层操手，推进多规合一，首先要解决的就是将旅游相关用地空间和性质在法定规划中进行明确，用法律法规来保障全域旅游的发展空间。

2. 拓展用地空间的方式和类型

2015年，国土资源部联合住房城乡建设部、国家旅游局印发了《关于支持旅游业发展用地政策的意见》。全域旅游在拓展用地空间时应以该意见为指导，推动对旅游项目建设用地、旅游扶贫用地、废弃用地、滩涂荒地、乡村旅游相关用地、文物设施利用、旅游新业态用地等的统筹利用。在此基础上，政府相关部门应该制定全域旅游用地指导原则，规范全域旅游的用地方式、明确用地类型和条件。

3.限制性和保护性空间要严格管控

《关于支持旅游业发展用地政策的意见》中对很多应限制开发和禁止开发的空间提出要求，住建部也有相关文件明确其管理范围内的空间的旅游开发活动的规范和限制。地方政府应当以此为依据，通过全域旅游规划制定更为细致的空间管控导则，进一步明确各类空间的管控原则和措施，并落实具体责任单位，这样才能有效地实现空间管理，为全域保有可持续发展的空间肌理和环境条件。

4.明确土地使用和供给方式

实施全域旅游发展政策的地区，应当在《关于支持旅游业发展用地政策的意见》的基础上进一步细化用地政策，出台当地旅游开发中的土地使用与供给细则，落实全域旅游项目、基础设施以及公共服务设施用地的供给方式、管理方式和使用方式，保证土地在全域旅游开发中的合理利用和规划。

三、全域旅游的项目开发

（一）基础设施建设

全域旅游的基础设施建设不仅要满足游客的旅游的基本服务功能，还要注重经济社会发展各类资源的有效利用，做到既宜居又宜游，处处是风景，处处可旅游。如水利建设在满足防洪排涝的功能外，还要满足游客审美游憩价值和度假需要。又如，交通设施建设不仅要满足方便和安全的性能还应建成风景道，形成特色旅游吸引物，满足游客对生态自然的需求。

（二）景区建设与升级

全域旅游景区首先要做到对区域内新景区进行合理的开发，按照全域旅游规划的顶层设计，开发出适合区域内的新景区，并实现景区内外一体化。然后是对区域内老景区的升级改造，如环卫设施改造、停车场扩建、游客服务中心建设等工程。另外可以通过景区联合发展，整体升级的模式进行全域旅游景区的发展，如重庆市渝中区，整合"蓝色巴士"与"红色巴士"两条线路上的七个4A级景区,并通过沿线城市界面的旅游化建设,让游客感觉在全域5A级景区中。

(三) 美丽乡村建设

1. 村庄村貌改造提升

对村庄改造本着保持村庄田园风光、增加现代设施、绿化村庄院落、传承优秀文化的要求,大力实施环境整治、设施配套、服务提升、生态建设工程,实现村庄布局优化、民居美化、道路硬化、村庄绿化、饮水净化、卫生洁化、路灯亮化、服务优化等目标。另外,还要对村庄的民居改造、垃圾处理、厕所改造、土地整理、新能源利用等方面进行提升。

2. 特色旅游村

乡村根据自身资源特点,因地制宜地发展特色产业,充分发挥旅游+的作用,创建特色旅游村。例如,枣阳市鹿头镇松扒村根据自身荒山坡地面积大的特点,引进适合本地的密植桃种植技术大力发展桃树种植产业,将农业与旅游业结合,将松扒村建设成为"春看桃花夏摘桃,吃农家饭赏生态农业"的特色旅游村,为当地农民带来了财富。

(四) 城镇改造升级

1. 城镇风貌升级

全域旅游的开发建设要求,首先改善城镇环境问题,然后依据当地的历史文化、地域特色及风土人情将城镇改造为一个具有独特地域氛围的特色城镇,反对旧城改造中忽视文化遗产保护的行为。防止简单模仿,千城千村千景一面;防止粗暴复制,低劣伪造;防止运动式、跟风式一哄而起,避免大拆大建,应创造富有特点的地段给居民及游客留下深刻印象。

2. 旅游小城镇建设

旅游小城镇是指依托具有开发价值的旅游资源,提供旅游服务与产品,以休闲产业、旅游业为支撑,拥有较大比例旅游人口的小城镇。它不是行政上的概念,而是一种景区、小镇、度假村相结合的"旅游景区"或"旅游综合体"。

旅游小城镇,淡化了"城"的概念,强化了小镇建设对旅游资源、景区景点的依托,以及旅游的带动作用。旅游小城镇是文化旅游的重要载体,城镇风貌及建筑特色要体现一定的文化主题，应围绕休闲旅游，完善小城镇中公共服务设施，如乌镇西栅、台儿庄古城等。

（五）投资模式搭建

1. PPP模式

PPP模式是调节政府与市场关系的一种方式。新常态下的中国式PPP模式，将以"产融互动"为标志，本质特征是"融资+管理"双管齐下。旅游业改革亦应顺应新思路，通过创新融资方式，引导社会各类资金进入旅游产业。PPP模式是突破融资瓶颈实现旅游产业转型升级大发展的重要抓手。

PPP将为基础设施提供重要的资本和专业支持，有利于创新投融资机制，拓宽社会资本投资渠道，增强经济增长内生动力；有利于推动各类资本相互融合、优势互补，促进投资主体多元化，发展混合所有制经济；有利于理顺政府与市场关系，加快政府职能转变，充分发挥市场配置资源的决定性作用。

2. 引导基金

政府引导基金又称创业引导基金，是指由政府出资，并吸引有关地方政府、金融、投资机构和社会资本，不以营利为目的，以股权或债权等方式投资于创业风险投资机构或新设创业风险投资基金，以支持创业企业发展的专项资金。例如，山东省滨海旅游发展引导基金围绕好客山东十大文化旅游目的地品牌打造，培育以"仙居、道宴、逍遥游、养生修学"为主体的度假综合体，积极发展邮轮、游艇、温泉、海上垂钓、海岛旅游、养老养生、文化演艺休闲度假产品，大力推进度假酒店集群建设，促进滨海旅游业提档升级，真正起到首批省级股权投资引导基金的引领示范效果。

3. 投资并购

旅游业正处发展成熟期，尤其是全域旅游时代的到来，促使行业结构不断调整。旅游业内合并不断是行业逐渐走向成熟的表现。行业在发展一段时间后，必定要经历并购整合。

（六）文创孵化

1. 文旅创客基地

李克强总理提出大众创业、万众创新的号召，提出建设一批大众创业万众创新示范基地，推动双创迈向更高层次和水平。创客是一种时代符号，引导创新的力量注入现代旅游业的发展。处于大众旅游时代的中国，一般的旅游产品难以满足游客的需求，因此，我们要发展创客，建设文旅创客基地，促进旅游业的创新发展。文旅创客基地是由一批具有对旅游业及相关产业感兴趣的人聚集在一起形成的，包括旅游产业规划、各类旅游产品的设计开发、旅游宣传营销活动等形成的创客基地。文旅创客基地主要功能有联合办公空间，是具有娱乐性和创客美感的创客乐园；另外两个功能是面向游客进行相关技能培训和通过提供场地、工具、协调资源，支撑创意团队的项目开发。

2.个性创客导入

个性创客的导入对全域旅游目的地创新发展具有重要作用。如2015年国家旅游局公布的中国乡村旅游创客示范基地中的浙江丽水古堰画乡，它是一座充满了艺术创作灵性的乡愁小镇，独特的山水资源吸引了不少画家、学生、摄影家来此采风。个性创客的导入使得古堰画乡成为一个旅游与艺术交融、创新与创业并进的特色小镇。

第七章 全域旅游开发

第一节 综合型全域旅游

一、综合型全域旅游的理论概述

（一）综合型全域旅游的概念

综合型全域旅游是指全域旅游所依托的核心景区、城镇、乡村等拥有丰富的旅游资源，且资源种类齐全、品位价值高，有条件建成旅游胜地的全域旅游目的地。例如，桂林、杭州、苏州、张家界、黄山、阿坝州、琼海、三亚、丽江、黔东南州、黔南州、呼伦贝尔、宜昌、甘孜州等，这些区域都是典型的综合型全域旅游目的地，需要以旅游业为主导产业、主打品牌和主攻方向，整合资源构建的国际旅游目的地。

（二）综合型全域旅游目的地具备的条件

1. 旅游资源富集，旅游资源全域化的旅游目的地

发展全域旅游的地区必须具备丰富或等级较高的资源，只有具有一定的等级较高的资源才能带动区域旅游形象和品牌的塑造，引领区域旅游个性，形成品牌影响力。旅游资源是使旅游者产生旅游行为的外在吸引物，没有旅游资源的吸引，旅游流、旅游流向、旅游流量都将不存在，旅游将无从谈起。旅游资源在国际上被称为旅游吸引物。旅游资源具有自在性，它的吸引力是与生俱来的，只是有时候这一潜质并未被激活和利用，只要善于挖掘，旅游资源本身的吸引力就会被发现,旅游者因此被吸引。

2. 旅游特色鲜明,产品业态丰富的旅游目的地

全域旅游目的地要有生命力,必须以特色为灵魂、以产品为基础、以建设旅游目的地为目标,拥有特色旅游产品及业态集聚,要有特色鲜明、类型多样、丰富多彩、互补组合、合理分布的旅游产品集聚,形成对游客具有较强吸引力,对周边地区竞争力较强的旅游目的地。此类全域旅游目的地的旅游产品和形象要特色鲜明和有吸引力,旅游产品业态应与市场需求有很好的适应性和匹配性;旅游市场规模大、影响力强、覆盖面宽;旅游产品丰富、组合良好;区域内不同地区旅游产品有差异性和互补性,要满足多样化旅游发展要求。

3. 公共服务设施配套的高品质目的地

公共服务体系建设是影响全域旅游质量的重要条件,创建全域式的旅游公共服务体系尤为重要,全域旅游的基本特征要求旅游目的地必须建立完善的公共服务体系,覆盖游客行前、行中和行后全过程,对全域内的旅游要素实现无边界整合,对交通、安全、营销及吃住行游购娱消费等各个环节、各个要素进行全网优化,实时更新,网络动态发布。全域旅游公共服务体系不仅是为了给游客提供优质服务,而且充分考虑本地居民的休闲需求,能调动社会参与的积极性,全域旅游的公共服务体系更是当地居民与游客和谐共享的高品质生活空间。

4. 突出旅游改革创新,重视旅游产业,保障措施有力的旅游目的地

此类全域旅游目的地中的旅游业应该在当地的发展中占有重要地位,政府和企业具有高度的重视,旅游业在当地总体发展中的发展地位,应具有一定的话语权和完善的工作机制。只有当地重视旅游业,才能为全域旅游发展提供实质性的政策、资金的保障,将旅游业的战略地位提升,使其发挥综合优势,使城市的个性、品牌、文明建设都与旅游发展有机融合,实现旅游与城市发展的一体化。有了发展全域旅游的共识,就需要社会各部门、各行业积极融入,同时,也可以通过旅游业的发展来拓展,提升各行业的发展空间。因此,需要建立顺应全域旅游发展的"政府主导、市场运作、社会参与"新机制,形成产业发展合力。

二、综合型全域旅游发展对策

（一）区域联动发展全域旅游

要把全域范围的旅游业当成"一盘棋"来下，就必须树立大旅游发展理念，形成大旅游格局。其中关键就在于，如何把遍布综合型全域旅游区的旅游资源串联起来，形成整体的主题形象，提高区域整体效益。旅游业的产业融合度非常高，其六要素涉及吃、住、行、游、购、娱等行业，每个行业涉及不同的主管部门，全域旅游有时还涉及不同的地区。所以，要想打造全域旅游业的良好形象，打响全域旅游的整体品牌，就必须打破传统的行政格局、地区限制。例如，在订定景点景区门票时，不能只考虑本地区、本部门、本单位的经济利益，而要树立大局观念，要从旅游业的长远发展考虑，逐步打破门票经济；又如，在配置旅游资源时，各地区、部门之间要主动搞好衔接配套，不能仅仅考虑自己获得利益的多少；再如，在推介旅游产品时，也不能只考虑自身的利益，全域旅游发展是整个区域的获利。全域旅游区域联动，需要全行业参与，各部门齐抓共管，各行业融合联动，各区域资源整合联动。无论是旅游团队还是"背包客"，到旅游区来旅游观光，应当不能让他们停留在"到此一游"层面，而应当让游客们流连忘返，就要靠全社会"动起来"，积极参与到全域旅游发展的大潮中。

（二）打开体验式旅游新空间

所谓体验式旅游是指"为游客提供参与性和亲历性活动，使游客从感悟中感受愉悦"。20世纪80年代中后期，在国内掀起了一阵"住农房、吃农饭、干农活"的热潮，其实这就是体验式旅游的早期形式。人们参与旅游活动为的就是体验不一样的生活乐趣，融入不一样的生活氛围，要想真正地带动整个区域全域旅游业的联动发展，就需要加强旅游活动的体验性、参与性。传统的观光式旅游，仅仅依赖一些自然资源或者历史遗产为游客提供一种游览的满足感；而后兴起的探险式旅游则更多追求感官或者感受的刺激，如漂流、攀山、采摘等，但是也有体验式旅游的雏形；另外度假式旅游着重是提供一种休闲的氛围让游客轻松愉快享受假期。相比较，体验式旅游更着重的是给游客带来一种异于其本身生活的体验。相比于其他全域旅游类型，综合型全域旅游目的地因其资源种类丰富，经济发展水平高，可以多融入体验性的旅游项目，为全域旅游发展增加内涵，如自驾车旅游，暑期国外夏令营，参与主题公园的庆典游园活动，参与滑草、滑雪活动，小学生参与红军小指挥员的红色爱国主义教育活动，等等。通过旅游者的参与和互动，旅游者能更深层次地感受旅游消费的每一个细节，体会旅游产品的内涵和魅力，获得更直观和深刻的旅游体验。体验旅游活动都强调了旅游者的角色模仿和参与，同时可以融入当地居民，更加全身心地投入旅游活动产生身临其境的感觉。与传统观光旅游相比，体验旅游的注入注重的是游客对旅游产品的感受、体验、享受的过程，而不是一味追求"到此一游"的旅游结果，从某种程度上更强调心理感知和理解。图7-1显示的是旅游体验的四种基本类型。

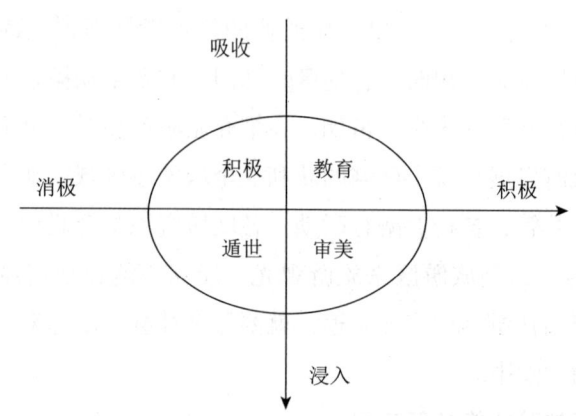

图 7-1　旅游体验的四种基本类型

（三）全域范围内旅游产业升级转型

旅游业提档升级的思想是旅游产业化发展，包括资源优化配置，旅游产业结构合理化、高级化、规模化、市场化、社会化、现代化和国际化，重点是旅游产业的优化过程。旅游产业结构合理化是产业升级优化的基础，是指旅游行业间相互协调能力的加强和关联水平的提高，通过旅游产业结构合理化过程，促进旅游产业内部各组成要素、组成部分和各部门间的协调发展，促进内部各要素素质提高，促进旅游产业与外部各产业体系协调发展的过程。旅游产业结构现代化包括宏观管理体制科学、市场运行机制有序、利益主体合法、社会服务和服务标准国际化,产品适应市场并满足日益增长的市场需要,区域合作广泛和微观管理的科学化。全域旅游建设中,要注意对旅游产品升级换代,产品结构从初级、单一向多种产品形式并存转化,产业结构向高水平、长产业链、多环节和综合转化作出相关措施。要全面推动旅游产业的升级转型,创新发展全域旅游产业,在打造旅游精品、提升旅游产品档次的同时,多元化、全方位满足游客的需求。

(四)深化宣教培训,助力创意创业创新

全域旅游建设中,科学动员比全动员更为重要。要充分发挥旅游业的融合力,实现旅游+,提升创业者利用其他产业嫁接旅游的创意能力和动力,提升旅游企业服务品质升级的能力和动力。进行区域休闲度假升级时,要引领并提升当地居民生活艺术品位,以使旅游者更好体验当地生活,这些都必须通过宣教培训提升人的素质和技能,在贫困乡村选拔旅游领军人物,进行各方面的鼓励支持,强化实用人才培养工程,强化乡村旅游创业指导和就业培训,组织村社干部、经营业主、从业人员和回乡创业者,围绕乡村旅游创业项目计划,对食品安全、环境卫生、服务质量与标准、提升经营档次等内容分级、分类、分批开展培训,重点加强旅游扶贫村村干部和致富带头人的培训。编印学生读本、群众读本、干部读本,使全域旅游观念内化于心、外化于行,在全域旅游建设中注重创意引领和文化提升。

(五)全域景观建设,助推综合型全域旅游

在综合型全域旅游区建立全域景观,使得全域范围内以及旅游交通线路所到之处,都有具有旅游吸引力的风景。按照甚至高于生态市镇村、花园城市、园林城市、森林城市、最美乡村标准进行高标准建设。在城乡风貌改造建设、乡村道路绿化、田园景观改造建设之外,应将休闲业态与景观建设结合起来。以点带面地发展。同时,全域旅游在景观建设中要避免千家一院、千村一面、千路一景的出现,必须通过融合创意引领景区点线面开发,打造多元化景观。例如,琼海市自2013年开始全面实施田园城市、幸福琼海战略,将全市当成一个5A级景区来建设,通过田园小道、景观通道、慢行车道等配套设施,把景点、公园、村庄、民居风情、生态景观等串联起来,使全市成为一个田园式大景区,这个景区没有边界、没有围墙、没有门票、主客共享、居旅相宜,实现

了农旅结合发展，真正实现了"城市园林融为一体，人在画中游"的境界，让游客在感受乡村田园气息的同时体验到优质的城市生活。

（六）推进形象整合营销，贯彻可持续发展战略

将形象营销理念贯串于整个全域旅游景区推动各个方面。围绕全域旅游景区主题形象，整合各方面力量，进行全方位的塑造与推广。充分挖掘地方特色文化，打造特色旅游品牌，进行国内外旅游市场的全面推广，以应对日趋激烈的国内外旅游市场竞争。全域旅游整合营销是指以建立旅游大品牌为目标，通过整合各级政府、旅游要素、旅游企业、旅行商、旅游代理商和经销商、媒体、社会等方方面面的力量，谋求最大的营销效果。其整合的具体内容包括形象力和注意力整合，城市、景区旅游和区域旅游的整合，旅游营销理念与阶段的整合，对国际市场和国内近、中、远客源市场的整合。另外，全域旅游目的地要依托生态学原理和可持续发展理论，采取有效的措施，通过切实保护当地自然生态资源及传统文化，精心设计生态型旅游产品，给游客的感官和心灵带去高质量的旅游体验和真实的文化感受，为游客提供高质量的旅游经历。同时注重当地居民的参与性，为当地居民创造各种直接间接的就业机会。

三、综合型全域旅游开发的典型案例——苏州

近年来，苏州积极落实国家旅游局"515"战略部署，探索旅游+新内容，注重多业融合、全域联动，积极推动"全域旅游"工作，实现了加速旅游产业素质提升、优化城市布局等综合作用。苏州扎实推进"全域旅游"工作过程中，坚持"城市即旅游，旅游即生活"的发展理念，把苏州全域作为最大的景区、最美的旅游目的地加以打造。全市各行业积极融入其中，各部门共同管理，全城居民积极参与建设，全面满足游客的全方位体验需求，苏州率先打造了涵盖下属各市的全国优秀旅游城市集群，在游客满意度方面也始终保持在全国前列。与此同时，苏州也以融合、创新为主线，推进全域旅游工作，既为旅游及相关产业和领域提供扩容、升级、增值的空间，同时扩容、升级和增值旅游业自身，有效地推动城市"供给侧"改革。近年来，苏州成功创建国家古城旅游示范区、国家商务旅游示范区，创建了高品质、开放的、特色的旅游区；

同时加强了旅游厕所、交通设施、辅助设施的建设，增加了当地居民和游客的满意度。另外，在智慧旅游方面发展迅速，在开展全国智慧旅游试点城市工作中，与"智慧苏州"建设同步，并在底层数据架构与应用操作层面无缝对接；在打造旅游消费放心行业实践中，成为苏州创建全国消费放心城市的重点领域与标杆行业。打造了"经济强、环境美、旅游靓、百姓富"的旺山村、蒋巷村、永联村等一体化发展新典型，推进了城乡建设一体化。在城市文明建设上，苏州成功打造了全国地级市最多的5A级景区、五星级酒店、全省最多的五星级旅行社。

第二节　景区依托型全域旅游

一、景区依托型全域旅游的概念

景区依托型的全域旅游即全域旅游范围内由龙头景区做强最大，从而联动周边区域旅游业发展，最终带动周边形成全域旅游区。这种全域旅游范围内旅游的发展，先是依靠景区做大，以市场消费带动周边景点、乡村、城镇配套旅游产品和旅游服务，形成大规模综合性目的地型旅游景区，逐步优化形成全域旅游区。典型的例子有重庆市梁平县、河南云台山、四川九寨沟、贵州荔波、四川峨眉山、贵州黄果树、重庆武隆等。

二、景区依托型全域旅游发展对策

（一）"核心–边缘"空间重组带动全域旅游发展

全域旅游的"核心–边缘"发展模式将全域旅游区域分为核心与边缘部分。全域旅游的核心区域不仅在地理位置上是一个区域的中心，而且还是具有特色旅游资源的热点地区，如国家级风景名胜区、国家5A级景区等。而边缘区是那些没有突出旅游资源或是虽有但因为区位条件不好还没开发出来的地区。全域旅游的发展促进了城镇化进程，形成城乡接合部的发展和提升，全域旅游的发展也逐渐将发展主力由核心区向边缘区扩大。同时，随着旅游产业带的发展，区域资源优化重组，重新形成新的城市发展核心和边缘区域。

核心-边缘区形成后，核心区的旅游产业可以获得更多优惠条件和政策支持，人、财、物力也大量集聚，旅游环境不断完善提升，旅游吸引力增强，从而在全域旅游中发挥更大的优势和带动作用，其是全域旅游的灵魂和核心，处于绝对的统治地位。边缘区则是对核心区旅游业发展的补充，处于相对依赖的地位，但如果可以合理利用资源，加强产品创新，在核心区品牌优势的带动下，互补式发展，边缘区将逐渐演变为次级核心区，最终形成一个优化的旅游区域系统。核心区与边缘区共享互补性资源，可以实现利益共享。共享的资源包括自然资源共享、交通运输共享、游客资源共享、信息共享等。该机制是通过利益共享，最终实现双赢：一方面，核心区给边缘区提供了庞大的客源；另一方面，边缘区也为核心区提供了配套的旅游服务，对核心区旅游压力进行缓冲，延长旅游产业链，带来了更多的经济效益。

（二）合理分析景区依托程度

1. 协同效应原理分析

协同效应原理是指在复杂系统内存在很多子系统，各子系统之间会发生自发的运动，相互作用彼此影响，发生协同行为，统一作用下形成新的有序整体，整体的功能超越各个部分功能的总和。此原理应用到全域旅游中是分析旅游系统内部各子系统之间的相互作用，以此来说明全域旅游系统的协同运动，从以前传统旅游无序系统变为有序的整体，从混乱状态变为稳定状态，"协同中产生有序"是此原理的精髓。景区和全域范围内其他区域同属于旅游产业这个大系统，它们之间会产生相互作用、相互影响，要通过合理的规划使这两个子系统发生协同效用，实现龙头景区带动全域旅游协同发展的效应，发挥全域旅游系统的整体功能。

2. 利益共享机制

在共生系统中，利益共享是利益相关者之间形成合作关系的目标，对于景区依托型全域旅游目的地而言，利益共享是龙头景区和依托型边缘区之间进行合作的动力，共同收益来源于它们互补性资源的共享。共享的资源包括自然资源共享、交通运输共享、游客资源共享、信息共享等。该机制的目的是基于共同的利益为纽带,这样通过利益共享机制能够使全域旅游目的地整体发展起来,实现双赢的局面:一方面,龙头景区给边缘区提供了庞大的游客基础,营造了良好的旅游环境;另一方面,边缘区也为龙头景区提供更多的服务内容,延长旅游产业链,带来更多的经济效益。

图7-2显示的是景区与其依托的全域旅游目的地联动开发的条件及特征。

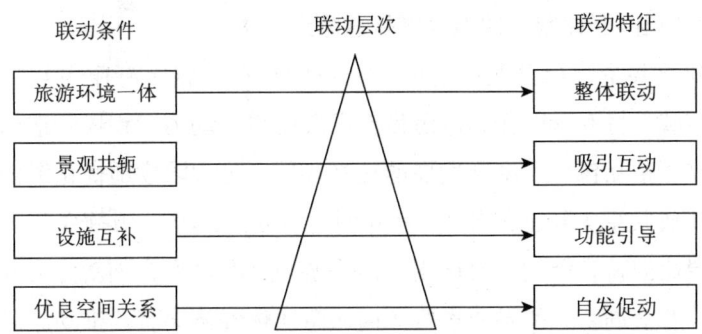

图 7-2 景区与其依托的全域旅游目的地联动开发的条件和特征

(三)制定发展全域旅游总体发展规划

旅游开发,规划先行。只有在科学合理的规划指导下,全域旅游才能有效、成功的开发。首先,要综合考虑分析当前的旅游业发展情况及实施可行性,只有在调查分析清楚当前的资源禀赋、发展情况才能制定出有目标、有针对性的,契合实际的规划。其次,全域旅游涉及生产结构调整,还包括对各种资源的整合,因此,全域旅游规划的制定一定要与当地各种现有规划相协调,只有在综合考虑各个因素的条件下才能制定出可行、科学的旅游规划。如旅游发展总体规划、水利风景区规划纲要、土地规划、林业发展规划、扶贫发展规划以及景区旅游发展规划等。最后,全域旅游规划设计要针对当前旅游发展形势,根据自己的特色,开发形式多样的旅游产品,采用形式多样的管理方式,实行不同的开发组织模式。总之,全域旅游规划内容是否有效,就要看规划是否符合现实情况与发展的要求。

(四)挖掘地方文化特色,打造特色旅游品牌

古人云"三里不同乡,五里不同俗",每个地方都有各自的风俗习惯和文化特征。地方文化代表着一个地方的特色,是一个地方的标签,文化是旅游开

发的核心内容之一，是其保持生命力的源泉。每个旅游景点都有自身的文化价值和魅力，旅游业作为当地文化的载体和表现形式，在发展中要注意利用旅游目的地所特有的传统风俗，向游客展示当地的地域风采，依托龙头景区的带动作用，打造独具特色的旅游品牌。面对日趋同质化的旅游市场，景区依托型全域旅游必须走特色化、差异化道路，做到"人无我有，人有我优"。

（五）旅游+互联网，助推全域智慧旅游

坚持开放共享，以开明的态度、开放的精神，将旅游作为互联网深入融合的重要领域，将互联网作为旅游创新发展的重要动力，积极营造旅游与互联网相互开放、相互包容、融合发展的良好环境，最大限度地优化资源配置，加快形成以开放共享为特征的旅游+互联网运行模式。坚持引领变革，发挥互联网对旅游产业创新升级的平台作用，以旅游与互联网融合创新为突破口，推动大众创业、万众创新，引导要素资源向旅游实体经济集聚，推动旅游生产方式和发展模式变革。坚持安全有序，完善旅游与互联网融合发展的标准规范和规章制度，增强安全意识，强化安全管理，防范安全风险，保障网络安全。建立科学有效的旅游与互联网融合发展的市场监管方式，促进旅游市场公平竞争、有序发展。如全域旅游目的地可利用互联网技术全面实行网上景区门票预订、酒店预订、旅游产品购买、景区二维码进入识别、手机自动导游等服务。

三、景区依托型全域旅游的典型案例——梁平县

（一）梁平县旅游概况

梁平县地处四川省盆地东部平行峡谷区，位于重庆市东北部，是重庆市"东北旅游线"重要节点，位于"大三峡旅游经济圈"内，是长江三峡陆路旅游线的必经之地。梁平县内自然、人文旅游资源十分丰富，有西南禅宗祖庭"双桂堂"、东山国家森林公园、百里竹海、蟠龙溶洞群、文峰塔等极具特色和发展潜力的自然与人文资源。梁平县文化底蕴厚重，文化资源极为丰富，有禅宗文化、古驿道文化、山寨文化、易学文化、抗战文化、红色文化、地方民俗文化等地方特色文化资源。梁山灯戏、梁平木版年画、梁平竹帘、抬儿调、癞子锣鼓被评为国家级非物质文化遗产，是汉族地区国家级非物质文化遗产

项目最多的行政县。梁平县旅游发展的资源基底较好，具有发展全域旅游的潜力。

(二) 梁平县全域旅游发展核心思路

1. 项目定位

通过对梁平县资源现状、客源市场等进行分析，梁平县全域旅游发展规划可定位为：以建设国内一流旅游目的地为总体目标，充分发挥梁平县生态、文化、民俗及相关产业资源优势，构建以文化体验、生态休闲和养生度假为核心的多元化产品体系。通过"顶级品牌拉动、明星景区带动、辅助景区随动、全县整体联动"的"四动"发展道路，紧扣"禅宗双桂、竹海养生、生态涵养、非遗名县"特色，将梁平县打造成为中国禅宗文化体验旅游目的地与国内知名竹海生态休闲养生度假区，实现梁平县旅游产业的跨越式发展，最终实现全域旅游。

2. 核心思路

定位为"竹海禅城，重庆梁平"的旅游形象，树立"全域旅游、全域景区、全面投入、全产业融合"发展理念，全面融入全市"全域旅游经济"发展战略，坚持"文化+旅游"融合发展，深度挖掘和充分发挥禅宗文化、易学文化、非遗文化、农耕文化等资源优势，以重点项目为带动，完善景区内基础设施、服务设施建设，大力推进百里竹海旅游度假区和重庆双桂禅修文化园建设，集中力量打造百里竹海、双桂堂两大核心景区；突出景区互动、景点串联，推进景区与景区、景区与城市相互融合，促进"文旅、商旅、农旅、休闲养老"多元化发展；加快建成百里竹海4A级旅游景区和双桂堂4A级旅游景区，并在中远期将两大核心景区进行整合，联合申报国家5A级景区。

另外，利用现有机场发展旅游航空产业；引导鼓励社会资本因地制宜发展乡村旅游；积极研发体验型、即时消费型文化旅游产品；开展文化旅游整体设计，开发设计多层次、多节点文化旅游线路，推进旅游联盟联网，积极发展"智慧旅游"，将梁平打造成为重庆市重要的生态休闲养生度假旅游区、中国西部禅文化旅游目的地和长江三峡国际黄金旅游经济带上的重要节点。

第三节 都市功能区依托型全域旅游

一、都市功能区依托型全域旅游的理论概述

（一）都市功能区依托型全域旅游的概念

都市功能区依托型的全域旅游是指全域旅游区内都市功能显著，旅游区内城市与旅游融合发展，共生发展，相互促进的旅游区域。典型的例子有北京中轴线、后海等区域，以及上海新天地、杭州西湖、大连、成都春熙路—太古里区域、拉萨八角街、西安曲江旅游区、重庆朝天门码头区等，这些区域内休闲区、商业区、社区、文化区、产业集聚区、生态优化区等多区功能叠加，居民旅游者共享，共同构成城市的地标和名片。

（二）都市功能区依托型全域旅游的特点

1. 开放性

都市一般都拥有较高的知名度，当都市的知名度成为一种吸引物的时候，都市旅游景观就不单是某几个景点的组合和纯粹的旅游要素堆集，整个都市成为一个游览景区，其中既包括实体部分，如都市建筑、都市风俗，也包括虚体部分，如都市情调、市民的好客性等。主要的经济价值体现在都市旅游活动中吃、住、行、游、购、娱等的经济外溢，社会价值体现在都市文化和民生状态的相互影响和吸引，因此，都市旅游吸引物是开放式的，只要旅游者能够到达的都市空间，作为要素的建筑绿化、街头雕塑、卫生状况、好客程度等都将直接影响都市旅游的体验价值。都市的开放性特点，也为都市发展全域旅游奠定了基础。

2. 统一性

都市旅游集自然风光、人文景观、古代遗迹、现代文明、民风民俗等多种旅游资源于一体，既可以发展国内旅游，也可以发展国际旅游；既可以大批量地接待外来旅游者，也可大规模地输出本地游客；旅游与休闲设施既可以为旅游者服务，也可以让都市居民充分享用。这些特点反映了都市旅游具有强固

的黏连性和巨大的包容性，能够把一些看似矛盾因素统一起来，同时兼顾各方利益，这主要表现在两个方面：一是旅游主体的统一性，即居民既是都市游憩者，又是都市旅游接待者；二是旅游客体的统一性，即作为旅游对象的都市既是都市旅游的目的地，又是其他旅游城市的重要客源产出地，还依托强大的交通、区位优势为游客提供中转、换乘功能，是旅游目的地、集散地和客源地的统一。

3. 后发性

都市旅游是建立在现代城市功能较为健全，城市魅力日渐凸显的基础之上的。这种新型旅游方式的出现，相对于漫长的城市史而言非常短暂；在千姿百态的旅游形式中，都市旅游甚至城市旅游也仅是一个后来者，确切地说，都市旅游距今也只有不到30年的历史。随着城市综合实力的增强，功能的不断拓展，环境的进一步美化，各种配套服务设施的逐步完善，给城市带来了更多的商务、会议、观光及其他类型的旅游者，城市在进一步行使国家对外交往门户和国家区域政治、经济、商贸、文化和信息中心职能外，还具有旅游管理、接待、集散和辐射中心的功能。

二、都市功能区依托型全域旅游发展对策

（一）强化联合意识，打破地区界限，加强区域协作

旅游产业的竞争，已经从单个企业、城市的竞争，发展到区域一体化的联合竞争阶段，因此一个地区旅游业要想在激烈的市场竞争中取胜，就必须打破行政壁垒，走区域一体化发展之路。全域旅游区域联动发展就是一体化的运作，其关键在于强化联合意识，淡化行政区观念，强化经济联系，加强区域联合协作。不能各自为政，自成一统，重复建设，要互相开放，互相依赖，从产业经济的微观层面融为一体，实现整体大于部分之和的效果。都市功能区依托型全域旅游目的地通过与国内旅游热点城市互补组合，联合开发、联合促销，谋求共同发展；搭建区域合作平台，设计各自特色产品组合，打造中国黄金海岸和历史文化名山名城旅游品牌。例如，青岛市形成的"二山二圣"游就把泰山、崂山、孔府、孟府串成了一个旅游线，形成联合宣传促销、相互输送客源的开放联动的格局。联合打造半岛城市群无障碍旅游区，推行"齐鲁金穗旅游

卡",将区域合作深入到经济层面的一体化。政府要出台相应区域联合政策,加强区域合作,联合促销宣传,共同开拓旅游市场;建立整体旅游信息服务体系,扩大整体影响。

(二)科学规划开发,引导全域旅游发展

都市功能区依托型全域旅游目的地开发中要树立"大开放、大旅游、大产业、大市场"的全新理念,站在全国、全世界的角度来规划全域旅游,通过资金的奖励向全世界征集全域旅游规划设计方案,再邀请国际著名的旅游规划大师对方案进行评价分析,选出或综合制定出一个完善的全域旅游发展规划。要树立全域旅游的高起点规划,规划区内的所有建筑都要有独特风格、有特点,道路、小溪甚至一草一木都要精心规划、建设管理,真正做到精品旅游。另外,构建都市功能区依托型全域旅游目的地,必须有大投入。而要实现大投入,必须走市场化道路,实现开发机制的创新。在景区开发中,要坚持统一规划,分期开发,调动一切可投入的旅游吸引物。按照旅游资源所有权、管理权和项目经营权三权分离的原则,以特许、转让、承包等方式,广泛吸纳各种所有制形式的企业及个人参与到构建全域旅游目的地的开发、建设、经营中来,甚至农民个人也可按规划建设森林家庭旅馆、农家乐等。对国有企业实行股份制改造,积极推行"靠大联强",组建跨产业、跨地区、跨所有制的旅游经营联合体,增强总体市场竞争力。通过建立新的景区开发机制,全方位地吸引资金来投资全域旅游目的地开发。

(三)实行三个结合,全面推动全域旅游发展

首先,树立全域旅游理念,突破大区域资源整合,建立无障碍旅游区,做大做强旅游业。地域整合突破分层面由小到大,分时段由易到难。其次,旅游发展与旅游区域产业化结合。整合产业,延长产业链条,打造支柱产业平台。实现百业促进旅游,旅游带动百业。整合旅游与各产业的联系,充分发挥旅游产业关联度高、带动性强的产业优势。再次,旅游发展与部门结合,整合发改委、财政、建设、交通、林业、园林、国土、文化、民族宗教、工商、物价等相关政府职能部门的力量,形成全域旅游发展的合力。最后,旅游发展与行业结合。整合旅游业吃、住、行、游、购、娱、商、养、学、闲、情、奇、环卫、安全等环节,形成旅游业自身发展合力。

(四）改革管理与运营机制，创立旅游产品开发集群

构建全域大旅游综合协调管理体制。在旅游资源富集、旅游产业优势突出的区域，整个区域的管理体制设计，都应有全域旅游理念，围绕适应旅游发展"两个综合"需求，即综合产业发展和综合执法需求，创新区域治理体系，提升治理能力，改革区域管理机制，实现区域综合化管理。围绕形成旅游发展合力，通过综合改革，破除制约旅游发展的资源要素分属多头的管理瓶颈和体制障碍，更好地发挥政府的导向引领作用，充分发挥市场配置资源的决定性功能。围绕形成旅游市场综合监管格局，创新全域旅游综合执法模式，消除现有执法手段分割、多头管理又多头都不管的体制弊端。立足现实，完善现有旅游产品体系，开发推出创新旅游产品，提高旅游产品质量，扩大生产规模，同时与科研机构联系或召集旅游商品生产商集中商议，产生思想的火花，开发新旅游商品，推出一大批具有地方特色、高品位、高文化含量的旅游工艺品、纪念品和特色风味食品。充分利用互联网与旅游的融合，销售旅游产品，不仅在当地景点销售，还要到外地景区和大超市销售。从而以全域旅游、全域物流带动全域商业，以全域商业带动全民创业。

（五）打造都市旅游品牌，全面推进旅游市场

全域旅游思想强调把旅游作为一个开放的系统，同时把它作为社会、经济、生态大系统的一个子系统进行规划和建设。从以上两点审视旅游系统有助于谋求整个产业系统的整体综合效益的最大化和与整个社会、经济、生态大系统的协调发展。品牌是营销的核心与灵魂。旅游是一种预消费产品，购买过程中旅游产品的品牌对消费者购买决策的影响显得尤为重要。旅游发展中必须围绕建立旅游目的地营销体系进行整合营销，从旅游观念上进行根本性改变，克服重景区促销轻统一营销、重产品促销轻形象推广、重促销形式轻形象营销策划、重促销过程轻促销效果的现象。

三、都市功能区依托型全域旅游的典型案例——大连

2010年，大连市委提出以"全域城市化"战略作为推进城乡统筹、落实国家战略、优化城市功能的基本举措，它也是指导城市未来发展的最高战略。在国务院41号文件把旅游业定位为"战略性支柱产业和人民群众更加满

意的现代服务业"后,大连市新一轮旅游总体规划明确提出"全域旅游"的新理念。

(一)以全域旅游助推全域城市化

不同于仅仅明确旅游发展目标、战略、方向和规模的传统旅游产业发展规划,大连"全域旅游"规划在传统旅游产业发展基础上,重点深化旅游产业目标、战略及规模体系在全域空间上的落实,加强全域旅游统筹的保障策略,保证下一层次区域旅游规划对整体发展理念、方向的贯彻落实。规划打破行政界限,将大连市1.38万平方千米土地作为整体,充分发挥旅游业融合力、辐射力强的特点,通过"促城、造镇、兴村",有效地推动大连市健康、绿色城市化进程。

(二)规划格局

1.构建全域旅游体系结构

规划形成由1个旅游度假群岛、10个旅游经济区、28个旅游镇、120个旅游村组成的旅游空间结构体系,通过旅游造城、旅游兴市形成沿黄渤海的滨海旅游带和北部山区温泉生态旅游带共同组成的环大连全域的旅游度假路线。西部风情海岸通过十大主题海岸建设,打造成为可与美国西海岸相媲美的国内顶级风情海岸;南部动感海岸通过十大主题海岸建设,打造最具都市时尚、活力、魅力的海岸;东部体验海岸重点开发参与性和人文性较强的体验产品,同时打造世界十大风情渔村;北部温泉走廊以龙门、安波和步云山三大温泉产业集聚区为重点,打造国际知名的温泉旅游度假带。

2.形成四大空间功能区划

规划形成南部都市、沿黄海、沿渤海以及中北部形成特征鲜明的四大旅游板块。南部都市旅游片区打造大连旅游的游客集散中心、服务功能集聚中心以及大连文化集中体验的中心;西部渤海旅游片区打造滨海度假、历史文化、乡村旅游、沙滩休闲、海鲜美食等旅游产品;东部黄海旅游片区通过海岛—水岸的互动开发,发展群岛度假、渔家体验、海岛高尔夫、海上运动、海洋牧场、海鲜美食等旅游产品;北部生态旅游片区重点打造温泉滑雪、都市农业、乡村旅游、森林旅游、宗教文化、历史文化等旅游产品。大连"全域旅游"规划明确了全域旅游新格局和发展路径,制定了旅游产业发展和旅游城市建设的双重目标,建立起城乡一体、覆盖全域的旅游交通、基础设施和信息服务体系,对于新时期统筹城乡旅游资源、构建战略性支柱产业、推动全域城市化进程及提升城市功能具有重要的指导和借鉴意义。

第四节 生态功能区依托型全域旅游

一、生态功能区依托型全域旅游的理论概述

（一）生态功能区依托型全域旅游相关概念

1. 生态旅游概念

生态旅游是指在旅游活动全过程及旅游经营管理的各个环节，均以生态保护为首要原则，突出环境责任、社会责任和文化责任，强调天人合一，追求可持续发展。生态旅游是一种发展理念，这种旅游业的发展遵循可持续发展的原则，依托当地自然生态系统以及与之共生的人文生态系统。追求人与自然和谐的高级旅游形态，是现代社会发展的必然需求和产物。

2. 生态功能区依托型全域旅游概念

生态功能区依托型的全域旅游是指依托优美的生态环境发展生态型全域旅游，这类全域旅游区，在保护生态环境同时，发展无景点、低开发、重保护的生态旅游区，将全域旅游作为生态环境保护的有效模式。典型的例子有武夷山生态旅游区、青海三江源旅游区、西藏林芝生态旅游区、贵州百里杜鹃生态旅游区、香格里拉生态旅游区、内蒙古阿拉善沙漠生态旅游区等。

二、生态功能依托型全域旅游发展对策

（一）生态功能依托型全域旅游目的地发展的新理念

1. 立足大旅游

不能把全域旅游中生态旅游的发展仅仅局限在符合一定标准和条件的特殊旅游区域或产品，还要扩展应用到旅游产业的各个要素、各个环节和旅游活动的全过程，实现全域旅游的八全，即全要素、全行业、全过程、全方位、全时空、全社会、全部门、全游客，最大限度地提高全域旅游的生态友好程度。

2. 立足大生态

不能把生态功能区依托型全域旅游的对象仅仅框定为原生态或单纯自然环境的全域旅游，还要拓展到与自然生态共生的人文生态，进一步也可以将生态恶化区域作为全域生态旅游的体验对象，以更加充分地发挥生态旅游的教育、警示和督促作用。同时构筑大生态旅游体系，包括从自然生态旅游到原创性文化生态旅游，进而发展到亚生态旅游乃至泛生态旅游，再到大生态旅游体系的过程。大生态旅游战略对生态功能区依托型全域旅游目的地的指导意义如图7-3所示。

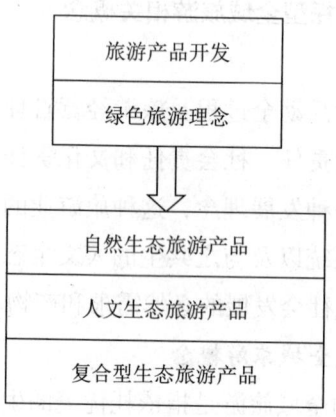

图 7-3 大生态旅游战略对于生态依托型全域旅游目的地指导意义

3. 立足大市场

不能把生态功能区依托型全域旅游仅仅限定为少数人、少数区域的旅游，体验生态、享受生态是人类的基本权利，只有面向大众、服务大众、教育大众，才能真正使环境安全意识和生态保护意识落到实处，实现全游客，产生实效。原生态着眼，次生态着手，泛生态着力。充分利用优势，创造品牌，形成产品，产生吸引力。

（二）构建生态旅游产业链

1. 生态旅游产业链概述

生态旅游产业链是对未来生态功能区依托型全域旅游业发展的一种构思，以保护自然为基础，资源和环境的承载能力相关联；以改善和提高生活质量，生态文明与精神文明相联系。发展生态旅游被证明是旅游业可持续发展的有效途径,政府可以通过向生态旅游目的地、企业和地方提供技术、财政、教育能力建设及建立适当的预算机制和立法框架等扶持措施来保障生态旅游发展,目标是实现旅游资源的生态、经济和社会的综合效益最优化。同时以多方面要素为基础,通过相互独立而又紧密联系的分工与合作关系形成网络组织,利用企业内外部的丰富资源快速响应市场需求,提高链上各成员的企业核心竞争力,从而使整体绩效在竞争中争取到显著优势。

2.生态旅游产业链组织优势

生态旅游产业链中各要素之间相对独立而又紧密相关的联系,易达到如图7-4所示的集群效应。

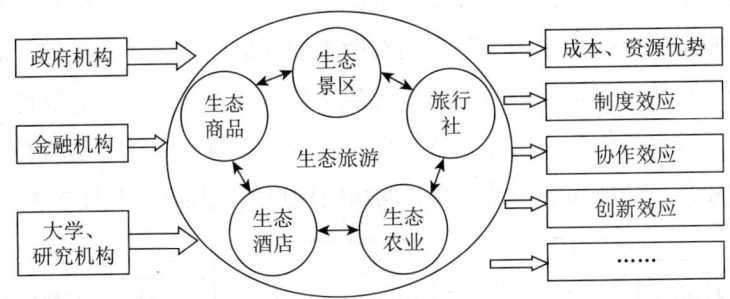

图7-4 生态旅游产业链模型

生态旅游产业链一定程度上相当于一个产业集群。随着整体规模的扩张,技术、资本和劳动力等经济资源向产业链集中,资源配置能得以优化,生产成本和经营费用也都能得到一定程度的降低。同时,旅游企业间存在生产、市场、技术采购、基础设施方面相关联,又存在基于声誉、友谊、相互依存的组织管理、联合行动和相互信任的竞合关系。在市场的正常运行中,任何一个经济部门或产业的出现或扩张均可引起区域内各经济部门供应和需求的连锁反应,通过连锁反应可以使区域经济总量获得一个正的增加值。由此,生态旅游产业链上个别环节的效益提升可以带动其他环节效益的整体提升。

首先,生态旅游产业链的发展正适应了可持续发展的大潮流。一方面,生态旅游经济化和生态旅游社会化,有助于适应时代的需要;另一方面,优化生态环境，发展生态经济，培育生态文化能够促进人们生态文明建设，有助于引领生态文明建设达到新的发展阶段。生态旅游产业链不仅与交通、住宿、餐饮、商业、景区景点等行业直接相关，还与工业、农业、制造业以及通信、金融、保险、医疗、安全、环保等产业相关联，其直接和间接影响的细分行业多达100多个，具有一业带百业、一业兴百业旺的特点，拉动经济的作用十分明显。随着旅游产业链的发展壮大，链内产业群附近人口增长，必然会带动相关产业和其他产业的发展。而且链内产业群的集聚，将促使各企业在竞争与合作中交流先进经验，进行技术与管理创新，创造更大经济效益。目前我国一些景区由于不恰当的旅游开发，林木、水源、植被、物种等遭受严重破坏，给生态带来压力。而生态旅游产业链可以缓解大众旅游对环境带来的破坏与压力，维持生态系统平衡。其次，从对环境和资源的保护出发，与可持续发展原则相协调，生态旅游产业链组织的生态活动有助于加强居民生态环保意识，激发人们更加热爱大自然、保护大自然和珍惜民族文化等。生态旅游产业链可以为居民生态与环保教育提供实践主体。整体而言，生态旅游产业链的实践与创新，有助于构建社会、经济和生态低碳动态均衡的理想发展模式（见图7-5）。

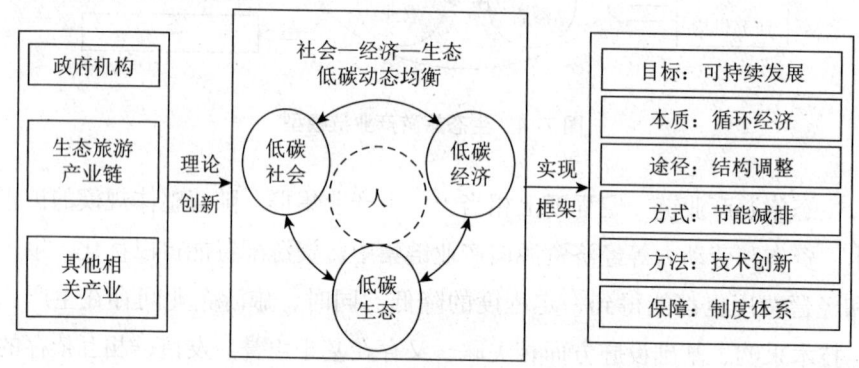

图7-5 生态旅游产业链带来的社会、经济与生态协调发展

（三）全域协调发展、走绿色化道路

全域旅游的发展理念要求全域旅游走绿色化发展道路，作为协调发展的载体。以往的工业化、城市化的低效粗放发展模式使得相关利益主体之间的矛盾升级，强势的利益主体往往以各种方法压制着弱势的利益主体，这就导致了

发展不协调。这种不协调在短期来看，让弱势利益主体受损，让强势利益主体受益；从长期来看，则让弱势利益主体和强势利益失去了共生共荣的土壤。生态功能区依托型全域旅游应该注重不同部门之间不同利益主体的协调，这是全域旅游发展的前提，也是全域旅游发展的结果，前提与结果之间的不断转化就形成了一个良性的闭环。同时，依靠自身生态环境优良的优势走绿色化发展道路，绿色化发展要求在发展中注重对生态环境的保护，时刻体现生态文明，这种发展模式也是社会文明进步、政治价值体系进步、文化价值提升的表现。生态功能依托型全域旅游在发展中要注重对生态环境的保护，秉着"绿水青山就是金山银山的理念"走可持续发展的道路。

三、生态功能区依托型全域旅游的典型案例——武夷山

（一）武夷山生态旅游概况

武夷山市原为崇安县，公元994年建县，1989年8月，国务院批准撤销崇安县，改设武夷山市，是福建省唯一以名山命名的新兴旅游城市，是目前全国4个世界双遗产地之一，素有"奇秀甲东南"之美称。武夷山拥有丰富的旅游资源，冬暖夏凉的宜人气候，浓郁的朱子理学文化，是游客旅游观光、休闲度假的理想胜地。武夷山依托资源优势，从旅游发展的全局出发，提出旅游顶层规划设计理念，科学编制《武夷山旅游发展总体规划》《武夷山国家旅游度假区总体规划》《武夷山国家风景名胜区控制性详细规划》《生态旅游示范区建设规划》，明确提出"生态立市""保护生态就是保护生命力，建设生态就是发展生产力"的发展战略，坚持"生态一张蓝图绘到底"的发展理念，相继出台了加快旅游产业发展、加强生态旅游资源保护建设、加强公路沿线美丽乡村建设和村庄及村庄住房建设管理的规范和办法。

（二）武夷山生态功能区依托型全域旅游发展

首先，武夷山将旅游、林业、国土、水利、规划等部门集体联动，全面整合全市旅游资源，为全面发展全域旅游而对全市重点旅游资源区进行红线划定，将全市旅游资源分核心区、控制区和保护区三类进行合理保护和开发；其次，武夷山保护当地资源的原生态，进一步规范河道采砂、开山采石、捕杀野生动物等行为，有效地杜绝了圈占资源、破坏生态环境等现象的出现。通过以

上一系列强有力的工作措施，武夷山开创了独具特色的生态建设之路，逐步形成山区森林化、市区、度假区园林化、"三边"林荫化、院落花园化的生态格局，为全域旅游发展提供了方便。

1. 打造生态全域旅游新名片

党的十八大报告首次提出"美丽中国"这一概念，把生态文明建设摆在总体布局的高度。武夷山市委、市政府顺势提出"既要金山银山，更要绿水青山"的生态旅游发展理念，将旅游业与农业和林业融合发展，积极发展"旅农林"生态旅游产业链，开发特色农产品，发展生态功能区依托型全域旅游。同时，将生态旅游的发展优势与当地特色乡土风情整合起来，将武夷山国家旅游度假区连同云河漂流、印象大红袍、武夷水秀、紫阳古城、崇阳古城、极地海洋公园、澳洲酒庄、壹街等一批旅游商贸项目，一同列入武夷山民俗文化旅游板块的核心支撑项目。

2. 整合生态资源的聚集优势发展全域旅游

武夷山近年来一手倾力打造绿色山水名片，一手狠抓旅游项目建设和品牌创建。2014年，武夷山动工6个项目建设，既有旅游综合体项目，也有迎高铁旅游服务设施以及建设拆迁安置小区项目。其中旅游项目3个，包括太古奥特莱斯风情街、神秘地球村、武夷山下梅文化旅游综合开发项目，迎高铁旅游服务设施项目，拆迁安置小区项目。

3. 全域旅游促进农民就业创业

生态旅游的发展与当地社区建设互相推进，调动生态旅游区居民参与积极性在九曲溪的保护规划中，武夷山市政府将九曲溪上游的两个采育场划入景区统一管理，使伐木工转变为护林员，并拨出专款补助所在区域的村委会，同时加强对上游区域的卫生管理，帮助村民建立垃圾池，配备卫生管理员和清洁工对村容村貌进行整治和维护。在建设全域旅游项目中，对当地农村劳动力进行优先雇用，有计划、有目的地扶持和引导村民从事旅游业，使农村劳动力逐步从传统农业向旅游生态农业、旅游产品加工业和旅游第三产业转移。这些做法既调动了村民参与保护区的建设与保护工作的积极性，又增强了村民保护意识，达到了发展生态旅游的同时，又促进了当地社区建设和经济的发展。在温州打工的村民，看到创业园发展前景，2013年年初返乡共商创业大计，集资

600万元，申请注册了武夷山梦松蔬菜农民专业合作社，吸引大批农民入股，出产的生态果蔬供不应求，生意越做越大。

第五节　特色产业依托型全域旅游

一、特色产业依托型全域旅游的概念

特色产业依托型全域旅游是指景区依托特色产业，构建全产业链联动的全域旅游新模式，依靠特色产业的集聚和创意体验，构建新型的全域旅游区和新的产业功能区。典型的例子有河南洛阳嵩县、中山市黄圃镇特色工业区、山东烟台的葡萄酒旅游集聚区、云南罗平的油菜花旅游、北京海淀区的科教旅游区、深圳大芬村的油画村旅游区等。

二、特色产业依托型全域旅游发展对策

（一）树立发展旅游就是发展经济的观念

要以新的精神面貌投入到发展全域旅游事业中，要充分认识到发展旅游业就是发展经济，抓旅游工作就是抓经济工作，就是抓投资环境的改善。建立政府支持、市场运作、多元投资、高速发展的旅游开发新机制。政府在加大旅游基础设施建设投入的同时，制定优惠政策，积极吸引民间资本进入旅游领域，加快旅游产业的开发。如果要搞大规模、高档次的特色产业依托型全域旅游，要对外宣传促销，就必须有一定的资金保障。针对这个问题，应该在特色产业旅游上多投资一点，办大规模，办高档次，使特色产业旅游得到更好的发展；应该加强与旅游部门的联系，把特色旅游资源开发为旅游产品，并使产品通过促销为旅游者所接受，带动地方经济发展。

（二）"点—轴"优势产业驱动

全域旅游必须运用全局观念，将全域范围作为一个整体的旅游景区来规划发展，确立重点发展区域，打造经济产业发展带，以点带线，以线带面形成优势产业。对于景区原有优势产业进行加强，重塑与宣传，通过点—线—面对旅

游要素进行重组，将旅游资源优势转化为产业优势，并形成优势产业驱动型经济发展，最终带动整个区域内全域旅游发展。

（三）全面实行旅游产业要素和旅游资源整合战略

旅游产业要素主要是指资源、人才、资金、信息等。需从以下四个方面进行推进：一是以人才为核心，营造产业优势。强调旅游资源与人才整合、资金财力与人才整合、旅游资源与人才机制整合、旅游人才自身整合等。

二是以资金为依托，壮大产业实力。旅游资源与财力要素的整合，分外整合和内整合。外整合指出台优惠措施，吸引外来资金投资本地旅游业；内整合指鼓励本地旅游企业以资金、土地、技术、设备等方式入股，加盟区域全域旅游联合体。

三是以信息化为平台，提升产业竞争力，建立信息交流平台，进一步加快网络信息管理、网络查询、网上预订、旅游企业智能化的建设步伐。

四是以市场为导向，提升产业营销力，整合各种层面的市场，包括当前市场和潜在市场、细分市场和普通市场、区域市场的需求与旅游资源的关系，而不能人为分割市场，以不断提升市场营销力。

（四）注重特色产业旅游的规划

遵照国家的法规和条例搞好全域旅游发展规划。规划的成败决定工作的成败。规划要本着高起点、高标准、高效率的原则，充分体现规划的科学性、战略性、前瞻性、创新性、指导性和可行性，突出全域旅游景区的特色。例如，可口可乐公司在设计生产厂房时，就安排了参观走廊，游客漫步其间，透过玻璃墙便可了解产品的整个生产过程；还专门开设了展览室，陈列各式最新产品，并通过图片、实物等介绍可口可乐公司的发展历史。针对这个问题，应该把特色产业旅游看作一种特殊的广告、公关活动，把特色产业旅游纳入企业形象塑造、企业文化建设的战略框架中，从这个立场出发，进行中长期的规划是非常必要的。

（五）加强全域旅游产品的结构优化

针对市场定位，深挖地域文化民族文化内涵，大力培育旅游精品、名品等主打产品。发挥旅游资源优势，逐步完善全域旅游产品结构。众所周知，旅游产品建立在以游为中心的吃、住、行、购、娱六要素基础之上，因此，全域旅游产品的要素结构优化是旅游产品组合的各个要素比例的平衡，全域旅游目的地配套产品要以餐饮、购物、交通、住宿为重点，打造一批具有景区特色的旅游产品。全域旅游范围内的产品要避免雷同，开发不同需求层次的旅游产品系列，满足游客全方位的需求体验。以游憩时间为线，以美好体验为纲，设计全天候、全年度旅游产品，每时每刻都给游客带去深刻的旅游体验。

（六）提高环保意识，实施可持续旅游发展战略

在特色产业依托型全域旅游资源开发与保护中实施可持续发展战略应该对旅游环境承载力、旅游开发的影响等方面进行系统研究，为和谐平衡的旅游资源开发和保护模式提供理论依据。所谓旅游环境承载力，是指一定时期、一定条件下某地区的环境所能承受的人类活动作用的阈值。旅游环境承载力研究可以避免对资源的过度利用，避免开发后"人满为患"对资源造成破坏；而特色旅游开发影响的研究则使我们对开发产生的影响有充分的认识，防患于未然，使特色旅游开发沿着健康轨道运行。因此，这应该是处理好旅游资源开发保护与可持续发展的第一步。另外，取之于资源用之于资源，开发特色旅游资源后的一部分旅游收益应该用于保护特色旅游资源，改善、美化资源环境。这既能保护资源，又能进一步提高开发的效果，促进更大的发展，符合可持续旅游发展的原则。

三、特色产业依托型全域旅游的典型案例——中山市黄圃镇

（一）黄圃镇特色产业优势

黄圃镇工业旅游资源丰富，如与腊味相关的工业旅游资源包含了集农户（基地）、质检、加工（制作）、包装、市场（销售）等产供销为一条龙的发展体系。专业的腊味市场，著名腊味企业的腊味加工制作程序与现代工艺，占地70亩、建筑面积达12000平方米的会展中心场馆，近5000平方米的中国食品工业示范基地研发中心大楼等旅游资源可以满足现代游客旅游动机和兴趣的多样化，增加旅游的吸引力因素，为旅游产品的创新提供了条件。

（二）黄圃镇特色产业依托型全域旅游的发展

首先，黄圃镇政府主导发展旅游业，在尊重客观经济规律的基础上，合理进行资源配置，保障黄圃镇旅游业的健康发展。在工业旅游发展过程中，加强

硬环境和软环境的建设，完善公共服务设施的建设，并且加强对高级人才的引进，树立了良好的旅游品牌和形象。

其次，结合工业旅游的发展，加强城镇建设。黄圃镇历史悠久，文化丰富。黄圃镇加强对城镇的建设，建设具有特色风貌的城镇，如在进入镇区道路入口处，规划建设广场空间体系，由若干与腊味主题相关的游憩广场和文化广场组成，一些反映特色产业镇旅游形象的宣传画更是为全域范围增添了颜色；在各大路口设置有关景点的路牌指示、标志，在游客经过的主要道路沿线，加强对景观的整治和建设，形成良好的视觉环境。通过对重要节点的打造，黄圃镇展现出了新型特色产业镇的形象。在特色产业发展过程中，构筑了以"腊味"为主题的，融生产参观、文化感知、学习观摩、购物娱乐为一体的多元化产品体系，将以生产加工为主导的腊味产业变成能吃、能看、能购、能体验的工业旅游，形成了工业旅游精品。建立腊味行业博物馆，定期举办腊味生产技术交流会，将腊味生产与旅游业融合发展，开辟出全域旅游发展新引擎。

最后，当地注重在发展全域旅游时对周边景点的联合发展，联合镇内的报恩禅寺、海蚀遗址、飘色艺术推出"黄圃腊味、飘色文化一日游""魅力黄圃、本色腊味"等多条旅游专线，满足市场多样化需求，并采用多种途径拓展旅游市场。在此基础上，促进镇内各种旅游资源的开发，全面促进黄圃镇的全域旅游发展。

第六节　特色城镇美丽乡村依托型全域旅游

一、特色城镇美丽乡村依托型全域旅游理论概述

（一）特色城镇美丽乡村依托型全域旅游概念

特色城镇、美丽乡村依托型的全域旅游是指有特色文化、特色风貌、特色业态等支撑，旅游引领风情小镇发展，是就地现代化、就地城镇化的全域旅游新模式。典型的例子有乌镇、周庄、琼海等依托小镇的全域旅游，五莲县、西峡、郫县、湖州、婺源、安吉等美丽乡村依托的全域旅游。

（二）特色城镇美丽乡村依托型全域旅游的特点

1. 资源独特性

特色城镇美丽乡村依托型旅游目的地拥有独特的乡村环境和乡村生活，这些对城市旅游者来说，乡村中所依托的山、水、田、林、人为配以的野趣浓郁的建筑设施和活动项目（如草舍、篱笆、戏水、攀岩、狩猎等）构成了一幅悠悠古韵、浓浓乡情的田园画卷，这些都是具有极强吸引力的独特的旅游资源。其实，这些旅游资源也就是村民的生活和环境，旅游者需要通过在当地生活、观察和参与来感受城市与乡村的不同。因此，旅游者在当地是短暂生活的村民身份，与一般旅游活动中旅游者始终是以一种外人的身份和姿态出现在当地社会和居民生活中有所不同。传统旅游在追求经济效益时一直把注意力放在旅游景观吸引力的挖掘上，而乡村旅游提供给旅游者的就是一种完全的乡村的生活。

2. 市场定式性

这里的定式性有两层含义。一方面，特色城镇美丽乡村依托型全域旅游目的地是以农业为载体，为旅游者提供休闲、娱乐、游赏等旅游功能，这就决定了它对居住在具有城乡一体化特征的小城镇居民难以产生足够的吸引力，其目标客源市场只能定位于有别于乡村的大中城市（特别是高度商业化的大都市），客源是那些对农村及农村景观不太了解的城市居民。另一方面，近年来我国国内旅游的发展形势决定了乡村旅游的目标客源是国内游客。入境旅游者的旅游活动以传统热点旅游城市的观光旅游为主，对于特色城镇美丽乡村依托型旅游地的这种特种旅游，由于起步晚、发展不成熟，与西方发达国家相比还有很大差距，再加之旅游时间的限制，海外游客很难到一些正在开发或已开发但尚未成熟的偏远山村或郊区进行旅游。因此，入境旅游者成为我国特色城镇美丽乡村依托型全域旅游的主要客源对象的条件尚未完全具备。

3. 旅游产品的体验性与文化性

体验性是乡村旅游的一个重要特征，也是全域旅游发展的要求，特色城镇美丽乡村依托型全域旅游在发展过程中需要增加游客参与乡村生活、生产的某一过程，通过观察、模仿、习作获得成就感、满足感、自豪感。根据体验活动融入的内容和方式不同，特色城镇美丽乡村依托型全域旅游的体验型产品可划分为无酬型体验、有偿型体验、品尝型体验、农业夏令营式体验、娱乐型体验和健身型体验。打造此类旅游目的地时，要体现出城乡之间在自然景观、自然环境、社会经济、生活方式、文化特征等方面的差异性，在旅游产品中注重对传统乡村文化的融入。另外，乡村中所具有的浓浓乡愁、返璞归真、天人合一等特色旅游精神，都可以在打造全域旅游美丽乡村时，大做文章，从而造就此种全域旅游目的地的旅游吸引力。可以说，自然原生性的乡村传统文化将是特色城镇美丽乡村依托型全域旅游活动的最大特点和卖点。

4.社会、经济、生态效益的统一

特色城镇旅游与乡村旅游是社区参与旅游开发的重要形式，它能从根本上增加农民的收入，提供更多的农村就业机会，有利于农村产业结构的调整；同时通过特色城镇美丽乡村依托型全域旅游的开发建设，能够加速乡村非农化进程，增强农民的环保意识，促进乡村城镇化发展，最终实现乡村经济、社会可持续发展的目标。生态旅游是具有强烈环境保护意识的一种旅游开发方式，乡村旅游作为生态旅游活动的一种具体形式，在旅游活动的内容、接待服务的各个环节上处处体现环境保护的意识和要求，因而具有显著的生态效益。

二、特色城镇美丽乡村依托型全域旅游发展对策

（一）领导重视，政府引领

特色城镇美丽乡村依托型全域旅游目的地一般拥有特色文化、特色风貌支撑，但经济一般不发达，处于远离城市的乡镇，纵观全域旅游发展较好的乡镇，地方领导都能够清楚地认识到旅游业的带动作用对城乡统筹发展，改变区域生态环境，促进地方经济收入有着巨大的推动作用，十分重视旅游的发展，积极为旅游发展创造各项便利条件，积极发展旅游业帮助当地农民就业，并帮助农民脱贫致富。

政府主导的主导方式较以前要有所转变，从重视旅游项目开发到重视旅游产业培育；从主导旅游招商引资到主导社会环境和公共设施的旅游化改造，旅游设施的配套化建设和特色化、人性化提升；引导相关产业向旅游产业集聚和融合，打造完善的旅游产业链和多业交融的综合性旅游产业体。协调全域旅游管理体制，拓展旅游业态、延长旅游产业链。政府成立全域旅游指导委员会，

理顺多头管理的机制，指导旅游地旅游协调、规划、开发，指导旅游、建设、农业、环保、国土、文化、科技、民族、教育等部门的协同发展。

（二）旅游相关设施的完善

乡镇内远离闹市，基础设施、公共服务设施相对落后，要做到全域旅游中游客满意度的提升，就要狠抓乡镇内旅游相关设施的服务质量，旅游相关的设施包括饭店宾馆、旅游交通、旅游标识、景区厕所等，这些设施直接关系到游客对旅行安全、方便、舒适的体验，是特色城镇美丽乡村依托型全域旅游发展中最基本的部分。公共服务体系建设是影响全域旅游质量的重要条件，创建全域式的旅游公共服务体系尤为重要，全域旅游的基本特征要求旅游目的地必须建立完善的公共服务体系，覆盖游客行前、行中和行后全过程，对全域内的旅游要素实现无边界整合。对交通、安全、营销及吃住行游购娱消费等各个环节、各个要素进行全网优化，实时更新，网络动态发布。全域旅游公共服务体系不仅是为了给游客提供优质服务，而且应充分考虑本地居民的休闲需求，能调动社会参与的积极性，全域旅游的公共服务体系更是当地居民与游客和谐共享的高品质生活空间。

（三）因地制宜，突出特色

全域旅游的理念是，让"一村一舍""一山一水""一草一木"都成为风景，让"人在画中行，车在景中游"。因此，首先要求以环境保护为核心原则，以保留乡村的"原真性"为使命。规划单位应在"原乡"规划的理念下，规划景区景点；开发商在景区、景点建设时，应尽量保持当地资源的原有风貌，切记大刀阔斧、乱砍滥伐；政府应注重对公众环保意识的培养，加强对企业的监督，加大对环境污染的惩治力度，提倡居民使用新能源。其次还要求对所有的服务设施进行旅游化功能改造。每一座建筑、工厂、学校等基础设施建设都要考虑它的景观性，尽力做到全景域。用"绿水青山"的理念打造特色城镇，用"乡村驿站"的理念打造美丽农村，尊重自然，挖掘特色。

（四）广纳人才，鼓励创业

在绿水青山就是金山银山的当下，特色城镇美丽乡村拥有得天独厚的旅游资源。发展全域旅游，除了做景，还要做心，做一场除旧布新的革新运动，从更高远的立意去思考、去准备。挖掘旅游金矿的同时，还要在人与景的关系层面，进行革新，用智慧的顶层设计充分集成、全面提升。在推进特色城镇美丽乡村依托型全域旅游建设中，存在非常严重的缺乏人才问题，解决这一问题，除了充分利用本地的"斜杠人才"（即一个人选择一种能够拥有多重职业和多重身份的多元生活，这种人在名片上用斜杠来区分自己不同的职业），还需要吸引全国的各界旅游人投资自己的钱财、青春、活力，参与特色城镇美丽乡村依托型全域旅游的建设中来，在这样的思维模式下，全域旅游的发展可以努力实现两个转换，即从重视做景观到重视展心意的转换，以及从重视当下服务到思考未来提升的转换。

（五）市场推进，全域营销

特色城镇美丽乡村依托型全域旅游发展中应该围绕旅游目的地进行整合营销，从旅游战略观念上进行根本性的转变，对外整合营销，树立旅游品牌，对内打造旅游精品。全域营销是一个地区提高知名度，发展旅游的重要环节。全域旅游目的地拥有独特的资源特色，旅游市场引爆力强，充分发挥景区特色产品强大的市场号召力，并与全域内其他旅游资源整合进行全域营销，能够很好地增强全域旅游营销内容的厚度，提升全域旅游的内涵。全域营销是指通过影视剧、旅游宣传片、宣传手册、标识图等的制作，利用传统的电视、报纸、互联网、展销会、推介会及新型的自媒体、微信、微博、微电影、社交网络等宣传手段，进行全方位、多渠道、大密度的宣传推广，是一种全媒体营销，也是特色城镇美丽乡村依托型全域旅游推进中重要的一个环节。

三、特色城镇美丽乡村依托型全域旅游的典型案例——浙江省安吉县

（一）浙江省安吉县概况

安吉县，地处浙江西北部，长三角经济圈的几何中心，是杭州都市经济圈重要的西北节点，同时是国家首个生态县、全国生态文明建设试点县、全国文明县城、国家卫生县城、国家园林县城和国家可持续发展实验区、全国联合国人居奖唯一获得县。安吉县生态环境优美宜居，境内"七山一水二分田"，层峦叠嶂、翠竹绵延，被誉为气净、水净、土净的"三净之地"，植被覆盖率75%，森林覆盖率71%。2008年，安吉在全国率先提出建设美丽乡村的口号，并且以"村村优美、家家创业、处处和谐、人人幸福"为目标，成为全国乡村

建设的典范。

(二)主要发展思路

1. 以美丽乡村建设带动全域旅游发展

在建设美丽乡村的实践中,安吉坚持四美原则,尊重自然美,侧重现代美,注重个性美,构建整体美。强化全局战略思维,把全县当作一个大乡村来规划,把一个村当作一个景来设计,把一户人家当作一个小品来改造,大力发展以农家宾馆为主的专业村,搞好旅游配套服务建设,提高游客接待能力,让游客"吃农家饭、住农家屋、做农家活、看农家景",致力于推进环境、空间、产业和文明相互支撑,加大树种培育,构筑春、夏、秋、冬特色各异、丰富多彩的森林季相景观,提高特色城镇美丽乡村依托型全域旅游目的地生态环境质量和观赏价值。一、二、三产整体联动、城乡一体有机链接,力求全县美丽、全县发展。

2. 创新体制

浙江率先成立旅游委,政府职能实现从行业管理转向更深层面的产业推进,领导包干到点、落实到事、具体到人,为了和市场结合,又成立旅游发展总公司,政企分开,以便能让"政府的归政府,市场的归市场"。美好的蓝图首先需要高水平、高统一度、高执行力的规划,安吉因此在全省首创设立专业总规划师,项目审批"一支笔",同时建立全县资源、项目库,全县资源一盘棋,统一管理,统筹操作,形成合力,强力打造全域旅游,推动安吉旅游向度假型、品牌化、产业经济转变,加强全域旅游的链条式发展,由线到面,渐次铺开。

3. 大力推进全域景区化建设

安吉县根据"五化同步"的总体要求,在提质上苦下功夫力促转型:全域化布局、一体化推进、标准化管理、生态化发展、国际化引领。大力推进全域景区化建设,提高旅游服务水平、丰富旅游产品构成、提高全县接待能力,全面促进全域旅游的建设进程。

第八章 全域旅游配套设施

第一节 基础设施体系

一、旅游基础设施体系构成

旅游基础设施体系泛指国民经济体系中为社会生产和再生产提供一般条件的部门和行业，具有公共性、两重性、系统性、长期性、间接性等特点。旅游基础设施体系主要由以下几个部门构成。

（一）交通设施规划

1. 旅游交通设施

旅游交通设施体系是旅游基础设施体系建设的核心部分，是国家或区域社会经济发展的先行条件，如公路、铁路、航空、水运相结合的安全便捷的旅游综合交通运输网络，以及通往各旅游景区的高速公路、等级公路网，各旅游景区内部交通运输设施设备，旅游集散点的旅游休憩设施，旅游停车场，等等。旅游交通运输的基本要求是便捷、通畅、经济、安全。旅游交通系统规划的任务是在全国统一交通运输网建设的指导下，根据地方旅游发展建设的需要，以及区域内自然地理条件和旅游空间布局的特点，选择合适的交通运输方式，各种运输方式之间合理分工协作，有秩序地构筑区域交通综合网络。一般地域范围越大，交通设施规划内容越宏观，侧重于地区交通骨架、交通枢纽以及交通网络布局。

2. 旅游交通规划的方法

旅游交通规划的步骤中首先要进行游客运输和交通网络布局的现状调查与

分析，再进行未来客运量、流量、流向预测，然后进行运输网规划。旅游交通规划主要有以下几种方法：

（1）图上作业法。通过各种图件和相片，可以了解路网现状、地理环境、经济布局，进行路网结构调整和初步规划选线。

（2）实地调查法。现状交通线路和运输量的调查，腹地和吸引范围的调查，交通量实测、起讫点调查、居民出行调查、选线勘察等可为现状分析和远景预测提供第一手资料。

（3）统计分析法。通过统计资料和统计分析，对交通现状特征和远景规划提供数量依据。如利用客运量历年增长法、交通线路密度法等，可进行交通量和线网密度预测。

（4）计量模型法。运用经济计量学原理和计算机技术，建立各种数学模型，可以用来进行结构分析和经济预测，如利用线性回归分析预测未来客运量，图论用于运网结构分析，动态规划求解最短距离，投入产出法通过部门间平衡预测客运量等。

（二）电力设施规划

电力是国民经济的动力能，是一种清洁二次能源，便于传输、转化和控制。电力设施规划应以全域旅游范围内供电系统为基础，结合当地电源和电网现状，计算用电量和分析用电负荷结构，依据社会经济发展情况和旅游活动对用电量的需求，制定出全域旅游目的地的电力设施系统规划。

电力规划的基本任务是确定电源，布置电力网，以及决定电力网的电压等级、电厂、变电所和配电所的位置、容量、数量，电力网的走向，电力负荷等。旅游地的电力规划要保证景区各部门用电增长的要求，供电容量应有发展的弹性，满足用户对供电可靠性和电能质量的要求，制定近、远期规划。供电负荷测算方法如下：

据中华人民共和国国家标准《风景名胜区规划规范》（GB 50298—1999），旅游区的供电负荷应按照以下公式计算：旅游景区的供电负荷=旅游景区总床位数×供电标准。国内学者杨振之则用单位建筑面积的用电指标来计算景区的供电负荷，他认为：景区的供电负荷=宾馆建筑面积×单位建筑面积用电指标。其中，单位建筑面积用电指标取$20\sim25W/m^2$。

(三）电信设施规划

电信设施可以保证游客对邮政电信的需要。全域旅游目的地游客对邮政电信设施的要求一般要求比较高，游客们需要方便、快捷、安全、准确的电信设施体系，因此全域旅游目的地的邮政电信要求技术先进、质量优良、灵活性强、业务齐全、体系完整。邮政电信设施一般要求具有长途电话、市内电话、信件邮寄、电报、传真等服务供能，并注重无线通信、可视电话、网络等信息技术的应用。电信设施的规划原则是在保护当地自然景观的原则下，满足游客各项旅游服务的需要，解决景区的通信问题，合理布局通信网络，使全域旅游区邮电设备达到全方位的服务标准。

邮电规划的基本要求包括以下几点：架空线路与电缆埋设相结合，使其不破坏全域旅游景区的整体风貌；为保证游客国内国外的通信畅通，建立完备的国内国外通信网络；建立全域旅游区内部通信网络，使整个旅游景区组网络；在景区内部设立计算机终端中心，进行控制及管理。最后全域旅游目的地的电力电信规划要以节约资金、挖掘现有潜力为指导原则，逐步建立起来一个先进的通信网络。

业务预测包括用户预测和话务量预测。用户预测主要指标是电话普及率和主线普及率。话务量主要指通话次数、时长和频率。局所规划确定居所数量、位置、容量和交换区界限及新建扩建计划。

（四）网络规划

网络规划主要内容有中继网规划、用户线路规划、管道规划、传输规划等。本地网的中继线以居间中继线占绝大多数。用户网是把话机终端连接到交换局，一般通过地下或架空电缆连接，大多数由用户交接箱连接主干线路和配线线路。管道网是由各交换区用户管道网和连接各交换局的中继电缆管道网构成，其埋设位置和走向受自然地形和道路管线工程影响，形态不一。

（五）给排水设施规划

给排水规划主要内容包括现状分析给排水设施、给排水量预测、水源地选择给排水系统组织、污染源预测及污水处理、工程投资计算等。

全域旅游规划中的给排水设施布局应符合以下规定：在全域旅游景区范围内，不得布置暴露于地表的大体量给水和污水处理设施，在旅游村镇和居民村镇宜采用集中给水、排水系统，主要给水设施和污水处理设施需要安排在居民居住的村镇附近。旅游地的供水规划应根据规划中各功能分区规划方案同意安排的原则，确定各分区供水方案。供水规划的主要任务是估算用水量、选择水源、确定供水点以及合理布置供水管网，满足游人和居民的用水需求，旅游地用水的水质标准应符合国家生活饮用水的标准。

1. 水源地的选择

选择水源时，水源的水量，应能满足城镇或居民点的总用水量，并考虑到近期和远期的发展。天然水源的水量，可通过水文学和水文地质学的调查勘察来了解；选用地表水时，一般要求95%保证率的枯水流量大于总用水量。

2. 给水管网布置

用水区分散的地方，可采取分区分层就近供水的方法布置官网。用水量集中的旅游接待中心，可设隐蔽性水厂，同时应尽快避免在缺水区域设置用水量集中、用水量大的旅游接待等服务设施。对于高山水资源缺乏区，应因地制宜建蓄积雨水的蓄水库和利用地形修建高位水池。对于水资源缺乏的地段，避免设置用水量大的设施，并充分利用雨水，也可结合当地的实际情况考虑水的利用问题。排水规划步骤如下：

（1）污水量预测。按用水量的80%~85%计，或工业污水和生活污水分别计算。

（2）污水管网规划。根据全域旅游目的地地形和水网划分排水区域，确立排污管走向、断面、泵站位置。

（3）污水处理厂设置。一般选择距旅游地一定距离的河流下游。雨水排放按暴雨强度公式估算排水量设计排水管网，排入河道。

污水的排放标准跟生活用水量定额基本相同，要按照最新制定的污水排放标准来进行，一般采用江水和污水分流排放制。

降水排放采取散水与蓄水并重、综合治理的原则。降水就近用明渠方式排入河沟溪涧，或进行截留蓄水，使降水能够被科学地利用、二次利用、补偿水源和用作灌溉。在许多旅游地内，降水往往是旅游资源的重要组成部分，如瀑布、山涧、溪流、湖泊等都离不开降水，旅游景区开发时应很好地利用和保护。

旅游地的污水排放因地形复杂，排放点分散，常采用就近处理后排放的方法，有条件的地方还可以将处理后的污水多次利用，用来灌溉农田、果园、苗圃、林木等。污水排放量大的景区，需要联合各区域建设污水处理设施，经集中处理后一同排放。旅游地的污水有三级处理方式，全域旅游发展的指标要求较高，需要达到三级处理。

二、旅游基础设施体系建设的努力方向

国内大部分景区的旅游基础设施体系虽然已经建立起来，但是自身还存在很多问题，主要是现代旅游交通运输网络尚未形成，旅游公共信息平台尚未实现联网，旅游导引系统不够完善和规范，旅游景区整体环境形势严峻。如果这些问题得不到解决，那么必将影响全域旅游的发展，影响国内旅游业向更高质量和水平发展。

（一）构建"安全、便捷、舒适"的旅游交通体系

完善现代旅游交通运输网络是旅游基础设施体系建设的核心和基础。首先，以航空、铁路、公路为主体，构建"安全、便捷、舒适"的旅游交通、旅游集散中心是全域旅游交通体系良性运营和发展的必然条件。旅游集散中心是在游客流量集中的地方设立的方便旅游者的客流集散地，它是以电子网络为中枢，以功能完善的旅游车站为核心，以与旅游发展相适应的旅游交通网为纽带的综合性服务设施。其次，全域旅游目的地应成立旅游集散中心，组建旅游服务机构，下设旅游服务中心、旅游车辆调度中心、导游调度中心、客房调度中心、旅游产品研发中心，开通直接通往全域旅游目的地的城市旅游直通车，加快旅游发达城市的机场的建设，增强地方航空港的对内吸引能力和对外辐射能力；开建铁路，进一步增强和扩大旅游城市铁路交通的对外辐射能力和辐射范围。最后，完善目的地公路交通设施，进一步完善市域高速公路体系，加强公共交通系统和配套停车，建好旅游集散中心，开通通往主要景区的旅游专线，整合水上交通方式，全面提升旅游区（点）的可进入性。

（二）整合全域旅游资源，实现全域范围联网

全域旅游目的地要建立健全集住宿服务、咨询服务、集散功能和调度功能为一体的旅游信息支持系统，整合旅游咨询中心、旅游集散中心和旅游呼叫中心的资源，实现"三大中心"联网。旅游咨询中心要以旅游咨询中心的站点为

基础，以咨询服务标准为规范，以导引标识系统和信息网络为支撑，构建全域旅游咨询体系，为游客提供咨询服务、受理旅游投诉、收集反馈信息、提供旅游引导以及网络、电话、柜面咨询服务。建立设施完善的旅游集散中心，通达主要旅游景区，并与周边省（市）联网运行。在整合各旅游要素的基础上，搭建旅游销售平台，每天定点发送旅游班车，方便散客出行。游客可以在集散中心任意选择、组合旅游线路，自主安排旅游行程，真正享受到自助游的乐趣。建立有效运行的旅游呼叫中心，为游客和居民提供旅游声讯和24小时投诉受理服务，构筑旅游企业与市民、游客的有效沟通交流平台，提高旅游管理部门解决投诉、咨询等公益服务的效率和透明度，实现服务与被服务双方信息对称，让市民、游客和旅游服务企业在公平的原则下享受全域旅游信息化带来的便利和效益。

（三）优化、完善和规范全域旅游导引系统

优化道路交通旅游导引系统，在城市交通网、高速公路网、区域路网通往旅游区（点）的出入门设置旅游导引标识，在汽车站、火车站、航空港、江海港等游客入境的地点设置完善的旅游导引标识和旅游信息查询系统。完善城市交通导引标牌，便于识别、查询，将旅游区以及旅游六大要素纳入城市地理信息系统，为旅游者提供导引信息服务，在全域旅游景区用多种外文文字制作引导标识。形成具有特色的系统，引导旅游企业逐步实现旅游导引出版物和信息服务的标准化、简便化，使旅游者可以通过网络迅速获得旅游信息导引服务。

（四）加大旅游资源保护和环境治理力度

将全域旅游发展与生态环境保护有机结合，实现旅游经济效益、社会效益和环境效益的统一发展。要强化"环境兴旅""生态兴旅"的意识，坚持"环境优先、节约优先"方针，积极发展循环经济。加强旅游与相关部门的环保合作，实施旅游景区生态恢复与环境保护工程，加大旅游景区及其周边环境整治力度，降耗减排，减少污染，美化旅游环境。加大旅游厕所建设力度，以国家A级旅游景区、全国工农业旅游示范点为重点，新建、改造旅游厕所，实施厕所革命，达到国家星级厕所标准。影响旅游景区整体环境的服务设施要迁出或拆除，鼓励在旅游景区内使用旅游环保观光车等。

第二节 服务设施体系

一、旅游服务设施体系

旅游服务设施体系的建设是开展旅游业的先决条件。旅游服务设施是游客集散的中心场所,是构成景区旅游业正常进行的基础要素。旅游服务设施主要是指为游客提供各种服务的场所,主要包括住宿服务设施、餐饮服务设施、购物服务设施和娱乐服务设施等。

旅游设施的布局一般应遵循以下原则:不破坏环境;不破坏旅游资源和景观;方便游人;体现地方特色;设施要同旅游中心城镇的旅游服务设施统筹考虑,尽量以其作为依托。

除了游览设施外,其他旅游设施的布局应考虑:尽量避免在游人集中的地方;尽量不要在河流的上游;尽量不在上风方向;其他建设和建筑不能对景观造成破坏;尽可能在居民和游人稀少的地方。

二、旅游服务设施体系建设

(一)政府供给层面对策

1. 加强旅游信息服务体系建设

信息资源是21世纪重要的资源,网络信息贯串于各个行业之中,旅游行业也是如此,旅游信息服务体系包括旅行社信息、游客在线咨询平台和现场窗门咨询平台等,是一个集多种资源于一体的系统。这套系统具有许多优点,既能为游客提供在线服务,又能提供线下咨询服务,能将声讯服务系统和互联网服务系统结合使用,将文字、图片和声音信息处理后传递给游客。该套系统功能齐全、操作方面快捷,可同时服务于全域范围内的游客。全域旅游应该满足游客多样化、个性化的需求,通过利用互联网+旅游,为游客提供高品质现代化的服务,最大限度地满足旅游消费者的旅游需求。将信息技术融入旅游业,在提高社会资源使用效率的同时,适应全域旅游对信息技术保障体系的要求。全域旅游时代的到来，是现代旅游发展的重大变革，是粗放大众式的传统旅游业向集约个性化方向发展的结果，全域旅游包含以下几方面的内容：第一，针对游客个性化、多样化的需求，为游客提供定制服务，适应目前旅游新常态的市场特征。第二，为旅游相关企业和辅助企业提供服务，尤其是为基于智慧云计算的众多中小旅游企业提供技术支持和服务。第三，用全域旅游推动其他服务的改进，如银行金融服务、邮寄快递服务等。加强旅游信息服务系统体系的建立使全域旅游更庞大、覆盖面和辐射范围更广。

2.加大对旅游公共服务事业的投入

旅游公共服务设施影响到整体旅游服务的质量和水平，因此，改善和提升旅游产业服务体系对全域旅游的发展是非常重要的。旅游公共服务体系必须建设与之相匹配的旅游公共服务配套设施，建立与旅游市场和消费者需求相吻合与战略性支柱产业相匹配的旅游服务设施体系，提升全域旅游目的地的旅游服务核心竞争力，赶超同行，追求卓越，打造世界先进一流的旅游服务体系。

全域旅游目的地要本着全方位服务游客的理念，加大财政资金的扶持力度，全力打造一流的现代旅游服务机制，提升全域旅游景区在游客心目中的形象。在交通服务体系建设上，政府可以通过招商引资加大财政性投入，在全域范围景区兴建高速路衔接主干道，在知名度高的景区可考虑建设高铁及机场，逐渐形成旅游中心城市。通过改善全域旅游目的地交通环境来缩短游客时间成本，提升旅游景区综合服务质量。此外还应该完善全域旅游范围内的自驾游服务体系和露营服务体系，如山西晋源区利用"清凉胜境"旅游形象，在景区内建立一些集体的避暑胜地与露营场所，并且形成了不同的主题露营基地，如婚礼露营基地、篝火露营基地、垂钓露营基地等，在完善旅游服务体系的基础上，体现了对生态环境的保护。总之，加强旅游服务基础设施建设，扎实稳步推进旅游公共服务体系的建设是全域旅游发展的必要条件。

（二）企业供给与产业环境层面对策

1.改革管理体制，转变运行机制

转变发展模式和改革管理体制是促进全域旅游业发展的重头戏。在原有旅游资源的基础上进行深加工再创造，提升旅游资源的吸引力和使用效率，完善旅游产业创新机制，努力适应现代消费者需求。首先，组建旅游企业集团，促进旅游企业的专业化、定制化、集团化，使企业形成凝聚力和合力，增强核心竞争力，促进产业融合发展。全域旅游企业应按照现有企业的组织状况和发展模式，按照市场要求，有计划分步骤地发展成为大型旅游集团。其次，强化对景区的管理。逐渐明确责任、明晰产权、科学管理，鼓励资金力量雄厚、技术过硬及管理卓越的旅游相关企业进行投资参股，逐步建成集多元化、立体化、全面化为一体的产权模式和投资发展模式。

2.制度创新，构筑现代企业管理模式

调整思路，转变观念，旅游企业应该按照现代企业管理模式发展壮大，进行企业管理制度创新和人力资源创新，从全域旅游发展需求和消费者的消费习惯出发，建立健全的全域旅游服务人才培养管理及人员配置机制，努力适应全域旅游市场人才专业化要求；在完善当前消费者最为关注的旅行社、餐饮、住宿和导游等服务的基础上，加快露营地建设和游客中心的建设，不断建立和完善旅游目的地网络通信体系、货币支付兑换体系及交通工具租赁体系等。

第三节　旅游辅助设施规划

全域旅游目的地的建设除了要做好基础设施与服务设施的保障，还要加强对旅游辅助设施的建设，旅游辅助设施包含的范围主要有旅游标识系统规划、旅游环卫设施规划以及旅游安全设施规划，鉴于旅游安全设施规划将会在后面章节详尽阐述，本节只介绍旅游标识系统规划与旅游环卫设施规划。

一、旅游标识系统规划

（一）旅游标识系统的概念与功能

旅游标识在旅游业中被普遍运用，涉及旅游过程中的吃、住、行、游、购、娱各领域，与旅游供求双方关系密切，但广泛运用的还是旅游景区。景区旅游标识系统属于旅游景区解说系统的范畴，是解说系统中最基本的形式。旅游标识是景区产品和服务的构成要素，具有明显的实用功能。旅游标识在景区起到了指引、策划和组织游客旅游行为的作用，具有旅游活动导引、旅游活动

和旅游者管理、旅游者和旅游从业者宣传教育以及旅游景区活动、项目和设施设备使用的解说等基本功能。按照景区类型、规模和运营模式的不同，旅游标识会相应地发生一些变化，因此，旅游标识还具有一些扩展功能。如有些景区（主题公园类）设计的旅游标识就有意鼓励游客参与景区管理，或是激发游客的某种情趣，以刺激游客参与某项旅游活动。另外，旅游标识有时候也会成为景区内的旅游吸引物。

（二）全域旅游标识系统的规划思路

1. 严格规划旅游标识系统

在全域旅游的建设中，要按照5A级旅游景区标识系统规划设计的标准和思路。要求各种引导标识（包括导游全景图、导览图、标识牌、景物介绍牌等）在方便游客顺利完成全域旅游的吃、住、行、游、购、娱等要素的同时，可以提高休闲游览质量，可以帮助打造美丽城区、美丽乡村，打造全域景区，将全域空间以精细贴心的方式展现在游客面前。具体而言，各种引导标识规划设计要求有：外形精美别致，体现当地特色，具备较强的艺术感和文化气息，烘托全域整体环境；要方便易懂，为各种类型游客提供方便，并将标识系统安排在景区合理的位置；选材具有较高档次，具有生态性，与当地景区环境相协调；信息内容完善，根据景区具体客源情况可以使用多种常用外文和中文对照。

2. 文化融入旅游标识系统

文化是全域空间的灵魂，是体现旅游不同地区差异性的关键。全域旅游标识系统要成为特定的视觉符号，是区域形象、特征、文化的综合浓缩，要求融合当地旅游文化背景，按照本地文化设计旅游标识系统，将旅游地区独特文化应用到全域旅游标识系统规划设计当中。以城市全域旅游标识系统为例，有关学者从旅游文化软开发的角度，提出"文城四宝"的概念，即城市绰号、城市格言、城市勋章、城市庆典。不妨把"文城四宝"引入全域旅游标识系统的规划设计之中，通过对全域旅游目的地主题相关的文化旅游标识系统设计，结合与旅游地主题相关的特色创意建筑物和构筑物、特色文化休闲功能设施和主题文化小品、环境艺术的点缀，以及主题文化活动，让游客感受一个具有鲜活灵魂的全域旅游空间。

3. 将旅游标识系统打造为吸引物

在全域旅游标识系统规划设计中，标识系统一方面要满足最基本的功能，即起到很好的引导作用，使游客对当地旅游对象的形象、空间位置以及整体环境获得了解；另一方面，标识系统本身也是全域旅游景区的一部分，可以作为旅游吸引物，可以作为全域旅游地面貌和文化的代表，给游客带来具有独特印记的旅游体验，实现全域范围内，处处是吸引物。这方面，英国伊甸园的旅游标识系统设计做得比较突出。具体而言，旅游标识系统的规划设计是旅游体验设计中"视觉设计"的重要方面，旅游标识今后的建立要成为全域旅游体验设计中的一种吸引点、兴奋点以及体验线索。总之，要像设计旅游规划项目那样，将全域旅游标识单独设计。

4.利用标识系统开展二次营销

"二次营销"指对已经来到旅游目的地的游客再次进行的营销。全域旅游标识系统不仅仅局限于对游客在旅游交通上的引导，还可以充分发挥自身的特点和优势，对已经来到全域旅游目的地的游客进行旅游消费行为的合理指引和旅游项目、旅游产品的推销，开展全域旅游"二次营销"，实现全域旅游效益的最大化。全域旅游"二次营销"标识系统，针对各个具体的旅游消费项目，以游客所在位置附近的，具有吸引力的旅游消费项目为主，突出品牌旅游消费项目，对游客进行信息传递，在景区停车场、游客服务中心、休憩场所等游客停留时间较长的地点，要重点配置面向游客空余时间注意力的旅游"二次营销"标识系统。

5.旅游标识系统融合城乡空间

城乡空间，既是本地居民生活工作之所，也是外来游客旅游休闲之处。全域旅游标识系统同时具有两种功能：一是为本地城乡居民日常生活提供便利；二是向游客全面呈现本地旅游信息，为游客提供便捷服务。笔者认为，全域旅游标识系统的规划设计应以创造游客与居民舒适生活氛围为目的。在全域旅游标识系统的规划设计过程中，要充分考虑在全域旅游环境内城乡发展中不同利益主体的诉求，也应在表示系统的设计过程中，尊重本地居民的意见，让本地居民接受喜欢这些旅游标识。

6.创意融入旅游标识系统

在全域旅游标识系统的规划设计之中，要将创意融入其中，要通过巧妙构思、不懈创新，打破传统思维的桎梏，从时间、空间等各种角度深入研究，设计出想象力丰富、充满情感，让游客印象深刻的旅游标识，并要恰如其分地表达全域旅游景区的特点，使旅游标识与区域自然文化特征产生共鸣，交相辉映，真正地打动游客，在人们心中留下地标性印象。目前，我国旅游标识系统规划设计普遍缺乏创意。国际上有一些高创意的旅游标识设计，如英国兰兹角"陆地的尽头"标志牌，是比较有启发的案例。很多旅游标识也需要体现自然、环保、文化、多彩等旅游情景。好的创意，会使信息传播更有效、更持久；好的创意，能拉近当地居民与游客之间的心理距离。清晰、醒目、颜色鲜明的旅游标识系统是旅游活动顺利安全进行的重要保障。

二、旅游环卫设施的规划内容

（一）垃圾中转站

垃圾中转站的推广和运用，既美化了环境，又杜绝了二次污染，减少了蚊蝇的滋生，提高了车载效率，减轻了工人劳动强度，大大降低运行成本。全域旅游目的地需要全面考虑游客的感受，提供一个环境优美、舒适，让游客产生家的感觉的旅游目的地，垃圾的及时、合理处理尤为重要。垃圾中转站也应该随着景区的提升，达到更高的效率标准，如环保型地下隐藏式垃圾中转站、地下隐藏式压缩垃圾站。运用新型垃圾中转站，不但转运的效率高、规模大、自动化程度高，而且由于配备了垃圾站污水处理设备，污水和臭气得到及时有效的处理，防漏措施到位，消除了异味及病菌，消除了垃圾的二次污染，可以极大地改善周边的空气质量。

现代化已经走进了垃圾处理，但是如上述的垃圾处理在中国还只是很少的一部分，因为地域的辽阔，很多城市、村镇、景区还是垃圾如山，做着最原始的工序：焚烧和填埋。对垃圾进行分类处置：把可回收的垃圾进行回收利用，对不可回收的垃圾进行焚烧发电或加工成肥料，如用厨房垃圾去饲养一些有清道夫作用的虫子，像黄粉虫吃掉生菜叶和一些剩菜，就会减少处理时间，饲养的黄粉虫还可以作饲料养鸡等。实现现代化还需要时间，需要全域范围内人民共同努力。

（二）垃圾箱

垃圾箱首先要方便使用，其次是和环境的谐调。中国的许多垃圾箱首先注意的是美观，并不方便使用。外国垃圾箱的门都很大，往里面倒垃圾十分方便，一般里面都衬着垃圾袋，又方便环卫工人的清理。其实垃圾箱的设计也能体现人性化，尤其是景区。

1. 简便性的需要

在使用产品的过程中，用户都会有追求操作简便、快捷的实用心理。随着现代科学技术的不断发展，产品结构变得更为简洁，功能也更为全面，垃圾桶的设计一定要考虑易用性，有机结合人机工程学原理，还要考虑到大众型，不能为了单单的特殊人群而设计，一定要考虑它的实用性和普遍性。simplehuman公司的自动感应垃圾桶设计，就能够让我们平时扔垃圾也变得更加人性化，具备感应功能的垃圾桶最初处于"时刻准备着"的模式，它感应的区域集中在盖子上方，所以走过路过的游客并不会引起它的注意，只有诚心来扔垃圾者会进入它的感应范围，并触发小拉轻松地打开盖子，等游客将垃圾丢入垃圾桶体内，它将会进入"任务"模式，扩展它的感应区域然后更高效地捕捉用户的行动。

2. 安全性的需要

安全性需要其最直接的含义就是避免危险，它是个体的行为目标应该指向安全，避免行为给人带来身体和心里的伤害。垃圾箱在景区内的数量多、分布广，因此在使用时我们一定要考虑它的安全性，比如垃圾箱的棱角要光滑。同时要注意避免灾难的发生，材料一定是不易燃烧的，避免烟头等引发景区的火灾。

3. 外观与景区环境的协调

垃圾箱是不起眼的城市公共用品，但对于游人来说，它是一个接触频率很高的城市"界面"。在满足最基本的功能之外，垃圾箱的设计应该与景区的环境协调融合。如成都的垃圾箱，拒绝了简约的现代工业风格，而坚持融入传统元素，时时刻刻提醒着人们：你所在的城市，是一个具有悠久历史的文化古都。

（1）自贡恐龙博物馆——主题与垃圾箱特色。自贡恐龙博物馆内的垃圾箱是以博物馆恐龙为主题而设计的垃圾箱。上面画着馆内陈列的部分恐龙形象，生动可爱。

（2）乐山大佛景区——历史与垃圾箱特色。乐山大佛的垃圾箱由古装打扮的人样石像背着，颇为有趣。一些垃圾箱的外观是谦卑的小和尚，甚是奇妙。

垃圾箱的存在不仅仅是为了保护环境而产生的，出现在景区内的垃圾箱就应该代表着这个景区的特色。

（三）旅游厕所

2015年1月，国家旅游局局长李金早在全国旅游工作会议上表示，从2015年开始，将用三年时间，通过政策引导、资金补助、标准规范等手段持续推进"旅游厕所革命"，到2017年最终实现旅游景区、旅游线路沿线、交通集散点、旅游餐馆、旅游娱乐场所、休闲步行区等的厕所全部达到三星级标准，并实现"数量充足、卫生文明、实用免费、有效管理"的要求。厕所革命的到来，是全面贯彻旅游发展五大理念的具体措施，是实现全域旅游的必经之路。随着全国范围内厕所革命的开展，政府及游客越来越重视景区的厕所质量，厕所的建设也成为衡量一个景区规格的有力标准。全域旅游目的地内的厕所建设可以采取以下对策：

1. 推动机关厕所向游客开放

随着旅游散客化时代的到来，旅游厕所与社会性的非旅游厕所边界日渐模糊，政府可在摸清旅游厕所存量的基础上，推动社会厕所向公众开放。政府机关事业单位在不影响正常办公的情况下带头推动自有厕所向公众开放。对向公众开放厕所的企业或者个人，考虑从税收等财政手段予以补贴。把旅游厕所开放度纳入旅游市场秩序评价体系中，相应地提升在考核中所占分值。

2. 处理好数量和品质的关系

旅游厕所的评定，要先看一个景区旅游厕所数量是否充足有没有，再看旅游厕所质量是否达到要求。西部偏远地区、一般农村地区和全国重点旅游景区，要对厕所的数量和质量提出明确的要求。对条件较差的区域的旅游厕所，重点解决基本标准，比如保证男女厕隔离、基本的蹲位、冲水设施等。东部等发达地区或城市的旅游厕所，则要达到优良的标准，除了基础设施，要做到干净无味、数量充足等。

3. 既要人性化也要加强科技应用

农村地区的旅游厕所建设，需要动员村党支部书记、村委会主任带头，动员发挥乡村旅游示范户的带头作用。改进、完善旅游厕所标识系统。导游词中加入文明如厕、厕所位置指示等。系统制订旅游厕所革命相关的新技术指导目录，组织相关机构和研究团队开展科技攻关。指导参与智慧旅游系统研发的相关企业部门开发旅游厕所APP，前期政府投资，免费下载，提高游客的使用积极性。

4.政府资金投向要有所倾斜

我国各地经济发展不均衡，也决定了各地旅游厕所革命的难易程度不同，我国在厕所革命中，首先应解决中西部旅游厕所问题，中西部旅游资源丰富，像一些农村，拥有丰富的自然资源和历史文化资源，但景区厕所数量严重不足。国家旅游发展基金拿出一定比例用于资助扶持西部地区、乡村旅游厕所的建设，同时引导一部分农村城镇化建设资金用于旅游厕所的建设管理。

5.推动社会及商业性资金注入

要探讨多种路径来让社会及企业资本注入旅游厕所的建设，采取广告招租、优先进入项目引导目录等。组织社会各界人员到以商养厕。做得好的旅游厕所实地勘察，并找专业人员将旅游厕所的建设经验写成专题报告，向行业推广。推动社会尽快建立旅游厕所管理公司，有关部门在建立初期应给予政策资金上的倾斜和扶持。

6.制定旅游厕所维护标准

向麦当劳、肯德基等洋快餐店学习厕所管理经验，制订旅游厕所维护标准，将执行标准纳入景区评定系统等相关考核中。对重点地区的旅游厕所维护进行暗访、暗查等不定期的动态监管，同时采取媒体社会监督，随时进行曝光。

7.文明如厕纳入游客行前教育

文明如厕的相关要求要纳入团队行前教育和在线旅游企业为散客旅游提供的旅游提示范畴。在导游考试中，设置相关的教学内容。高等院校旅游教学中开设旅游厕所相关课程。将旅游厕所建设和管理专业人才纳入旅游人才库。在文明如厕的教育内容中，加强对特殊群体使用便利性的重视，在旅游厕所的建造使用中，要考虑特殊群体如残障人士、老人、小孩、孕妇等，减少和杜绝旅游厕所使用中的"歧视"或者"不公平"现象。在亲子游中，教育父母指导儿童文明如厕。男女厕所的使用上，要适当增加女厕面积和蹲位，可考虑单独设立机动厕所，用以解决旅游旺季女厕所人满为患的问题。

第九章 全域旅游保障体系

第一节 政策法规保障

依法治旅是管理和发展旅游业的基本策略，在社会主义法制建设过程中起到重要作用。是建设社会主义法治国家的有机组成部分。例如，《中华人民共和国文物保护法》《中华人民共和国土地管理法》《中华人民共和国环境保护法》《中华人民共和国水污染防治法》《中华人民共和国森林法》《中华人民共和国野生动物保护法》《中华人民共和国城市规划法》《中国优秀旅游城市检查标准》，国务院《旅行社管理条例》《娱乐场所管理条例》，建设部《风景名胜区管理暂行条例实施办法》，林业部《森林公园管理办法》等法规，以及全域旅游发展中需要重视的《中华人民共和国旅游法》《中国优秀旅游城市检查标准》《中国旅游强县标准》《国家级旅游度假区评定标准》《乡村旅游示范村评定标准》《全国旅游标准化发展规划（2016—2020）》都是各地在全域旅游实践中需要认真贯彻实行的。各地在发展全域旅游过程中，在执行各种政策法规时不同程度地存在很多问题，因此全域旅游发展的政策和法规保障是应当引起高度重视的。

一、全域旅游法规保障体系

全域旅游的发展牵涉许多利益层面的关系，这些关系的确定和协调不仅受到市场机制、行政机制以及文化机制的控制，还十分依赖于法律、法规的规约和控制。旅游法规作为旅游发展的保障系统，其运作主要通过调整旅游法律关系来达到推动旅游事业更快发展的目的。所谓旅游法律关系，是指由旅游法律规范调整的当事人在旅行游览、旅游开发规划和管理过程中所形成的具有旅游权利和旅游义务的社会关系。其主体包括旅游行政管理部门、旅游企事业及开发商、旅游者、旅游组织等4类。其客体则包括实物、货币、行为及非物质财富等4类。建立健全各项旅游法规，实施依法治旅有利于将旅游市场秩序以及旅游市场竞争环境变得更加公平、公正、公开，对规范旅游业的健康发展有着极其重要的意义。旅游法规一般包括以下五类：

（一）旅游管理机构方面的法规和文献

主要有国务院办公厅《关于成立国务院旅游协调小组的通知》及其发布的《国家旅游局职能配置、内设机构和人员编制方案》以及国家旅游局对当前旅游体制问题改革的主要指示。

（二）旅游饭店管理方面的法规和文件

旅游饭店管理方面的法规和文件以经国务院授权公安部并且由公安部发布执行的《旅游业治安管理办法》《国务院办公厅转发国家旅游局关于建立饭店管理公司及有关政策问题请示通知》和国务院批准由国家旅游局发布的《中华人民共和国评定旅游涉外饭店星级的规定》以及《关于下放三星级饭店审批权限的通知》等为主。

（三）旅行社管理方面的法规和文件

主要有国务院颁发的《旅行社管理条例》，国家旅游局发布的《关于外国企业在中国设立常驻旅游办事机构的意见》《旅行社质量保证金暂行办法》等。

（四）导游人员管理方面的法规和文件

主要有经国务院批准，由国家旅游局发布的《导游人员管理暂行规定》，国家旅游局《关于颁发中华人民共和国导游证书的暂行办法》《关于颁发和管理导游人员证书的通知》等。

（五）旅游业务经营管理方面的法规和文件

主要有经国务院批准的由国家旅游局发布的《国务院办公厅转发国家旅游局关于加强旅游工作的意见的通知》，国家旅游局《关于贯彻中央6号文件促进旅游业健康发展的意见》《关于重申加强边境旅游工作管理的通知》等。

二、我国旅游政策法规现状

旅游业作为我国日渐兴起的行业，虽起步较晚，但发展速度较快，在旅游政策法规方面，国家积极建设和制定旅游法律法规体系，各地积极响应、较好地落实和执行国家相应政策，但由于处于初步建设阶段，旅游发展状况地区差异性明显，重视程度不同；我国旅游执法主体主要以各级政府的旅游行政主管部门和法律、法规授权的行政机关为主，旅游执法难度较大，执法环境有待提高；政策法规所涉及的奖惩方面约束率较小，不遵守的单位处罚力度小，而对于积极响应政策法规的单位与个人缺乏相应的奖励政策；旅游企业管理不统一，多个不同的政策法规出自不同的部门，不能灵活地应对高速发展的旅游行业；现执行的旅游政策法规建设多侧重于整体性，专项政策法规较少；前后出台的部分政策法规或部分内容有一定的不协调表现，法规的整理与废除管理机制不健全。

三、全域旅游立法和执法建设

首先，积极贯彻执行中央政法、国务院以及各级政法所制定的全域旅游发展政策。各地区政府应立足于地区旅游资源，结合当代全域旅游的新形势、新情况，因地制宜地制定相应的法律法规，结合当地旅游资源的保护、开发、利用和管理，建立可持续化发展的生态全域旅游，使旅游产业作为常青产业，为地区长远发展做出贡献。

其次，加强旅游行业的全域管理，坚持依法治旅，加强旅游执法力度，严格执法。加强全域旅游相关政策的实行力度，主要包括：《中华人民共和国旅游法》《中国优秀旅游城市检查标准》《中国旅游强县标准》《国家级旅游度假区评定标准》《乡村旅游示范村评定标准》《全国旅游标准化发展规划（2016—2020）》以及"国家5A景区标准"等对区域内的旅游景区、旅游环境、旅游设施及公共服务等进行规范化管理。加强安全、卫生、服务质量的监督与保障，不定期组织公安、卫生、物价、旅游等部门对区域内的旅游景区、旅行社、旅游宾馆、饭店等的安全、卫生、服务质量进行全面检查。

最后，结合本地的实际发展情况制订详细的"全域旅游发展实施方案"，确保全域旅游实现标准化宣传、推介和检查。

四、全域旅游环境下政策法规的改革

（一）全域旅游环境下的政策法规要求

1. 落实旅游用地差别化管理

根据《关于支持旅游业发展用地政策的意见》可看出目前国家层面已经初步形成了旅游产业用地政策改革创新的思路框架。旅游饭店管理方面的法规和文件以经国务院授权公安部并且由公安部发布执行的《旅游业治安管理办法》《国务院办公厅转发国家旅游局关于建立饭店管理公司及有关政策问题请示通知》和国务院批准由国家旅游局发布的《中华人民共和国评定旅游涉外饭店星级的规定》以及《关于下放三星级饭店审批权限的通知》等为主。同时，在旅游建设用地方面，加强农村集体土地、以及贫瘠地的重点开发，多重渠道建设旅游用地，大力提倡"长期租赁、先租后让、租让结合的"土地利用方式，使农村土地富有弹性，有效地降低企业用地成本，增加旅游企业的效益，提高企业对农村旅游业的投资热情。

2. 积极利用涉旅产业政策

全域旅游的发展同各个政府部门与各产业之间是息息相关的。积极利用旅游产业与其他产业融合所产生的良性效果，加快提高旅游产业在融合产业中的主导作用，建立各产业联动机制。通过旅游与各产业的有机结合，尤其是对农、林、牧、渔、金融、教育、文体等产业专项政策中与旅游产业相关的利用，形成各产业发展支撑旅游产业的发展、旅游产业发展带动各产业的高速发展的新发展形式，刺激旅游产业与其他行业产生最大的经济效益与生态效益，推动地区可持续发展。

3. 优化创新资源保护政策

保护资源在全域旅游中处于核心地位，因此在加快全域旅游发展中，应首先加大力度保护资源，把摸清文化遗产、自然物种、生态环境、农耕民俗等工作放在首要位置。在合理利用资源方面，应将资源视为公共资产加以管理，其核心是产权管理。对资源的保护要制定科学的技术政策和经济政策及相关配套的一系列创新政策。这样才能更好地保护资源，也才能使资源得到持续发展，延续资源的生命力。

规划地区全域旅游，应梳理地区全域资源，建立有效的资源管理机制；建立和完善资源保护政策支撑全域旅游的各项工作的实施，通过健全的法律法规体系，保障对全域资源的合理开发与利用；加快建成农业资源、森林资源、湿地资源、野生动物资源、水资源以及古部落资源高度联动局面，使各种资源更加有效利用，演化出新的业态、新的产品，新的模式，为全域旅游的建设起到坚实的作用。

4. 全方位提供税费减免优惠

在重大旅游项目的投资上，应多加给予减轻交税负担的优惠政策。其中，应实施在某个特定时期内免除税收，或者减免一部分税收等政策，用以促进重大旅游项目的投资。同时，应提倡将旅游产业税收尽可能用于当地旅游产业的建设工作中，尤其是对当地民俗特色的建设，双方相互促进，加快全域旅游的建设进程。

（二）全域旅游环境下政策法规保障体系建立

1. 深化旅游标准化改革

加强完善旅游标准体系、管理体制，解决旅游产业发展与旅游体系、管理机制不协调问题，着重改革旅游标准体系与管理体系，通过创新体制改革，建成科学合理的旅游机制，充分加强多元化投入机制与旅游市场化在旅游产业中的作用，进一步发挥市场在资源配置中的决定性作用，充分发挥政府的保障作用，培育发展旅游团体标准，放开搞活旅游企业标准，激发旅游市场活力，保证旅游标准的基本供给，增强旅游业发展的创新驱动力和技术支撑力。

2. 完善旅游标准体系

服务于现代旅游业提质增效、转型升级和创新发展的需要，遵循系统性、协调性、完整性和开放性原则，加大旅游标准制订、修订力度，进一步拓展旅游标准覆盖领域，建立旅游业自愿性标准和技术法规标准覆盖全面、有机衔接，政府主导制订标准与市场自主制订标准协同发展、协调配套的新型旅游标准体系，为了更好地适应、引领、规范和促进旅游业发展奠定坚实的基础。

3.提高旅游标准质量

为了满足现代旅游业的增值提效、转型升级以及产业创新的需要，应做到系统性、协调性、完整性与开放性四者的有机结合，通过加快旅游标准体系改革，扩大旅游产业的影响范围，将旅游标准、旅游机制以及旅游产业的执行建成高效的联动局面，使三者协调发展，更好地发挥作用，为适应、引领、规范和促进旅游业发展奠定坚实的基础。

4.增强旅游标准实施效果

以提升旅游标准化工作的有效性为重点，加强旅游标准管理，提高管理的科学化、规范化水平。加大旅游标准实施力度，完善旅游标准化运行机制和协调机制，进一步加强地方旅游标准化工作，发挥旅游企业在标准实施中的主体作用，提高旅游标准化试点示范水平，强化旅游标准监督、实施绩效评估和标准实施信息反馈工作，提高旅游标准的实施效果。

5.务实旅游标准化基础

加强旅游标准化基础能力建设，逐步完善旅游标准化相关政策法规和规章制度。健全各级旅游标准化工作机构，加强旅游标准化信息化建设，构建权威高效的旅游标准化信息公共服务平台，提升旅游标准化服务与管理水平。加强旅游标准化理论研究，构建标准化科研支撑体系，加强标准化人才队伍建设，完善标准化人才教育培训体系，为旅游标准化提出有力的科技和人才支撑。

第二节　市场保障

旅游市场保障，即旅游市场营销保障，是全域旅游开发与经营战略的核心。我国旅游业面临很多挑战。旅游业全球化趋势加速，市场日趋成熟，互联网技术的飞速发展等因素给旅游带来的影响越来越被业内人士重视，同时由于供给侧改革需要以及旅游业新常态的到来，旅游业亟须改革升级，全域旅游要想适应旅游业大环境趋势就要制定正确的全域市场营销战略。

一、营销战略创新与市场定位

市场营销战略是为了达到市场营销目标而制订的重大方案,是一个地区或某一旅游企业,在市场营销观念的指导下为实现发展目标,在某个市场上相当长一段时间内能干什么,怎么干的总体设计,是旅游市场营销过程中的最重要的环节。而全域旅游作为一个新时代区域联合发展的改革模式,通过对全域旅游目的地各种内部优势和外部环境的正确分析以及对旅游市场需求和趋势的整体把握,制定出合理、新颖的全域旅游营销方式尤其重要。这要求在经营决策过程中依据全域旅游市场细分,确定全域旅游目标市场,做好全域旅游市场定位,从而充分利用适合自身发展的市场机遇,避开不利于自身发展的威胁。面对目前国内外旅游市场需求的不断更新和日益多样化的趋势,全域旅游发展在树立新型的市场营销观念的基础上,必须针对旅游市场形势和走向,根据条件谋划市场营销战略,对内打造精品,对外进行整合营销,要有创新,有突破,有影响力,结合新的技术,创造出全域旅游营销的新业态,优选出新的业务方向和经营重点,推出多层次、多品种的旅游产品,建立适合各种旅游消费的价格体系,选择高效快捷的营销途径,因此,在制定全域旅游市场营销策略时应注意以下两个问题:第一,从全域旅游旅游者的大众性出发,定位无差异市场,采用规模经营,整体开发的战略;第二,从全域旅游需求的多样化出发,定位有差异性市场,采用特色经营。

二、全域旅游营销网络建设与市场促销

全域旅游目的地拥有独特的资源特色,旅游市场引爆力强,充分发挥景区特色产品强大的市场号召力,并与全域内其他旅游资源整合进行全域营销,能够很好地增强全域旅游营销内容的厚度,提升全域旅游的内涵。旅游经营者要考虑旅游产品销售和其中的服务,与游客的沟通信息,促销过程中创造舒适的消费氛围,引起更多的需求欲望,促进建设销售渠道体系,营造长期稳定的全域旅游营销网络,这是旅游企业最重要的外部资源。因此,应做到以下三点:

第一,立足长远,建设稳定高效的全域旅游营销网络,这是旅游业得以长期生存、可持续发展的必要条件,也是发展全域旅游不可或缺的重要环节。

第二，因地制宜地策划创新现有的促销方式，高效快捷地将旅游产品或服务的信息传递到目标市场，沟通旅游产品生产经营者与消费者的联系，激发消费者的旅游兴趣和欲望。

第三，运用有效的营销方法推进市场，现代化的营销方法趋于多元化，而当今社会是以智力资源配置占优势地位的知识经济时代，知识成为重要的资本，新技术、新理念的推进，网络营销、定制营销、关系营销、绿色营销、CS战略等成为全域旅游营销的新时尚。

三、超前思维推动全域旅游营销

旅游既是社会文化现象又是社会经济现象，也是国家化、规模化的大众活动，旅游在促进社会经济发展的同时，又受着社会经济环境条件的制约。全域旅游的营销要克服制约旅游业发展的因素，从旅游战略观念上进行根本性的转变，对外整合营销，树立品牌，对内打造精品，从市场营销的角度来讲，要拥有超前思维，从旅游产品创新、市场开拓、严抓管理三方面入手，不断开发后备资源，强化旅游市场基础。

（一）以市场为导向超前开发后续产品

全域旅游新产品开发是旅游业提高竞争力的基础。全域旅游新产品的开发涉及面非常广，在开发的过程中需要解放思想，集思广益。首先，在现有产品和资源条件下不断更新旅游线路，不断推出新的旅游娱乐项目，充分挖掘现有旅游资源的潜力；其次，在保持地方特色的前提下，在开发旅游工艺品、旅游纪念品时融入观赏性、收藏性、文化性的元素；最后，充分利用引入外资，开放带动、鼓励投入，在"谁开发谁受益"的原则下，加大力度改善全域范围内的交通运输条件、加强饭店等基础设施的建设，并对原有的饭店等基础设施进行改建，以及对新景区的建设、老景点的修缮等。

（二）依据环境变化超前解决新问题

为了加快全域旅游的发展，要运用超前思维，对于已经出现和有可能出现的问题，应及早研究，尽快解决，从而避免被动局面出现。加快经营体制改革和内部管理的改革。加强管理模式、营销方式等多方面的创新力度；另外，要加大资金投入，采用新的融资渠道，积极采用新技术，不断改善旅游市场的促销手段、管理手段和信息处理手段，提高旅游市场营销能力。

（三）依据人本原理加强队伍建设

全域旅游高素质的营销队伍建设是旅游业最重要的长远资源和最积极的因素。全域旅游建设要重视两个问题：一是拨出专项经费，集中相关人员，组建专门旅游市场营销机构；二是要充分调动员工的积极性和主动性，以提升士气，如在做出旅游市场营销战略和策略时要给予每位人员发言机会。

第三节 资金保障

全域旅游开发的资金支持具有直观重要的作用，它们会影响全域从旅游规划的实施到旅游项目的开发、旅游产品开发和旅游资源的开发利用走向、旅游者的到访流量、旅游接待设施的建设、旅游企业融资环境的改善、旅游企业的规模效应和竞争力以及其他经济环境的改善。另外，全域旅游资金保障体系的这些影响具有间接性和时滞性。

间接性表现为：全域旅游开发的资金体系中的措施大多数不是直接作用于旅游业本身，而是将着眼点放在旅游企业所处的经济环境中。如财政上的一些措施，除了促进宏观经济的良好发展外，还侧重于为旅游企业提供良好的经济环境支撑。而金融方面的措施，除了促进宏观经济的良性发展外，还侧重于为旅游企业提供良好的融资环境，为其发展提供有力的资金支撑。

时滞性体现在：财政金融措施的实施需要经过一系列的传导机制，其效果才能体现出来，这个传导过程实际上就是国民经济的运行过程。一般来说，从财政金融政策的实施到作用效果的初步显示，至少需要半年的时间，这就要求在制定措施时要具备一定的预见性。

全域旅游开发的资金保障体系包括两个部分，即财政方面的保障和金融方面的保障。

一、财政保障

财政是一个经济范畴，是整个社会产品或国民收入（或国内生产总值

GDP）分配中的一个特定部门，即以国家为主体的分配活动部分，具有和整个经济运行步调相一致的特点。建立合理的旅游业财政体制，实施正确的财政政策可以促进全域旅游目的地内国民收入在全域范围的合理分配，一般来说，财政保障采取的手段主要有以下几个：

（一）国家预算

国家预算是集中性财政政策，是财政分配范围的主要环节，国家预算包括两方面的含义：一方面，它是国家实现其职能，满足其需要的最主要的、最基本的分配手段，反映着主要的财政分配关系；另一方面，它是国家的基本财政计划，是经过法定程序批准的国家年度财政收支计划，是社会发展和国民经济计划的重要组成部分。国家预算的收支内容，反映和规定着国家施政方针、社会经济政策、政府活动的范围和方向，在旅游规划与开发的财政保障体系中，国家预算主要指的是第二个含义，即体现国家相关政策的收支安排。

（二）国家税收

国家税收是国家财政的收入来源之一，是国家用来作为调控经济运行的手段之一。赋税的轻重对于经济的发展有着十分重要的影响：国家可以通过税收上的优惠政策来引导人们进入这个行业，从而推动这个产业的进步。如今，国家大力支持旅游产业发展，为全域旅游的实行创造了条件。国家也可以采取较高的赋税来抑制某些发展空间不大、前景不被看好的产业，如烟草业。

（三）国家财政信用

国家财政信用对于旅游的保障是通过对宏观竞技环境的调节来实现的，该手段可以迅速弥补财政赤字，调解资金供求，抑制通货膨胀，将一部分消化资金转变为积累资金，为重点建设项目筹集资金，优化产业结构，不仅调节了社会的消费，还可以积累资金投资于国家的建设。该手段是指财政部门以国家作为担保，以有偿原则向社会发行债券以获得较大财政收入。由于以国家作为担保，该类债券享有极高的信誉，被称为"金边债券"。

二、金融保障

全域旅游开发的金融保障包含了两大内容：一是金融系统对国民经济运行

的调节，以此为旅游的发展创造优良的外部大环境；二是金融机构对旅游企业的融资给予优惠措施，促进其快速发展。

（一）对国民经济的调节作用

金融系统是国民经济中的重要部分，金融系统的稳定性与安全性是整个社会安定团结的保证。金融系统通过中央银行指定一系列货币政策，由各级金融机构参政执行，以此对社会上货币的供应量加以调节，进而对国民经济进行调节。

（二）对旅游企业的融资调节

全域旅游的发展离不开区域内旅游企业的发展，而大部分的旅游中小型企业资金短缺，并且融资途径有限，大大地限制了它们的规模扩张与区域联合发展。金融机构应加大对旅游企业的融资力度，如商业银行对旅游企业的融资可以通过实行优惠利率，如同等条件下，对旅游企业的融资优先考虑，简化旅游企业的融资手续，适度降低企业的信用等级标准，为旅游企业提供较为优惠的商业贷款利率和贷款期限等；而那些非银行机构，如信托投资公司、各类保险公司及证券监管机构等也不应忽略旅游业这一广阔的投资市场。

三、资金保障的用途

全域旅游的发展需要资金的保障支撑，资金使用方向主要包括四个方面：

第一，全域旅游项目投入。特别是全域旅游目的地的重点项目投入和旅游基础设施建设投入，公共服务体系建设投入。

第二，全域整合营销。包括产品的推出、市场的开拓、形象的策划和全域营销。

第三，全域行业管理。包括市场准入、市场秩序、日常管理、高峰管理、制定标准、规划统计、安全保卫、培训教育、立法执法等。

第四，旅游者权益保护。包括投诉热线、质量检查、投诉处理等。

四、资金保障的融资渠道

我国全域旅游的发展处于起步阶段，正处于大投入的阶段，即使已经有了一定的产业基础，仍然需要资金方面的持续投入；而且全域旅游的发展先期如果没有这种资金投入，很难完成旅游产业发展的预定目标。所以，资金保障将成为其他保障的必要条件。在资金保障的问题上，主要是要广开财路，扩展资金渠道，具体规划如下：

（一）政府性部门的投入

政府性部门的资金投入对于旅游业发展来说是一个重要的资金来源渠道。应加大政府引导性资金的投入力度，因为区域发展全域旅游的初期，其对地方经济、社会文化等方面的拉动作用还没有很好地体现，社会各界并没有看到旅游业带来的变化，因此社会融资渠道在旅游业发展初期很难达到通畅。这时，政府就应该保证旅游业发展的基本资金，实行专项拨款、专款专用，给社会资金投资者创造一个良好的环境。具体应负责提供：全域旅游整体规划、可持续性规划、管理和开发方案投入、必要的基础设施项目投入、关于全区域的整体性宣传及市场营销投入、公共服务体系设施投入、全域旅游数据中心投入以及其他非营利性投入，充分发挥政府引导性资金投入的带动作用，以调动社会各方面资金更多地投入旅游开发和建设。

（二）招商引资

全域旅游的发展不能光靠政府部门的投入，因其发展涉及产业广泛、发展周期长，政府在发展时就要善于招商引资，对资源或者项目进行认真的评估与分析、认真的策划与包装，形成项目可达性招商文件，大举招商。要积极参加各种招商洽谈会，将本地的优势旅游资源推向市场，实施筑巢引凤的策略，利用外来资金进行自身的开发，从中受益。

（三）发动社会资金

一个地区的经济发展水平达到一定程度，企业会寻找可行的投资渠道。对于企业来说，投资旅游业是一项回报率高且可以赢得一定社会盛誉的渠道。因此，旅游业的发展可以抓住这种变化态势，通过一定的政策要求社会资金持有者投资于总体规划建议开发的旅游设施。在资金分配方面，政府性部门承担大部分投入，社会投资将承担不足的部分，主要是在全域旅游基础设施方面、全域旅游规划方面以及全域旅游管理服务人才的培训费用方面等。

（四）扩大资金渠道

除了以上三种融资渠道之外，全域旅游范围规划区还应该积极寻找其他投资渠道。鼓励符合条件的重点旅游企业通过发行旅游债券筹集资金的方式，筹集更多的社会资金投入旅游开发和建设；积极争取金融机构的支持，按照银行贷款标准和条件，组织推荐一批质量高、前景好的旅游项目，争取银行贷款建设；鼓励旅游景区以门票质押担保方式，筹集更多的银行资金，加快旅游精品景区的建设步伐；大力发展民营旅游经济，积极引导社会资金对旅游业的投入，调动民间投资的积极性，扩大旅游企业的直接融资范围。例如，可以争取政府基金，或者争取其他渠道的基金（如亚太银行的基金）支持，此外，对于上级政府对旅游业支持的专项资金，要积极争取，从而扩大资金渠道。地区政府可按旅游企业营业额征收3%以内的旅游发展建设税，或从中拨出一定数额建立旅游业发展基金，成立基金管理委员会，直接对地区政府负责。

五、全域旅游的投融资平台

（一）全域旅游投融资平台建设的客观现状

由于全域旅游建设兼有社会、经济、环境效益，并且投资量大，周转周期长，对政府以及投资者提出了较高的要求。因此，以原有的单个项目投融资经验操作，即从金融机构融资、政府投资等方法都不合适，这是使得"投融资平台"建设需求凸显；同时，"投融资平台"建设已积累大量的有利条件：首先，社会资本、金融资本，包括个人理财资金由于找不到合适的投资出现了资产配置荒；其次，随着全社会对经济转型及消费升级趋势的认识不断深入，旅游行业进入了难得的投资黄金期，各路资本都看好旅游行业的发展；最后，国家对旅游行业高度重视，政策鼓励、企业支持为建设全域旅游投融资平台提供了政策支持。

（二）全域旅游投融资平台建设的思路

全域旅游投融资平台建设首先应认清两个基本的功能，融资和投资。融资是平台建设的基础，融资就是融入资金，筹集相应的建设及运营资金。目前比较新型且成熟的思路是政府出一部分引导资金，再吸收社会资金，组成旅游投资的最初资本，其优点是能更好地引入社会资金。现在各地纷纷成立的旅游基金大都采用这种模式。但在实践中要注意：要将部分不能产生经济效益的公共投资，如景区外交通、环境等基础设施投资，放在政府自己的投资平台。而无论是社会、金融、还是个人的资金都是有收益要求的，要体现效益性，将这些项目投资放在投融资平台。在投融资平台建设中，首先，要将投融资平台的商业模式确定下来，如果是采取成立旅游产业基金的方式，则需要明确基金的类型，是有限制、合伙制还是契约制，目前比较主流的是有限合伙制，也就是投资者或政府投资公司作为发起人，共同发起成立有限合伙企业，由政府及其投资合作伙伴作为有限合伙人，行使出资人权利，专业的投资管理机构作为普通合伙人，行使管理人的权利；其次，是对资源进行评估，确定投资开发的项目、金额等，进行可行性研究，编写商业计划书；最后，是路演募资，引入其他投资伙伴。当然建设投融资平台还有其他思路办法，如政府与企业成立公司、单一主体（政府或企业）成立平台公司等。

（三）全域旅游投融资平台的管理

融资完成只是投融资平台建设的第一步，投融资平台的建设是要建立使投资者、项目方、政府都满意的方式，因此，要做到对全域旅游投融资平台的有效管理。在全域旅游的大背景下，平台应当进行专业化管理，平台管理人不仅要精通金融投资业务，也要熟悉旅游业各环节的业务，要在全域规划设计、建设、营运、信息服务、市场营销等方面都有专业的人力资源队伍，要能够在项目选择、风险控制、经营效益等方面取得优秀的成绩，达到建设平台的根本目的。

（四）旅游项目的投资

首先，在旅游项目的投资中，要注意对投资风险的测量，分析旅游项目的可行性、现金流测算、投入产出情况等方面，充分考虑当地的经济社会发展水平、人口数量、项目的稀缺性和必需性，优选符合国家鼓励方向和当地重点工程类项目。其次，还要考虑基金的收益。通常投资基金的收益包括基金本身的收益和项目相关的收益，但既然作为全域旅游的平台，盈利模式不能只限于旅游项目本身，在互联网+的大格局下，利用物联网、云计算、大数据等最新技术，将吃、住、行、游、购、娱、文化甚至更全面的信息，以及线上线下的服务和商家等资源整合，从消费信贷、电子支付、促销、汇兑、退税、保险着力，打造全产业链的旅游金融产品，实现平台的多途径盈利，从而实现平台的利润最大化。

第四节 人力资源保障

区域内的旅游业人才总量、结构和素质的状况直接决定了全域旅游发展的实施的效果。在全域旅游发展中,需要一批素质好、富有事业心和责任感,有专业理论、实践经验,又有较高文化程度的旅游专业人才,因此,全域旅游发展要构建旅游高素质人才结构。

一、全域旅游人力资源的概念界定

首先,全域旅游需要旅游业高层管理者,如从事人力资源、市场营销、景区管理、旅游规划等方面的人员,包括政府分管旅游工作的领导,各县(市区)旅游局局长及旅游景区管委会主任,他们对于旅游业的理解和认识对一个地区旅游业的发展具有直接影响。其次,全域旅游目的地急需具有专业技能过硬、服务意识强、复合型、协作型、应用型的服务人才,包括高级导游人才、旅游规划人才、旅游市场人才、旅游商品开发人才、度假和商务旅游开发人才等。最后,全域旅游需要建构高层次旅游人才培养合作体系,与旅游研究机构、学校建立合作培养机制,保障高素质人才的可持续性。

旅游作为一个特定的行业,对旅游从业人员的综合素质要求相当严格,不仅要知识面广,而且还要有专业的特长,只有具有优秀的旅游专业人才才能为全域旅游发展"另辟蹊径",创造更好的盈利空间和设计受游客欢迎的旅游线路。全面提高旅游队伍的整体素质,使旅游业成为经济社会发展的增长动力,建立全面有效的工作机制。

二、全域旅游人力资源开发现状

在市场的促进下,旅游人力资源素质逐步提高,随着我国市场经济体制的建立、发展和逐步完善,全域旅游目的地的兴起,旅游人力资源作为一种资源要素必然受市场的支配,在市场的引导下更多地介入旅游业,在全域旅游今后发展中起到越来越重要的作用。一方面,会有越来越多的高素质人力资源进入旅游产业，大大增加高素质旅游人力资源的数量。另一方面，在市场的支配作用下，旅游业的配置行业、部门领导、管理者也会逐渐提高对旅游人力资源开发的重视，努力培养更多的旅游人力资源，同时也不断提高自身的素质。

（一）初步建立了旅游人力资源的开发机制

全域旅游的发展要求更高素质的人力资源队伍，旅游人力资源来源渠道较为规范，多数旅游企业从旅游院校招收大量的应届毕业生，有效保证了员工队伍的素质。目前国内开设旅游专业的院校还不是太多，所以旅游人才的教育机制应加强。多数旅游企业对员工基本上都实行先培训后上岗和在职继续教育的制度，有比较完整的培训体系，员工培训是促进员工素质提高和企业文化建设的一个重要手段。多数旅游企业都建立了一套比较完整的人事管理制度和规章，对有效吸引人才、留住人才以及调动员工积极性发挥了应有的作用。

（二）我国旅游人力资源供给不足

近年来尤其在全域旅游发展起步的阶段，我国经济一直保持着高速发展的趋势，人们的生活水平有了极大的改善，旅游意识增加，新的节假日制度，更促进了旅游业的发展，旅游人力资源的需求增大。人力资源尤其是中高层管理人员供给不足。随着经济和旅游业的增长，相比之下，旅游人力资源的供给跟不上经济快速发展的脚步，专业教育和培训水平明显滞后，由于缺乏系统的培养，中高层管理人员更不能满足当前需求。

（三）旅游业的发展与从业人员的大量流失

大量资料表明，旅游企业的人才流失率远远高于其他行业企业。与此同时，来自各大高校就业指导中心的数据显示，有相当一部分旅游专业大学生毕业以后不愿从事本专业对口的工作，这给旅游业的发展带来了严重的困境。人力资源的合理流动可以给旅游企业注入新鲜血液，但流动过大一方面会增加旅游企业的培训成本，员工思想不稳定，管理难度增大；另一方面，员工的流动过大容易泄漏企业的商业秘密，如财务经营状况、战略规划、市场竞争策略等，情节严重时会造成原有稳定的销售市场丧失。因此，如何留住旅游专业的毕业生从事本专业工作，以及如何保留优秀的员工，特别是稳定在企业内起中流砥柱的中、高层经营管理人才是当前旅游业人力资源开发与管理亟待解决的难题，也是未来发展全域旅游急需解决的问题。

（四）旅游人力资源开发的意识淡薄

虽然旅游人力资源开发越来越受到重视，许多部门在这方面也做了不少工作，但是长期以来，许多相关部门的领导者、管理者并没有把对旅游人力资源的开发提高到应有的高度。如在人力资源开发上缺乏配合，教育、文化、宗教、城建等部门同旅游部门缺乏人力资源开发上应有的默契。全域旅游发展也是全域旅游人才队伍的建设过程，全域旅游人力资源开发的意识不强，缺乏对旅游人力资源开发的积极性，将不利于旅游人力资源素质的总体提高。

三、全域旅游人力资源保障体系建设

（一）树立"以人为本"的管理理念

从人力资源开发的角度，建立适应旅游行业的，涵盖人才测评、工作分析、绩效评估、薪酬管理以及人才激励机制的一整套管理办法。着眼于从业人员的职业生涯发展，让员工随着企业的发展，自身价值不断得到提升，这也是旅游人才流动率高的重要因素。促进人员机制改革，建立能使优秀人才脱颖而出、人尽其才的有效机制；围绕人的积极性、主动性和创造性实行管理活动，充分发挥人的能力，特别是人的创新能力，努力留住和用好现有人才；盘活现有人才存量，充分发挥其作用，注重对旅游人才的提升奖励体制的建设；高度重视人力资源开发、培养和使用，将人力资源视为组织的核心资源，视作一项投资，以激发员工的潜能；发挥团队能力的辐射力量，去赢得长期、持久的实力，并将人力资源管理的重点放在可持续竞争优势上，进而提高行业整体竞争力。

（二）加强旅游人才培植与人才队伍建设

加大投入建设高水平教学、科研基地，在各旅游高校发展新型旅游学科，充分提高学生的实践能力。按照全域旅游发展的需要，选拔培养各单位的跨世纪学术和技术带头人及其后备人才，成立科技骨干队伍和人才梯队。要实现高素质人才的发展，就要大力发展旅游专业研究生教育。为此，应实

施旅游人才发展战略，努力增加建设拥有硕士学位授予权的高校，将研究生的在职教育与普通教育相结合；同时要强化旅游行业本科教育，提高旅游人才培养素质。

通过院校教育、岗位培训等多种机制使人才队伍的整体素质得到明显提高，重点培养一批全域旅游行业急需的专门人才。当前，为迎合全域旅游发展的需要，社会急需一大批既掌握现代工程技术又善于经营管理，且能进行国际交流与合作的高层次、高素质、复合型人才。诸如开发度假区、大型游乐园、主题公园、生态旅游、旅游电子商务等多方面的人才，尤其是要有旅游规划方面的专门人才。面对全域旅游发展的特殊要求，培养一批城乡规划、旅游规划、多规合一的复合型旅游规划人才。另外，加紧对紧缺的高级职业经理人、市场促销、会展管理、旅游商品设计与开发等管理人才、专业技术人才的培训；推行"职业经理人"制度，加快培养职业经理人的步伐；支持培训机构采取"短平快"的方式，培养紧缺专业人才。

（三）创新从业人员在岗培训机制

"重考前培训，轻继续教育；重岗前培训，轻岗上和岗后培训；重知识培养，轻服务理念培养"是目前国内旅游企业单位培训机制存在的普遍问题。各旅游单位应将各类人员的培训任务进行划分，进行不同层面的、各有侧重的、有针对性的培训。可交由专业化旅游服务公司、旅游院校负责考前培训和岗前培训；由各地市旅游局负责年审培训；由各单位开展在岗培训；整体培训策划由各地市旅游局和院校负责。另外，可以根据形势发展的需要，开展各种创新培训。如在各地建立旅游师资培训基地和旅游专业实习基地，设立优秀定点师资培训单位，大力拓展境外师资培训渠道，组织旅游单位开展培训经验研讨会，介绍单位成功经验，交流心得，互助合作，发挥整体优势。高层人员的教育培训渠道主要包括以下内容：

充分利用本地高等院校的教育培训能力，开设相关专业，如旅游管理、酒店管理等，进行有计划的人才培养；充分发挥外地或国外高校的"母机"作用，以派出进修或吸纳其毕业生的方式，广泛招纳旅游人才；聘请知名专家、学者，以讲学的形式，举办旅游知识强化班或研讨会，作为专业技术人员与一般服务人员的教育渠道。

（四）促进人才流动和人才管理制度日趋完善

建立与市场经济相适应的人才流动机制，推动旅游人才市场从集市化向信息化、网络化等高级形态发展；允许旅游专业人员采用短期工作、项目合作等形式，跨部门、跨地区兼职、多职多薪；允许专业技术人员创办、领办科技企业，兼职从事科研开发和成果转化活动，也可以离岗办科技企业或从事技术成果转化工作。要通过建立人才合理流动机制，形成以市场化为导向的人事工作"三转变"，即从具体人头管理向人才综合开发转变，从单纯事业性管理向宏观指导配套服务转变，从主要依赖行政调配向市场配置人才转变。大力促进各类人才在市场环境中成长，双向选择，才尽其用。进一步优化人才成长和发展的环境。

建立人才市场的供求机制，形成人才市场的价格机制和激励机制，完善人才市场的竞争机制。要实行高素质旅游人才收入与经营业绩直接挂钩，拉开分配档次，允许他们获得较高的报酬。鼓励技术、管理等生产要素参与收益分配，逐步形成工资报酬与贡献挂钩的机制，推行一次性现金或实物奖励、税后利润提成、技术入股、专利入股、期权奖励等多元化分配方式。实行年薪制、配股制、期权制为中心的激励机制，更好地调动高素质旅游人才的积极性，使素质旅游人才在推动全域旅游发展过程中，最大限度地实现自身价值，同时也追求自身利益的最大化。当然，也要把物质报酬和精神奖励结合起来，增强旅游人才的企业归属感和工作积极性。

（五）逐步完善旅游从业人员资格考试和认证体系

建立严格的岗位认证制度，完善旅游行业继续教育机制，提高旅游从业人员的文化水平和职业素质。开展岗位资格考试和岗位等级考试，实行持证上岗，是提高旅游人员职业素质和专业技能的重要手段。提高导游人员资格考试的学历要求和考试难度，并在现有的各种岗位资格考试的基础上，尽快实施如导游、外联销售等一线服务人员的外语水平测试，全面提升人员素质和等级结构，实现人力资源的科学化和规范化管理。实现全域旅游的一大转变即导游必须由旅行社委派的封闭式管理体制向导游依法自由有序流动的开放式管理转变，实现导游执业的法制化和市场化。

第五节 技术保障

科技兴旅已是21世纪中国旅游业可持续发展的基本策略之一。旅游产业的科学技术引进、应用和创新以及旅游科学研究，是全域旅游开发的科学保障。它包括两个方面的内容：一方面是指旅游产业对技术的引进、吸引、应用和创新，另一方面是指旅游产业科学理论研究。而且旅游产业中技术既包括物质形态的硬技术，也包括智力形态的软技术。硬技术一是指旅游业对现代技术的吸收与应用，二是指旅游业本身的技术和环节创新水平。软技术是指旅游业的管理技术，包括行业管理技术、企业管理技术和环节管理技术。

旅游科学研究包括旅游概论、旅游政策研究、旅游信息及其收集与传递、旅游法规制定、旅游教育培训、旅游图书、资料、杂志的编辑出版等。无论是旅游产业技术的研究，还是旅游科学理论的研究，都可以通过适当的方式转化为生产力。但目前我国旅游产业技术和科学理论的研究还不能满足全域旅游发展的要求，这些研究滞后于旅游事业实践发展的现象尚较普遍，要真正解决全域旅游发展过程中旅游产业技术和科学理论研究滞后性问题，必须努力使旅游科研工作向超前研究方向发展。

一、旅游网络化时代的信息技术

旅游业是一个信息密集型产业已获得旅游界的认可，并且许多学者对旅游信息系统在理论上或在理论与实践上进行了研究，目前通过信息技术为全域旅游的合理开发、科学规划、保护、有效宣传提供支持，也取得了许多成果。这些成果主要包括旅游资源调查与评价子系统、旅游饭店管理信息系统、旅游统计分析子系统、旅游电子商务等方面。

但是，目前国内旅游信息系统的研究难以深入展开，这主要是由于我国旅游业信息化建设仍处于初级阶段，与其他高增长性朝阳产业相比水平还很低，部门数据线性割据较为严重，信息采集、处理和分析技术在旅游业中的系统研究还很薄弱，建设中往往重视硬件投资而忽视软件的信息应用发掘，旅游资源及适时服务信息不易广域畅达和适时传播,限制了旅游信息系统的功能和吸引力。例如,国家旅游局对各省、自治区、直辖市、计划单列和副省级城市旅游局共49家单位进行了信息管理系统基本情况的调查,除了成都市和济南市未反馈相关资料外,47家单位反馈的信息显示,1/3的省市旅游局建立了一定程度的信息系统,但是2/3的单位信息系统相当薄弱,主要体现在这些信息系统的空间信息的表达和分析功能非常缺乏,信息系统中的信息相当贫乏等,这显然不适合当今信息时代的旅游业发展要求。

要真正地解决好旅游信息系统存在的问题,就必须彻底打破部门割据、单一学科介入的局面,要综合运用网络技术、数据库技术、多媒体技术、遥感技术、地理信息系统技术、环境监测技术、虚拟现实技术、智能化技术等,设计出面向不同层次的用户的旅游信息系统,达到实用性、连续性、准确性、及时性、直观性、生动性、智能性等目的。借助科技优势,通过移动终端帮助游客方便快捷地获取旅游信息、在线支付、游览体验等服务;整合旅游资源,建立全域旅游数据中心,利用先进的技术手段挖掘旅游资源的经济、社会价值,满足游客的个性化需求,为游客提供个性化、智能化、便捷化的服务;重视网络的作用及影响,通过旅游门户网站、微博等网络营销传播平台对全域旅游目的地进行宣传,进一步推动全域旅游的发展。在建设全域旅游信息化的过程中,物联网技术、云计算技术、移动通信技术、移动智能终端、人工智能技术是构成全域旅游的关键支撑技术,基于这些核心技术,全域旅游能够向应用对象(政府、旅游者、旅游企业、企业)提供各种价值供给,这几大关键支撑技术充分体现了智慧旅游的运用对于旅游资源及社会资源的共享与有效利用的能力。

(一)物联网技术

物联网是实现物物相连的互联网络。包括两个方面的内容:第一,互联网是物联网的基础和核心,并依此为基础对信息进行扩展和延伸;第二,物联网的用户端没有仅仅局限在人与物体,而是扩展和延伸到任何物体与物体之间,使其进行信息交换和通信(见图9-1)。

图 9-1　物联网实现任何物体与物体之间的联系

物联网主要有三个方面的特征：第一，感知全面，利用射频识别技术，传感器及二维码等随时随地获取物体的信息；第二，传递可靠，通过各种通信网络与互联网进行结合，将收集到的实时信息准确地传递出去；第三，处理智能，通过利用云计算技术，模糊识别等智能技术，对大量数据和信息进行处理和分析，对物体进行智能化管理与控制。

（二）云计算技术

云计算是一种网络应用模式，基于互联网、通过虚拟化方式共享资源的计算模式，使计算、存储、网络、软件等资源，按照用户的动态需要，以服务的方式提供。而作为计算机终端、移动终端的使用者不需要了解技术细节或相关专业知识，只需要关注自己需要什么资源以及如何通过网络获取自己需要的相应服务。云计算的主要目的是解决互联网发展所带来的海量数据库的存储以及处理问题。云计算的核心思想是计算、信息等资源的有效分配。以后云平台上的旅游攻略将会更为完善，从网页上可以更加全面地了解到旅游信息，包括景点的详细介绍、附近酒店的客房 3D 实景，甚至某个小饭店的特色菜等。这些信息都是来源于大众，相关气候、交通、商业等部门的信息也会汇集到这个云平台，从而使未来的出游更加完美；对于政府而言，可以直观地判断哪些旅游景点可以投资开发，哪些景点可以实施免费开放政策，从而更科学地规划与开发旅游商业。

(三) 移动通信技术

移动通信是一种物与物的通信模式，主要指移动设备之间以及移动设备与固定设备之间的无线通信，便于实现设备的实时数据在系统之间、远程设备之间的无线连接。因此，移动通信可以看作物联网其中的一种物与物连接方式，是支撑全域旅游物联网的核心基础设施。随着移动终端设备的发展与普及，移动通信技术将信息技术的旅游应用不再以个人计算机为中心，而是向以携带移动通信终端设备的"人"——旅游者为中心发展，体现了信息技术应用以散客为服务对象的方向。个人计算机主要依赖计算机网络技术连接，通过互联网技术丰富各种旅游应用；而移动通信终端设备与移动通信技术连接，通过互联网、物联网技术丰富各种旅游应用。移动通信技术自产生以来迅速发展，移动通信技术在智慧旅游中为游客提供丰富多样的个性化服务，如全程信息服务、无所不在的移动接入服务、多样化的用户终端以及智能服务等。移动通信技术在智慧旅游中的应用将极为改善旅游者的旅游质量，提高旅游目的地管理水平与服务质量，使旅游管理水平和服务质量向更加精细化、高质量方向推进。

(四) 人工智能技术

人工智能 (Artificial Intelligence, AI) 研究如何运用计算机的软硬件来模拟人的一些智能行为的基本理论、方法和技术，涉及多个方面的研究内容，主要包括自动推理、知识获得、知识处理、计算机视觉、智能机器人、自动程序设计等方面的研究内容。人工智能技术目前被广泛应用众多领域，如决策系统、机器人、仿真系统以及控制系统中。智慧旅游如何不断采集、存储及处理海量数据信息，如何在旅游服务及管理等方面发挥重要作用，是关系智慧旅游发展成败的关键问题。智慧旅游利用人工智能技术进行数据的有效处理与使用、信息与知识的获取，运用计算机推理技术进行决策支持并解决问题。在旅游领域，人工智能技术更多地被用于旅游需求预测中。人工智能在全域旅游中的作用将不仅局限在这些方面，还包含游憩质量评价、旅游服务质量评价、旅游突发事件预警、旅游影响感知研究等诸多领域。

二、全域旅游技术保障体系建立

（一）全域旅游管理体制

全域旅游产业具有综合性、广泛性、高关联性等特点。旅游行业管理是跨行业、跨部门、协调性的管理。在全域旅游发展过程中，各级部门要本着责权利相统一的原则，适度协调各管理层次之间的关系，相对划分各自的主要管理职能，授予相应的权力，明确各自的利益。各层次的旅游管理机构要根据旅游业的产业特征灵活设置，注意上下通畅、层次分明、职责明确、运行高效，这是全面推动全域旅游快速、高效、有序、高品质发展的重要保障。

（二）智慧旅游服务平台

随着旅游业的成熟和信息技术的增强以及人们个性化需求的不断增长，传统的旅游方式已经不能满足游客的个性化需求。智慧旅游服务平台为游客提供旅游地及与旅游相关的各种旅游信息，可通过信息化的手段为游客提供旅游的信息查询、旅游中的服务以及旅游后的反馈跟踪等全套贴心的个性化服务，还可以针对旅游者的喜好为旅游者制订特色旅游路线，虚拟技术可以实现旅游者提前进行旅游体验。游客通过智慧旅游平台，进行旅游产品的搜索、购买与后期的评价反馈，会对完善智慧旅游平台、提升景区服务质量具有重要的作用。

（三）智慧景区

全域旅游发展的一个重要趋势是散客化、自助化与网络化，在这种新格局下，景区如何利用新技术，在"数字地球"向"智慧地球"转变的大背景的基础下，顺势建设智慧化程度高的景区，是我国景区未来发展的重要趋势。通过智慧景区的建设，拉动旅游消费，降低旅游消费门槛，利用便捷、个性化定制的服务为游客与景区之间搭建一个旅游消费的平台，使景区进入网络化、智慧化的新时代。通过建设智慧景区提高景区自身服务水平，提升管理水平，将景区管理更加智能化。

（四）旅游管理部门

全域旅游技术的发展需要旅游管理部门的政策、资金支持，同时，旅游的技术发展能够为旅游管理部门提供决策依据，提高政府的工作效率，使其从传统政府向智能化政府转变。

(五) 旅游相关企业

景区的发展不是孤立的，与吃、住、行、购、娱等其他五要素紧密相连，旅行社、酒店、餐饮、购物、娱乐等部门通过智慧旅游平台发布广告及促销信息，供游客进行选择，为游客提供便利。同时，通过游客的订购、评论及反馈，对游客的使用情况进行统计分析，从而调整营销策略，提高自身智能化程度，提升服务质量。

第六节 安全保障

随着人们的生活水平逐渐提高，中国旅游业也随之快速发展，形成了世界上人数最多的国内旅游市场，成为我国第三产业重要的组成部分，旅游活动也开始成为寻常百姓人家生活的一部分。但是由于我国旅游业起步晚，各项规章制度不健全，各项措施不完善，人们的安全意识薄弱，导致了旅游安全事故频繁发生。旅游安全作为社会安全的一部分，已成为安全的重要隐患之一。

一、旅游安全的界定

旅游活动是一项以文化交流为基础，涉及经济、政治、社会等许多方面的综合性大众社会活动，大众普及性是现代旅游的重要特征。因此，旅游安全是社会安全的重要体现形式。从旅游业运行的环节和活动特点看，旅游安全贯串于旅游活动的六大环节，可相应地分为饮食安全、住宿安全、交通安全、游览安全、购物安全、娱乐安全六大类；从旅游学研究对象来看，旅游安全可分为主体安全、媒体安全和客体安全。主体安全，即旅游者安全；旅游媒体安全集中表现为交通安全和旅游从业者安全；客体安全，即旅游资源的安全，涉及资源的保护、环境容量与可持续发展。传统旅游学研究认为，旅游者安全是指在旅行游览过程中，组织管理和技术方面的原因，导致的旅游者负伤和死亡。当然，这种旅游者安全范围界定过于狭隘，忽略了旅游者的精神、财产方面的安全需求。基于旅游者安全问题所造成影响的广泛性、负面性和旅游者对旅游业的重要性，本节所提到的仅从旅游者角度出发来探讨狭义的旅游安全。

二、旅游安全问题的表现形态

在信息传播发达的现今时代，社会公共安全等危机正日益成为一种社会常态性的存在。随着我国旅游业的发展，社会安全中旅游安全问题的重要性日益凸显。旅游业运行中的安全问题表现出如下形态。

（一）犯罪

虽然对犯罪与旅游的关系至今仍争论不休，但由于给旅游者带来创伤的严重性和影响的社会性，犯罪成为旅游安全中最为引人注目的表现形态之一。国内外学者对旅游与犯罪给予广泛关注，并把犯罪作为旅游的社会文化影响之一。旅游业运行中存在的犯罪现象数量众多，具有一定的规律和特点，并可大体分为三大类：侵犯公私财产类犯罪，危害人身安全的犯罪，性犯罪和与毒品、赌博、淫秽有关的犯罪。1992年5月17日，昆明翠明湖的抢劫杀人（2死）案件；2000年6月，美国纽约中央公园发生了对游客的性侵犯，随之而来的还有财物抢劫。

（二）交通事故

在旅游业运行各环节中，交通是安全问题影响最大的环节之一。交通安全事故包括道路交通事故、航空事故、水难事故、缆车等景区交通事故。据国家安全生产监督管理总局统计，2003年全国共发生道路交通事故667507起，死亡104372人。相对于其他交通方式而言，航空交通相对安全，但对民航客机而言，任何事故都可能是灾难性的。2004年，包头"11·21"空难事故中遇难人数为55人，其中机上遇难人员为53人，地面遇难人员为2人。水难事故指在水体中出现的安全事故，随游轮、竹排等水上交通和水上旅游项目的出现而出现，包括海难、内河（湖）安全事故等。1999年11月24日，"大舜号"滚装船在烟台海域起火沉船，290人魂归大海，成为震惊中外的烟台"11·24"特大海难事故。缆车索道的建设不仅破坏了自然风景区的原貌，使游客大量集中于容量有限的景区从而导致景观和生态的破坏，而且容易引发安全问题。2007年7月13日，西藏318国道曲水段桃花村境内的旅游大巴强行超车，导致车辆坠入离路面80米的雅鲁藏布江，司机、导游在内的15人死亡，2

人失踪。2011年,一辆搭载大陆浙江旅行团的游览车因刹车失灵,在台湾阿里山脚冲向水沟,造成1名导游和6名乘客受伤。2015年6月1日约21时28分,从南京驶往重庆的客船"东方之星"在长江中游湖北监利水域沉没,人员伤亡惨重。

(三)火灾与爆炸

近年来火灾呈上升趋势,据人民网消息,2016年4月9日河北省秦皇岛市昌黎县十里铺乡突发森林大火,当地也称为"葡萄沟",财产损失严重。全国仅饭店业发生的重大和特大火灾近年来平均每月就达23起。虽然旅游业中因火灾与爆炸死亡的人数较低于旅游交通事故,但却往往造成严重的后续反应,如基础设施破坏、财产损失等,甚至造成整个旅游经济系统的紊乱。

(四)疾病(或中毒)

旅途劳累、旅游异地性导致"水土不服"和客观存在的食品卫生问题等可能诱发旅游者的疾病或导致食物中毒等。2000年3月,一位日本游客随旅行团在北京打高尔夫球中因冠心病猝死;2000年4月21日,福建省惠安县发生食用河豚中毒。

(五)其他安全问题

旅游安全表现出复杂性和突发性,往往存在特殊、意外的突发性事件。如1998年8月30日,上海闸北公园正在运行的"全部符合标准要求"的飞旋转椅突然倒塌,造成1死9伤,从而引发了国家对大型游艺机、游乐设施的检查整顿。又如2000年6月4日,湖南湘乡市在举行端午龙舟赛时,突然发生浮桥侧翻惨剧,造成至少13人死亡。2003年的"非典"以及2004年的"印度洋海啸"也属于引发严重旅游安全问题的突发事件。其中,2004年的"印度洋海啸"事发地点位于旅游热点附近,加上正值圣诞节的旅游旺季,受灾地区聚集了大量的本地居民和旅游者,很多旅客成了这次灾难的受害者。

三、旅游安全保障体系的构建

旅游安全保障体系的构建是一个广泛而复杂的问题,需要政策上的支持,并需要逐渐完善,旅游安全保障是旅游者活动能够安全、顺利进行,旅游业能够得以正常运作的保障。一方面,旅游者需要旅游过程中的安全保障;另一方面，旅游业需要旅游资源的永续利用，需要保护资源安全，旅游业也有义务维持社会稳定，保障旅游活动安全有序地进行。因此，旅游安全保障在旅游活动中乃至整个旅游业发展中有着举足轻重的作用。在旅游安全保障体系中，政策法规系统是全局性的保障和管理依据，预警系统和控制系统属于事前的预防和事中的监管体系，旅游保险属于事后的补偿体系，而旅游安全施救则是事中采取积极措施的重要环节。

（一）旅游安全政策法规系统

旅游安全政策法规系统是旅游安全保障系统的基础，指导并规范着安全保障体系中的预警、控制、施救行为，为安全管理提供法律依据，具有提高安全意识，约束旅游行为的作用。它能够从政策法律的权威性和强制性的角度来规范和控制从业人员的行业行为，强化和提高从业人员的安全意识和防控意识，唤醒和提高旅游者的安全意识，约束旅游行为。同时，通过旅游安全政策法规体系，还能够唤起和提高广大社会公众对旅游安全问题的关注，提高社会大众安全防控的意识和能力，促进社会安全管理的开展，为创建安全的旅游环境提供保障。旅游安全政策法规系统的构成要素有政策、法规、标准、条例和规章制度。

（二）旅游安全预警系统

旅游安全预警系统担负着旅游安全信息的搜集、分析、对策制订和信息发布等功能，是国家发布旅游安全信息、进行安全预控的组织机构，它代表国家向相关的主体发布国内或境外的旅游安全信息，以维护旅游企业和旅游者的利益，保障本国旅游业的顺利发展。它在警示旅游者和旅游企业、增加安全意识、提高安全防范与控制能力，使旅游者和旅游企业预见问题并采取积极的防范措施等方面有着极大的作用。旅游安全预警系统应由以下机构构成：安全信息搜集机构、安全信息分析机构、安全对策制定机构、安全信息发布机构。根据警示内容的不同，旅游安全预警类型可分为治安预警、健康预警、容量预警、政治预警和军事预警。

（三）旅游安全控制系统

旅游安全的控制是旅游行政主管部门、旅游企业、旅游者及其他社会机构之间通过制度、政策控制和利益协调而相互影响、相互作用的管理过程。

1. 指标控制系统

旅游安全的指标控制系统是衡量旅游主管部门和旅游企业的安全管理力度及两者在安全管理上所取得的具体绩效与效果的指标体系，包括宏观的安全控制指标和微观的安全控制指标两类。宏观的安全管理指标主要包括重大事故件数、险性事故件数、旅游者伤亡人数、员工伤亡人数、安全经济损失率、接待事故率、团队事故率等。微观的安全管理的控制指标是对旅游安全管理行为进行量化的衡量指标。主要通过区域旅游业或旅游企业在安全方面所投入的人力、物力、财力及其比例关系的绝对数量、相对比例等进行具体的衡量和确定。绝对指标包括旅游安全货币投入量、安全人员投入量、安全劳动日投入量。相对指标包括相对生产规模的货币安全投入指标、相对于生产规模的活劳动安全投入指标、相对于人员（员工）的安全资源消耗指标。

2. 安全自控系统

旅游安全自控系统是旅游企业以安全运营为目标所设置的自我安全防控管理系统，包括安全制度自控系统、安全技术自控系统和安全文化自控系统。

3. 安全互控系统

旅游安全互控系统是由与旅游安全相关的各主体间通过相互制约、相互协调、相互联系，达到对旅游安全进行控制与管理的开放性系统。互控主体为旅游管理机构、安全机构、旅游企业、旅游者及其他组织。

（四）旅游安全救援系统

旅游安全救援系统指为实施旅游救援而建立的、涉及与旅游安全各相关层面的组织机构和包括旅游救援的分工、协作的工作体系。其构成要素如下：

1. 救援指挥中心

旅游救援指挥中心的核心地位体现在其对整个旅游安全救援工作的开展、统筹、协调的职责上，目前建立安全救援系统的当务之急是建立救援指挥中心。旅游救援指挥中心的建立可以考虑如下方法：由政府牵头组织全国性的紧急救援中心；由政府牵头组织全国性的救援指挥中心；扶持国内现有的救援机构，对这些机构在可能范围内进行整合，在充分合作的基础上利用其现有网络形成救援中心；引进国际性的救援机构，以它们为核心形成我国的旅游救援指挥中心；尽快建立全国网络性的客服电话。

2.安全救援机构

安全救援机构是整个旅游安全救援系统的执行机构,在安全救援系统中扮演着极为重要的角色,由医院、公安机关、消防部门、武警部门等与救援行动直接相关的机构组成。这些机构目前需要完成的工作主要是:确认资格与挂牌;拓展现有职能,增加安全救援项目;在这些旅游安全救援机构中,增设专门负责安全救援工作的部门和人员。

3.安全救援的直接外围机构

我们把与旅游安全问题的发生有直接关系、与安全救援工作仅有间接关系的所有机构统称为旅游安全救援的直接外围机构,主要包括可能发生旅游安全问题的旅游景区(点)、旅游企业、旅游管理部门和社区。当前,这些机构必须做好如下工作:切实履行安全管理工作;设立专门的旅游安全管理机构,专门负责安全管理工作,对全体员工进行旅游安全培训,提高从业人员的安全意识;扭转对安全问题的片面和错误的看法,正确对待安全问题,把旅游安全管理置于旅游安全救援系统和广大旅游者的监督之中。

4.安全救援的间接外围机构

安全救援的间接外围机构本身不是旅游安全问题发生的现场,也不参与整个安全救援工作,但却有可能影响旅游救援工作的开展,并可能在适当的时候不经意地或出人意料地起到极大的帮助作用,主要包括旅游地、保险机构、新闻媒体和通信部门。

(五)旅游保险体系

我国旅游保险体系从1990年发展至今,基本形成了具有旅行社旅客责任险、旅游人身伤害险、旅游意外保险、旅行社责任险、旅游救助保险等险种的旅游保险运作体系。目前在实际操作上,还有的旅游者不了解交通、游览、住宿等过程中的保险制度,事后难以索赔;也有的"黑旅行社"没有为旅游者购买保险,欺骗旅游者。国家和地方旅游管理部门应大力宣传,使旅游者增强保险意识,保护自己的合法权益。此外,随着国际旅游的扩大,在出境旅游中如何购买保险更是旅游部门和旅游者要注意的问题。我国出外旅游者已有在国外遇险的案例,由于事先对国外保险制度了解不够,获赔金额少于外国旅游者,在这方面我们也必须"与国际接轨",实现"以人为本"。

第七节 可持续发展保障

一、全域旅游可持续发展核心思想

全域旅游从范围上是指特定地域的旅游，从组成要素上是指以人类旅游活动为主体，以旅游观光对象为客体，并由其他人文与自然要素交织而成的旅游地域系统。

可持续发展是一种全新的价值观念，其实质是人类在对工业化运动带来的人口、资源、环境与经济社会之间不协调现象反思的基础上，在发展道路、模式上的理性选择，选择的核心是协调人与自然的关系，协调人与人的关系，以做到既能满足当代人的需要，又不损害后代人满足其需要的能力。它既不是单纯经济持续发展或社会持续发展，也不是单纯的自然生态持续发展，是以人为中心的"自然-社会-经济"复合系统可持续发展。

全域旅游可持续发展的核心思想是建立在经济效益、社会效益和环境生态效益基础之上的，既要使人们的旅游需求得到满足，个人得到充分发展，又要对旅游资源和旅游环境进行保护，使后人具有同等的旅游发展机会和权力。全域旅游可持续发展特别关注的是旅游活动的生态合理性，强调对旅游资源和旅游地环境的保护。在发展指标上，不单纯用旅游收入作为衡量全域旅游发展的唯一指标，而是从社会、经济、文化、环境等多项指标上衡量其发展。这种多指标综合性考虑，能够较好地把旅游发展的当前利益与长远利益、局部利益与全局利益有机地统一起来，使全域旅游沿着健康的轨道发展。

全域旅游可持续发展的核心思想的另一个重要方面是正确处理旅游活动同旅游地资源和环境的关系。旅游活动同旅游资源和环境的关系既是对立的，又是统一的。其对立主要表现在随着旅游活动规模和范围的日益扩大，很多国家和地区由于在旅游经济发展过程中没有重视旅游地生态和环境问题，旅游活动违背客观规律，旅游经营活动的粗放、对资源的过度开发利用和旅游地环境保护的忽视，使全域旅游发展过程中暴露出来的问题越来越多，全域旅游发展难以持续。

二、全域旅游可持续发展的目标

（一）保护环境

全域旅游作为以服务消费与精神消费为内容的高层次消费，对环境有很强的依赖，旅游地要求有好的环境，它是实现可持续发展的内在动力，所以要强化人们旅游生态意识和共同美化环境意识，合理开发、利用、美化旅游资源环境，切实保护目前和未来旅游发展赖以生存的旅游生态环境质量，促进自然美的深化和自然美与人工美的完美结合，高层次地实现人类与自然界的共同进化，确保旅游资源的永续利用和旅游经济产业的高效运转与可持续发展。如新加坡广泛植树种花，加强园林建设，成为一座"花园城市"，在很大程度上是为了全域旅游的发展；江苏省张家港市参照新加坡的经验，将城市搞得非常干净，每年吸引了大量游客。

（二）提高效益

增进人们对旅游所产生的环境效应与经济效应的理解，树立新的旅游资源观和旅游资源忧患意识，合理地确定游客容量，适度控制旅游发展规模，切实保持旅游容量动态平衡，高效利用旅游资源，不断地推出高品位旅游产品，高水平地进行经营管理，从而在不冲击环境生态效益和不损害下一代人利益的基础上，实现旅游经济的高效益和旅游效益与生态效益相协调，保证旅游业在有序的市场环境中运行。我国是一个发展中大国，虽地大物博，但人均资源相对较少，旅游资源也是如此。因此，我国面临着人民生活水平提高、旅游消费增加同旅游资源相对短缺的矛盾，而要解决这个矛盾，必须增加旅游资源的利用强度，加大旅游资源和旅游环境的保护力度，提高效益，走全域旅游可持续发展之路。

（三）公平发展

促进旅游的公平发展，确保当代人和世代人都能享有优美的旅游环境、高效的旅游经济效益和充分满足的旅游需求，确保各地区旅游资源的合理分配和公平使用，鼓励各地区充分发挥各自的旅游资源优势，开发独自的特色旅游产品，增加本区旅游资源类型和旅游产品互补概率，保护美化旅游环境，为旅游者提供高质量的旅游服务。共同享受不同区域的自然美景和人类文明，通过旅游活动实现全域旅游资源互补和旅游消费更加多样化和高级化。同时，通过全域旅游增进各区域间的友好往来，促进不同区域间经济、文化、科技交流、推动区域经济平衡发展和共同富裕，加强各地区间的互相了解，实现人类和睦相处和整体进步，推进人类文明发展。在向旅游者提供高质量的旅游经历的同时，改善旅游接待地居民的生活质量。根据国际旅游大会对旅游可持续发展的规定目标，集中起来可概括为三个字"高质量"，即在不损害生态环境可持续性、旅游地居民利益的基础上，既满足当代人高质量旅游需求，又满足子孙后代的旅游需求，实现旅游业的长期稳定和良性发展。为了满足两个"高质量"的发展目标，要求旅游接待地保持高的接待水准，并给旅游者提供高质量的体验性环境和阅历，给未来旅游者留下高质量的资源和环境氛围。全域旅游虽然有导致环境退化的消极影响，但也有促进环境质量优化的积极作用。由于旅游者总是希望到富有魅力、干净而未受到污染的地方观光游览，而环境状况对该地区居民本身也格外重要，因此从这个意义上来说，全域旅游又能够起到促进环境质量提高的作用。

三、全域旅游可持续发展保障体系建设

（一）加强全域旅游资源的可持续利用与管理

随着旅游经济的不断发展，旅游消费与供给的矛盾将更趋紧张。为此，必须挖掘旅游目的地的资源潜力，努力扩大供给，满足旅游发展的需要。而要扩大供给，首先，要加强全域旅游资源的调查，把那些具有较高旅游价值而目前仍未开发利用的旅游资源挖掘出来。其次，要加强旅游资源的培育与养护。在旅游发展中，受到威胁最大的不是不可再生旅游资源，而是那些可再生资源，如森林、草地和动物资源等。而这些资源的繁育更新期一般都很长，少则几十年，多则上百年，因此，在区域发展全域旅游的过程中，要做到未雨绸缪，做到合理的保护性开发。最后，要加强区域资源的综合利用。全域旅游发展过程中，更加追求资源的独特性、新奇性，有些资源既是工业资源、农业资源，又是旅游资源，如大型的现代化厂矿企业、农田水利设施、花园与果圃等，都具有综合利用价值，要最大限度地开发出它们的独特价值。在全域旅游的开发过程中，要将旅游资源开发利用的规模限制在其自然更新的能力范围之内，使得

区域内的资源可取之不尽,用之不竭。

(二)计划手段的宏观调控作用

可持续发展作为一种新的发展模式,需要通过各种法规、法律、政策等的引导和规范进行政府的宏观调控。在发展全域旅游的过程中,要摒弃以往市场经济条件下,把获取最大利润作为唯一驱动力,以旅游资源的高投入、旅游环境的污染和生态的破坏为代价换取可观的经济收入,以保持其在竞争中的优势,导致资源的浪费和环境污染,使全域旅游发展难以持续的方式。我国应学习西方国家利用政府的宏观调控作用即国民经济和社会发展计划来调节资源的合理配置。国民经济和社会发展计划的职能很多,如确定国家或地区社会发展方向的战略、确定产业政策和宏观调控目标、协调经济与社会发展、规划生产力布局、加强国土整治和环境保护、分配和调剂国家物资等。全域旅游可持续发展是一个地区社会、经济、环境全面发展的一个重要方面,其发展同样需要计划手段的宏观调控作用,主要为全域旅游发展主要指标设置,包括与旅游相关的社会、经济和环境各种指标;对全域旅游发展方向、发展规模和宏观布局的安排;全域旅游发展与区域其他产业发展关系的协调和综合平衡。

(三)利用旅游产业政策作保障

实践告诉我们,全域旅游发展的不可持续性,是旅游经济开发的不当和旅游活动的不当造成的。因此,问题的解决也必须从这两个方面着手进行,其中最好的办法之一,就是制订适当的旅游产业政策,将问题消除于未然。旅游产业政策对各种旅游活动起着调节作用,每一项旅游政策的实施都将引起旅游活动主体的相应反应。因此,当我们进行旅游产业政策决策时,要明确两个问题:其一,我们所制定的旅游政策有利于旅游经济的发展和人们旅游活动的开展。其二,这种旅游政策所实现的旅游经济增长不能以牺牲环境质量和浪费旅游资源为代价。旅游产业政策包括的内容概括来讲有三个方面:一是基本内容,如旅游产业结构政策、旅游产业地区政策和旅游产业组织政策等;二是特殊内容,如旅游市场开发政策、旅游产品政策和旅游技术政策等;三是保障内容,即以上各项政策在实施过程中所采取的相应的手段体系和保障体系,如实施保障政策、旅游体制保障体系等。

(四)充分发挥民主、法制建设的保障作用

关于资源环境保护工作,国务委员宋健曾指出:"我们现在正面临着一个重大转折,就是从口号、教育和说服转变为依靠法制。"宣传教育是依靠人的自觉性去解决问题,这是很不够的,还必须有强有力的法制作保障。其原因是:第一,稳定的法律可以保证基本政策长期稳定地贯彻执行,从而可以保证全域旅游可持续发展的稳定性;第二,全域旅游可持续发展的涉及面极广,而且各方面之间又存在着错综复杂的利益关系,这些关系必须用相应的法律加以具体规范;第三,全域旅游可持续发展是区域可持续发展的一个重要方面,它是在国家的宏观调控下完成的,其调控目标只有在相应的法律保障下才能实现;第四,全域旅游可持续发展是在市场机制条件下公平竞争中的发展,其竞争秩序只有通过加强法制才能得以维护;第五,在全域旅游可持续发展过程中,可能还需要变革现行的一些政策与做法,触动一些人或一些部门的既得利益,为了推行新的政策,也必须有相应的法律依据。

第十章 全域旅游示范区

第一节 全域旅游示范区概述

一、全域旅游示范区的概念

前面已经多次提到全域旅游的概念,在引申出全域旅游示范区的概念时,我们还是需要再回顾一下。

全域旅游是指在一定行政区域内,以旅游业为优势主导产业,实现区域资源有机整合、产业深度融合发展和社会共同参与,通过旅游业带动乃至于统领经济社会全面发展的一种新的区域旅游发展理念和模式。因此,在全域旅游概念的基础上加上"示范区"三字后的概念就变成了以地方行政区为范围,以全域旅游理念打造的全新的旅游目的地典范,是整合区域范围内一切可资利用的旅游吸引物资源,是一个能够全面动员资源、立足全面创新产品,可以全面满足居民生活及游客体验需求、旅游产业拉动效应明显的旅游目的地。简单来讲,就是率先发展全域旅游并得到国家认证的区域。

何为国家认证,就是凡列入国家全域旅游示范区名录,将优先纳入中央和地方预算内投资支持对象,优先支持旅游基础设施建设,优先纳入旅游投资优选项目名录,优先安排旅游外交、宣传推广重点活动,纳入国家旅游宣传推广重点支持范围,优先纳入国家旅游改革创新试点示范领域,优先支持A级景区等国家重点旅游品牌创建,优先安排旅游人才培训,优先列入国家旅游局重点联系的区域。2016年2月，国家旅游局公布了首批共262个"国家全域旅游示范区"创建单位名单，这些单位都享受以上的认证优待。

二、全域旅游示范区六大工作重点

作为全域旅游示范区又该做些什么呢？在探讨全域旅游示范区的具体操作要求上，我们还是要回到全域旅游的特征上分析。全域旅游有以下特征：在全域范围内优化配置经济社会发展资源，充分发挥旅游带动作用；全域范围内按景区标准统筹规划建设；构建全域大旅游综合协调管理体制；全域发挥旅游+功能，使旅游与其他相关产业深度融合，形成新的生产力和竞争力；全民共建共享全域旅游。这实际上是全面系统地提出了创建全域旅游示范区需要系统推进的各方面工作要求。

根据各地方旅游部门工作实际情况，有专家归纳了现阶段率先创建全域旅游示范区工作的六大重点：

（一）做好全域旅游的系统科学规划

从战略高度和综合角度，编制各地全域旅游示范区创建规划、实施方案、推进意见，有条件的地方制定地方标准。编制的不仅是有针对性地做好顶层设计，更是推进创建的路线图和施工图，明确分工，纳入地方党委政府考核。

（二）构建推动全域旅游的领导机制

国家全域旅游示范区创建工作，以申报的省、市（州）县人民政府为主体。推进全域旅游发展，要作为创建区域当地的总体战略来整体推进，加强党委、政府的领导，需要主要领导推动方能取得成效。可依托各地的旅游发展领导小组、联席会议制度等领导机制，建立领导协调机制，在党委、政府统筹领导下，制订创建工作方案，明确工作责任要求，形成推进全域旅游发展合力。

（三）着力深化全域旅游的改革创新

大力推进"多规合一"改革试点，把整个区域作为大景区来规划建设，确保全域旅游规划能真正落地实施，全面优化全域旅游环境。重点围绕适应综合产业发展和综合执法需求，因地制宜地推进旅游委、旅游功能区、旅游警察、工商旅游分局、旅游巡回法庭等综合管理、综合执法的体制机制；抓住供给侧改革机遇，改革创新投融资模式，推进旅游基础设施和公共服务PPP等投融资模式改革创新。从改革创新旅游体制，从旅游市场监管、旅游公共服务、旅游产业促进、扩大旅游开放、旅游管理体制和基础制度等方面推进综合改革。

（四）统筹建设全域旅游的产品体系

整合资源、全面统筹考虑全域的旅游产业布局。培育核心吸引物，注重景区景点建设，发挥重点突破和极核带动，是全域旅游的基础。同时，以点带面、开放联动，构建多层次、特色化、大众与中高端并存、地域文化与国际品牌兼容的旅游产品和项目体系，创造一种更有吸引力的新旅游生活方式。

（五）推进建设全域旅游的公共服务体系

既要重视基础设施、公共服务、生态环境等硬件的建设，也要重视社会环境、软服务等品质提升。交通全域化、旅游厕所等公共服务设施全域覆盖，智慧旅游设施和服务全域覆盖等是全域旅游发展的基础条件。要结合供给侧改革，整合各种渠道资金，加强对全域旅游的交通、厕所等配套基础设施和旅游公共服务体系的建设，进一步推进旅游厕所革命。

各地要根据实际需要，在3A级以上景区、重点乡村旅游区以及机场、车站、码头等建设旅游咨询中心。鼓励依托城市综合客运枢纽和道路客运站点建设布局合理、功能完善的游客集散中心，逐步实现重点旅游景区、旅游城市、旅游线路等咨询服务全覆盖。加快推进城市及国道、省道至A级景区连接道路建设。加强城市与景区之间交通设施建设和运输组织，加快实现从机场、车站、码头到主要景区公路交通无缝对接，加大景区和乡村旅游点停车位建设。创新完善快行漫游的自驾车、自行车、自助游服务体系。

（六）贯彻推进全域旅游的相关培训宣传

大力推进全域旅游，必须要改变观念，特别是领导干部的观念。有针对性地对各市县委书记、分管县市副书记副市（县）长、旅游局长、相关部门负责人、重点旅游乡镇长、村主任、重点旅游区负责人、重点旅游企业负责人等进行全域旅游专题轮训。

笔者认为这六大重点有一点高屋建瓴了，对于旅游规划者、经营者或是参与者而言，旅游是快乐的、自由的，不应该有那么多的条条框框来限制它。一个思维的创新，一个新观念的提出更是这样，不能太局限，不然就没有其意义了。旅游业界早就有人提出"全域旅游"的概念，其初衷是要从景区景点建设逐渐、分步延伸到整个区域，完善区域基础和公共旅游服务设施建设，推进旅游目的地的整体建设，使旅游发展与相关产业互补联动发展，并融入地区的经济、文化、社会和生态建设之中。作为一种发展理念笔者是赞同的，但是不是所有地区都有条件实现"全域旅游"，也不是所有产业都可以与旅游结合，更不是所有地区都能使旅游业成为支柱产业。

不是全域旅游示范区的地方可不可以发展全域旅游？答案是肯定的。那是不是大多数地方都适合发展全域旅游？答案就有争议了。除了像三亚这种以旅游为主导产业的少数地区外，绝大多数省市县不可能以旅游业为中心，"产业围绕旅游转、产品围绕旅游造、结构围绕旅游调、功能围绕旅游配、民生围绕旅游兴"。

三、全域旅游发展要求

发展全域旅游要有一个科学的理念。任何一个旅游目的地都由两个方面构成：旅游大环境（生态质量、基础与公共服务、市场秩序和居民好客度等）与旅游吸引物。两者缺一不可。大环境是基础，旅游吸引物是核心。一个以省、市、县为单位的旅游目的地不可能"全域"都是旅游吸引物，总是要有代表性的旅游景物景点，成为标志性的旅游吸引物，构成旅游核心竞争力。中外成功的旅游目的地（国家、城市、地区等）概莫能外。没有好的环境，看完景点就走人，不能留住客人、走了不会再来；没有好的景区景点客人不会来，尤其不能吸引客人远道而来，两者不可偏废。世上绝大多数旅游目的地都不是"无景点旅游"，绝大多数旅游者也不会选择"无景点旅游"。景区景点旅游永远不会过时。景区景点旅游对绝大多数异地旅游者（不是就地休闲者）、绝大多数旅游目的地（不是日常的休闲地）来说是常态的旅游方式；"无景点旅游""全域旅游"只是少数人、少数地区的非常态旅游方式。"全域休闲"可以实现，"全域旅游"一般很难做到。

发展全域旅游要有一个正确的价值导向。发展旅游首先为本地居民，同时为外来游客提供一个宜居宜游的休闲环境，提高全民的生活品质，在此基础上促进区域生态环境质量和社会经济文化发展，这是"以人为本"发展全域旅游的根本目的。不宜以"旅游业增加值占本地GDP比重15%以上，旅游从业人数占本地就业20%以上，年游客接待人次达到本地人口10倍以上，当地农民年旅游收入占纯收入20%以上，旅游税收占地方财政税收10%左右"等系列经济指标为主要衡量标准。且不说这些指标如何统计、能否达到，如果一味地追求"年游客接待人次达到本地人口10倍以上"，是否应当考虑会对本地居民的正常生活带来什么影响？

发展全域旅游要有一个精准的产业定位。一个地区能否发展旅游业，旅游业在区域国民经济中占什么地位，旅游业带动当地哪些产业及带动作用多大，取决于当地自然、历史、资源、区位、交通和产业结构等综合条件，并非所有地区都能成为主导产业、优势产业或支柱产业。各地区情况千差万别，发展全域旅游必须因地制宜、适时适度，不宜在全国划定统一的达标标准。

发展全域旅游要有一个合理的跨区域规划。在一个市、县范围内，即使是旅游资源丰富、环境优良的市、县，在完善基础设施与旅游软硬环境基础上，不可能"全区域、全要素、全产业链"发展旅游。旅游是人们离开惯常居住地跨行政区的流动。"全域旅游区"不可能局限在一个省、市、县范围内。以县、市为主体创建"全域旅游区"本身不符合游客跨区域移动的本质特点。要求"全域旅游示范区"编制多规合一规划是对的，但仅仅编制某个县、市行政区的"全域旅游示范区"规划也不合时宜。推进旅游业发展是个分步的、永续的过程，不能急于求成，更不能毕其功于一役。这一代谋划本地旅游发展时更要为后代发展留有余地，为可持续发展留下足够的空间，更要为保护生态和人文环境划定不准开发的"红线"。编制"全域旅游"规划不能"全区域"铺开。

发展全域旅游要有一个可执行的产业政策。推动地方重视发展旅游业，首先要用科学的理念客观分析本地的优势与劣势、动力与制约、需要与可能，引导旅游业循序渐进、分期逐步地发展。即使是"示范区"的试点也要稳步推进，创造可推广的样板。"优先纳入中央和地方预算内投资支持对象，优先支持旅游基础设施建设，优先纳入旅游投资优选项目名录，优先安排旅游外交、宣传推广重点活动，纳入国家旅游宣传推广重点支持范围，优先纳入国家旅游改革创新试点示范领域，优先支持A级景区等国家重点旅游品牌创建，优先安排旅游人才培训，优先列入国家旅游局重点联系区域"，这八个"优先"的许诺难以兑现。如果不从地方上"借调"大量干部，"优先列入国家旅游局重点联系区域"就办不到。事实上这种"借调"已被制止。这些"优惠"政策无异撒"化肥"、加"激素"揠苗助长。用这种方式调动地方积极性很可能导致盲目性。用这些"优惠"政策即使搞成的"示范区"也没有"示范"价值和可推广性，因为不可能对全国绝大多数地区都兑现这些"优惠"政策。

发展全域旅游要有一个正确的工作路线。疆域广、人口多、地区发展不平衡、省市县情不同是我国的基本国情。发展旅游要因地制宜不能"一刀切"。用"1000分"的"标准"答案去"考核"各个地方是否达到"750分"貌似"科学""公正"，实则搞烦琐哲学，助长形式主义甚至弄虚作假。《全域旅游示范区创建的验收标准》中许多条款是"重形式而轻内容"、鼓励"简单模仿""粗暴复制，低劣伪造"，如"推进全域旅游改革创新的力度与效果（130分）""对全域旅游创建和旅游发展的重视程度（130分）"；许多条款是凭主观印象打分、无客观标准可言，如"旅游安全、文明、有序和游客满意状况（120分）"中的一些条款；核心条款"旅游业对国民经济社会发展的综合贡献（120分）"，大多数地区目前的管理水平与统计状况下无法落实与核实。就培养典型、示范引路而言，应该是地方创新、创造在前，领导部门总结、提高、推广在后，如农业生产承包责任制先由小岗村的创造后由中央肯定、总结、推广，而不是先戴名目众多的"示范区"的帽子、编造一套繁杂而全国划一的"验收标准"，让地方再按这套"验收标准"去"创建"。"从群众中来，到群众中去"这条实事求是的工作路线永远不会过时。

第二节　全域旅游示范区建设的必要性

全域旅游是将特定区域作为完整旅游目的地进行整体规划布局、综合统筹管理、一体化营销推广，促进旅游业全区域、全要素、全产业链发展，实现旅游业全域共建、全域共融、全域共享的发展模式。发展全域旅游，是贯彻落实新的发展理念、适应旅游业发展新形势、遵循旅游业发展内在规律的客观需要，是转变旅游发展方式、实现由门票经济向产业经济转变的内在要求，是优化旅游空间配置、开辟旅游业发展新空间的有效途径。而开展国家全域旅游示范区创建工作，通过试点示范和引领带动，有利于各地因地制宜、突出特色、塑造品牌，形成各具特色、开放包容、共建共享的旅游发展新生态；有利于充分调动各方力量、整合资源、优化配置，开创大旅游发展新格局。

创建全域旅游示范区，推进全域旅游发展，是我国旅游业发展理念、发展战略和发展模式的一次重大转变，是区域价值、区域增长和区域交流的一次重大提升，是大众化旅游时代旅游发展再定位，是经济新常态下区域发展新引擎，是落实五大发展理念的综合载体，是推动供给侧改革的有效抓手，符合旅游业发展规律顺应时代潮流。

以上是官方给出的创建全域旅游示范区的意义，全域旅游示范区的创建，用集中的力量给予一部分区域支持，这样能很快看到全域旅游发展的成功，问题也能在短时间内爆发出来，不至于到了全国遍地开花时发现问题，到了不可收拾的地步。这是笔者认为全域旅游示范区存在的最浅显的意义。

第三节　全域旅游示范区建设现状

2015年8月28日，国家旅游局发出《关于开展"国家全域旅游示范区"创建工作的通知》，要求各地在9月30日前将首批申报单位资料报国家旅游局。有关领导表示，在全国2000多个县（市）中，"每年拿出10%的县来探索全域旅游，连续3年时间推进，这样就会形成600多个全域旅游发展的县"。该通知提出"国家全域旅游示范区"的6大验收标准。2016年2月发布262个"全域旅游示范区"创建名单，承诺对创建单位实行7大优惠"政策"，同时把建设"全域旅游"的理念、目标扩展到全国所有的省市县，"是新时期我国旅游发展的总体战略"。翻翻各地正在编制的十三五旅游发展规划，无一不把"全域旅游"列入"指导思想"与"发展战略"。从1988年至2007年10年之内才评定了306个"中国优秀旅游城市"。创建"全域旅游示范区"运动规模之大、速度之快、标准之高、政策优惠之多前所未有。

2016年5月26日,全国全域旅游创建工作现场会暨创建工作培训班列举了创建"全域旅游示范区"中的8个"忧虑":竭泽而渔、破坏环境;简单模仿,千城一面、千村一面、千景一面;粗暴克隆,低劣伪造;短期行为、盲目涨价;不择手段,不顾尊严,低俗媚客;运动式的、跟风式一哄而起和大拆大建;重推介、重形式,轻基础、轻内容;换汤不换药,换牌子不换体制,换机构不换机制,换人不换理念。及时指出和提醒"创建"活动中要防止的问题是必要的,但是分析为何会出现这8个"忧虑"的原因更为重要。笔者认为原因如下:

首先,6大考核指标不科学、绝大多数县市达不到,硬要推广,势必出现"简单模仿,千城千村千景一面""短期行为、盲目涨价""不择手段,不顾尊严,低俗媚客"等现象泛滥。

其次,许诺七大"优先"政策迎合地方官员任期内创造政绩的冲动,势必导致各地盲目跟风,争先恐后申报,导致"粗暴复制,低劣伪造""运动式、跟风式一哄而起""重推介、重形式而轻基础、轻内容"等现象泛滥。

最后,提出"对旅游业率先实现当地经济贡献率15%和新增就业贡献率20%,率先实施'1+3'旅游综合管理和综合执法模式,旅游厕所建设率先达标,旅游数据中心率先建成的创建单位,国家旅游局将优先组织验收",以此要求各地"优先组织验收"势必导致"换汤不换药、换人不换理念、换牌子不换体制、换机构不换机制"等现象泛滥。

但也有好的现状。如为了重点发展旅游,截至2016年6月份全国已有16个省份成立旅游发展委员会,但是那是省里的领导班子,每个县区抓"全域旅游"就要成立自己相应的"全域旅游发展委员会",建立最高领导负责制,实现县区一把手抓全域旅游,同时把旅游局、规划局、文化局、招商局、国土资源局、公安局、工商局、税务局、卫生局等相关部门的一把手都统统放到这个"全域旅游发展委员会"。建立任务达标管理制度,就是点兵点将了。把具体任务分派给每个局,让每个局拿出具体的行动方案,把具体任务分派给具体的某个兵,从上而下实现任务包干制,每一项任务都具体到某个人,把全年工作绩效与工作任务进行直接挂钩进行月度考核、季度考核、半年考核、年度考核。

还有，PPP模式介入全域旅游。全域旅游的发展正是一次社会资本与政府资本投融资结合的创新大变革，PPP模式的介入将在很大程度上推动全域旅游的根本性创新与质的变化。PPP模式，又称为公私合营模式，即Public—Private—Partnership的字母缩写，起源于英国的"公共私营合作"的融资机制，是指政府与私人组织之间，为了合作建设城市基础设施项目，或是为了提供某种公共物品和服务，以特许权协议为基础，彼此之间形成一种伙伴式的合作关系，并通过签署合同来明确双方的权利和义务，以确保合作的顺利完成，最终使合作各方达到比预期单独行动更为有利的结果。PPP模式将部分政府责任以特许经营权方式转移给社会主体（企业），政府与社会主体建立起"利益共享、风险共担、全程合作"的共同体关系，政府的财政负担减轻，社会主体的投资风险减小。

另外，全域旅游思维一大好处就是，大家开始动脑筋改变传统模式了，因为传统的景区景点已经远远不能满足大众旅游时代的市场需求。但是如何提升景区景点价值扭转局面呢？一定要建立全域旅游景区、景点衍生产品开发体系，实现景区景点衍生价值开发。故宫最近不断采取新理念新模式，一会儿玩VR，一会儿和腾讯合作，让全民跟故宫一起嗨，这就是最好的一个案例。唯有创新，才能生存，才能发展。那些原地不动的，你们可以提前给自己找好下岗的再就业去处，在全域旅游时代，你不动，别人替你动，你不创新，别人创新就颠覆你。整个产业链如果是航空母舰，你所处的产业环境就是一条小船，所以要想跟上大部队，你就要划得又稳又快。

笔者认为，目前来说，全域旅游示范区的创建如火如荼，但最终结果怎样，我们拭目以待。但是如果创建"全域旅游示范区"的指导思想、评定标准和工作方针一直不改变，那么现在冒出一点苗头的问题，以后只会越演越烈。

第四节 全域旅游示范区验收标准

国家旅游局局长李金早曾为全域旅游发展作出重要指示,实施全域旅游是一项复杂系统工程,需要系统改革创新。从六个方面提出了重点工作:创新发展战略,改革管理体制;创新经济社会发展规划和旅游规划;改革评价体系;创新投融资体制机制;创新旅游业态;试点先行、示范引领。最后一点"试点先行,示范引领"就是指的创建全域旅游示范区,这是全域旅游工作的重点内容,也是现阶段的重要验收形式。既然要验收就要有一定的标准,那么全域旅游示范区的验收该遵循怎样的一个标准呢?

对于全域旅游示范区的验收标准,国家旅游局局长李金早的《全域旅游大有可为》一文、国家旅游局《关于开展"国家全域旅游示范区"创建工作的通知》《关于公布首批创建"国家全域旅游示范区"名单的通知》等公告中有明确表述:对旅游业率先实现当地经济贡献率15%和新增就业贡献率20%,率先实施"1+3"旅游综合管理和综合执法模式,旅游厕所建设率先达标,旅游数据中心率先建成的创建单位,国家旅游局将优先组织验收。通过验收的,正式列入"国家全域旅游示范区"名录。最后,国家旅游局表示,将对国家全域旅游示范区创建工作实行动态管理,不能保持创建成果者,将令其及时出局。

大家都知道,能立于不败之地的公司都是有自己的绩效考核标准的,全域旅游示范区虽不是一家公司,但是却是一个完整的系统,需要一个考核标准。以上公告中的标准是最后的结果,而不能看作审核的唯一标准。标准中就完全没有提到生态的责任问题,只强调了最终的经济效益,旅游不同于其他商业,它具有其独特的历史责任感。全域旅游示范区的负责人、参与者、建设者要用使命和责任还中国一片绿水青山,要进行一场绿色资本革命,谁也不能再为了赚钱而数典忘祖。要为生态而战,为了孙后代留下一片绿水青山。建立全域旅游示范区绩效考核的标准的重要性不言而喻,应该建立一套全域旅游的绩效考核标准。

对于领导人来说,一定要具备领导力。领导不等于领导力。领导力是什么？1954年，管理学之父彼得·德鲁克（Peter Drucker）是这样描述经理人的基本任务的：

第一，决定目标，分配工作——经理人需要决定目标应该是什么，分析达成目标所需的活动、决策和关系，将工作分门别类，并分割为可以管理的职务，然后将这些单位和职务组织成适当的结构，选择合适的人来管理这些单位以及需要完成的工作。

第二，分层管理，制定衡量标准——经理人必须保证组织中每个人都有适用的衡量标准，衡量标准既把重心放在整个组织的绩效上，也关注个人的工作绩效，并协助个人达到绩效目标。同时，经理人需要与部属和上司沟通这些衡量标准的意义和结果。

第三，评估员工，奖罚分明——经理人透过管理，透过与部属的关系，透过奖惩措施和升迁政策，激励员工努力工作。同时，经理人透过管理方式，激发他们的潜能，强化他们的操守，训练部属以正直负责的精神完成任务。

这是20世纪大家从经理人的角度出发对领导力的理解，但21世纪大家对领导力提出了更高、更全面的要求。为了从一个传统的"管理者"转变为一名成功的"领导"，我们最需要做的不是完成既定的任务，不是设计好团队的组织结构，也不是熟练地发号施令，而是为所有成员营造一种充满激情和创新的环境——领导力不是一种方法或技能，而是一种独特的艺术。新的世纪需要新的领导力，新的世纪需要我们使用一种更加平等、均衡，更加富有创造力的心态来认识、理解和实践领导力。

从公告中能得知，全域旅游的领导就是地方政府。地方政府为了推动全域旅游的建设能否发动全民总动员？领导力的核心建设问题就是使命感与责任感，当你把全域旅游当成关乎子孙后代生存的大事情对待，民众就会拥护你；当你把全域旅游当成关乎改善地方民生的大事情对待，民众依然拥护你；当你把全域旅游当成一件推动地方行政体系自上而下改革创新建设途径的大事情，中央一定会支持你，社会资本一定拥护你。相反，如果大家仅仅抱着为了达标而达标的心态，心中无民族，心中无国家，心中无民众，心中无未来，那么试问你怎么会有使命感与责任感？没有使命感与责任感的领导怎么会长久得到民众的拥护，怎么会得到中央的重用？

讲完了领导，就要讲员工了。通用电气公司董事长兼CEO杰克·韦尔奇在论述员工评价标准的时候指出，对员工绩效的考察必须与对其价值观的考察结合起来，并着重看该员工的价值观与公司的价值观（尤其是坚持诚信的信念）是否吻合。这其中一共有四种可能：

第一，绩效达标，价值观与公司吻合——很简单，公司将毫不犹豫地为他提供奖励和晋升的机会。

第二，绩效没达标，价值观与公司不吻合——也很简单，马上请他走人。

第三，绩效没达标，但与公司的价值观吻合——再给他一个机会，考虑为他重新分配工作。

第四，绩效达标，但价值观与公司不吻合——这是那种足以杀死一家公司的人。现实证明，很多公司就是因为雇用了这些工作能力出色，但品格很差，或个人信念与公司背道而驰的人，才走向崩溃的。

中央为了全面推动中国可持续性发展，反复强调"全域旅游"以旅游业为优势产业，通过对区域内经济社会资源，尤其是旅游资源、相关产业、生态环境、公共服务、体制机制、政策法规、文明素质等进行全方位、系统化的优化提升，实现区域资源有机整合、产业融合发展、社会共建共享，以旅游业带动和促进经济社会协调发展的一种新的区域协调发展理念和模式，将一个区域整体作为功能完整的旅游目的地来建设、运作，实现景点景区内外一体化，做到人人都是旅游形象、处处是旅游环境。

在"全域旅游"概念提出的时候，国家旅游局已经给出了考核的五项指标：一是将发展旅游作为区域内各级政府和相关部门的重要发展目标和重要考核内容，形成明确的任务分工要求，形成推进全域旅游发展的合力；二是创新旅游数据征集、分析体系；三是加强综合效益评估，摆脱门票经济"依赖症"；四是创新投融资体制机制；五是创新旅游业态。

这些要求突出了创建中的改革创新方向、任务和重点，是基本准则。但各地的改革创新侧重点可以各有不同，推进的综合管理和综合执法，其内容和方式也可以多种多样，实现的路径也可以因地制宜。如建立旅游数据中心，可从实际出发，不一定需要当地独立建数据中心，也可以通过与大数据企业和专业机构合作，采取市场化机制构建新型的数据中心和采集体系。

创建文件中要求对旅游业率先实现当地经济贡献率15%和新增就业贡献率20%。对于这些指标需要引起关注的是，这里讲的是综合贡献，不是简单的旅游增加值占GDP的比重（直接贡献），综合贡献包括直接贡献、间接贡献和引致贡献，一般综合贡献比直接贡献要高出一倍甚至更多，因此提出的指标是15%。关于就业指的是新增就业中，旅游业就业贡献率20%，也包括了直接就业、间接就业，而且旅游业就业增长高于其他产业。

除了上述基本要求，在评价全域旅游示范区时，需要增加游客、当地居民及相关方等对全域旅游示范区的评价。在制订评价标准时，可以参考中国优秀旅游城市、旅游强县、最佳旅游城市等标准，进行简化和改造，对全域旅游示范区的旅游服务品质、安全、特色吸引力等各方面进行综合评价。

第五节 全域旅游示范区建设案例

一、四川省乐山市

（一）整合资源，形成发展合力

一是整合旅游资源，创新旅游产品。要树立现代资源观念，注意自然资源与文化资源概念的延伸，比如生态环境资源、民俗节庆文化资源、科技文化资源等。

二是整合行政资源，提高管理效率。通过整合行政资源，打破行政、行业分割，使各区、市、县和各职能部门积极参与、融入旅游的开发、建设、管理和共享。一方面，在游览线路设计、旅游服务设施布局上打破山头主义，从游客的利益出发整体上优化设计；另一方面，在环境保护、建筑风貌控制、市场秩序整顿上加强合作。要将乐山发展全域旅游落实到制定"十三五"发展规划中，各类规划之间也要充分衔接。

（二）壮大要素，打造泛旅游产业

全域旅游的发展离不开产业的支撑。不能再停留在"食住行游购娱"的粗浅认识上，要树立泛旅游产业的概念，以"多维梳理、多产联动、交叉融合、

优势聚集、配套发展"为理念，以泛旅游产业带动区域综合发展。要壮大核心产业要素，完善旅游产业链，推动产业融合。

（三）转型升级，发展休闲度假区

一是大力推进"峨眉山国际旅游度假区"建设，构建观光娱乐、文化体验、康体养生、商务会议、休闲度假等多功能复合型区域。

二是以乐山大佛、乌尤寺、龟城山、岷江环境为依托，以乐山滨江嘉州古城墙为文化背景，形成市民与游客共享的城市滨水休闲乐山大佛国际旅游度假区。

三是稳步推进以度假、田园风光、慢生活为核心理念的峨眉河田园度假慢城建设。

四是大力推进区县区域性旅游休闲度假区开发。依托夹江千佛岩、沙湾郭沫若故居、犍为罗城古镇、沐川竹海等旅游资源，划定区域性旅游休闲度假区范围，统筹规划建设。

五是打造环城市乡村休闲度假区。大力发展以观光体验农业为核心的乡村休闲旅游，打造规模化、品牌化、特色化环城市乡村休闲旅游度假带。

（四）深挖特色，形成区域间差异化发展

要深入挖掘本地文化产业特色，立足打造区域标识性项目，并通过品牌特色产品的建设形成特色旅游产业组团。通过区域差异化发展，在旅游资源、产品、形象上形成互补。

（五）创新突破，加快实施"全域旅游"

建立"全域旅游"营销协调机制，形成的"峨眉山—乐山大佛"为品牌的涵盖各县（市、区）的统一营销体系。整合线下传统营销手段，加大利用搜索引擎等线上营销渠道，建立线上线下立体化营销模式。依托乐山市国家智慧城市试点建设和承办四川国际旅游交易博览会平台，针对游客群体需求分类投放营销产品，提高旅游营销的精准性。

二、福建省永定县

永定县是龙岩市辖县，位于福建省西南部，闽粤交界的边区，总面积2216.3平方千米，人口49.204万人（2013年年末），通行闽西客家方言。永定县是著名的革命老区、福建省八大侨乡和重点对台县之一,也是福建省重点旅游县和对外开放旅游经济区。

永定县煤炭资源丰富,已探明储量4.5亿T,县域经济的发展长期依赖于以煤炭为主的矿产资源。由于受宏观经济形势下行、政策环境变化以及矿产资源的不可再生特性等因素影响,以煤为主的资源型产业发展模式已无法继续引领和带动整个县域经济的可持续发展,县域经济的转型发展已成必然。

旅游资源的禀赋和品质是一个区域旅游发展的基石,永定县拥有一批量质俱佳的旅游资源。全县旅游资源覆盖面广,但较成熟的优质旅游资源又相对集中于几个片区,具有"东南楼、西山水、中北红"的区域定性特征。2008年已成功列入世界遗产名录的永定土楼是永定县的核心旅游资源,具有级别高、品质佳、数量多等特点,现有土楼2万多座,遍布全县24个乡(镇),呈现出"全县分布、东南突出"的空间量化特征。勤劳的客家人民给永定留下的不仅是独具特色的客家民居,还有那别具一格的客家民俗风情,如作大福、打新婚、四月八、闹花灯、迎古事、迎春牛等民俗。永定也是著名的革命老区,红色文化旅游资源丰富。除了拥有独特的人文旅游资源外,永定还具有秀美的山水自然风光。龙湖景区作为国家水利风景区,山清水秀,碧波荡漾,舟行湖上,如入画中,构筑了一幅优美的山水画卷。龙湖畔的王寿山已被确定为国家级森林公园,山内林木葱郁、风光秀丽。此外,永定还有东华山、燕子岩、茫荡洋等山林资源以及下洋温泉、箭滩温泉等优质的地热资源。雄浑的土楼风貌与优美的湖光山色东西相对,交相辉映,形成永定"东楼西湖"的旅游发展格局,奠定了永定全域旅游发展的坚实基础。

在全域旅游的背景下,永定县新一轮的发展理念可概括为"六新":全新的发展观、全新的合作观、全新的资源观、全新的产品观、全新的市场观以及全新的服务观。全新的发展观体现的是整体、系统的可持续发展,它不局限于传统的景区景点,而是以点串线、以线带面的全域发展,最终实现旅游与当地社会、经济、文化、生态的和谐统一,形成"社旅共和""经旅共进""文旅共荣""生旅共生"的全域发展格局;全新的合作观指与旅游相关的全行业、全部门、全游客等利益相关者要以旅游为统领,携手创新合作机制与管理方式,共同促进全域旅游的实现;全新的资源观是指要突破传统的自然山水与人文景观资源的局限，在社会发展与产业融合中寻找发现区域内新的旅游吸引物；全新的产品观是指旅游产品的设计应充分考虑旅游吸引物的人文特性、自然属性和时空特性，并与游客类型及游览体验需求相契合，开发出全体验、全链条、全时空的旅游产品；全新的市场观指要突破以往只重外地客源市场，而忽视本地居民休闲需求的状况，全市场覆盖，准确把握游客的需求特征，利用全媒体营销手段来吸引旅游者；全新的服务观是指要将以往"非主即客"的观念转变为"主客一家"，以接待亲人的姿态为旅游者提供全天候、全程化的优质服务。

永定县全域旅游建设发展思路在永定县全域旅游发展理念的指导下，结合永定县旅游发展状况及全域旅游发展条件，可以从以下四个方面打造全域旅游。

（一）政府主导，开创全域化的旅游管理合作机制

政府主导是永定县全域旅游建设发展的重要保障。旅游业是一个综合性产业，涉及当地社会、经济、文化、生态环境等方方面面，其中利益关系错综复杂，要实现永定旅游"社旅共和""经旅共进""文旅共荣""生旅共生"的发展目标，需要县政府既作为旅游发展的牵头者，又要扮演各种利益关系调节者的角色，引导永定旅游走向新的发展阶段。为此，永定县政府应积极组织与旅游相关的"全部门"（如县旅游局、林业局等）、"全行业"（如酒店业、住宿业、旅行社业等行业及相关协会）、"全游客"（包括旅游者、商务者及当地居民等）集思广益，共同商讨永定县全域旅游管理合作机制，以更好地服务于各旅游利益相关者，服从于县域旅游发展的大局。全域化的旅游管理合作机制应能实现两个目标：一是能够有效地协调县域内各旅游利益相关者的关系，使之形成全域旅游发展的合力；二是能够与时俱进，积极采用旅游新技术、新手段，适应时代与旅游市场的发展变化，并能及时反馈给各相关政府部门、企业、居民，以迅速作出反应，保持永定全域旅游发展的时代气息。目前，永定已成立了旅游产业发展委员会，统一指导协调全县旅游工作。在充分发挥专家咨询委员会作用的同时，还应再积极探索其他全域化旅游管理合作机制，如可利用智慧旅游技术，成立永定县全域旅游发展智慧信息中心，打造全域智慧旅游平台等，使永定县全域旅游的发展更加现代化、智慧化。

（二）土楼引领，打造全体验、全链条、全时空旅游产品体系

永定全域旅游的发展要从全域角度，以土楼为引领，加强对县域旅游业态的梳理、产业的融合及产业链的延伸，解决永定旅游业态较为单一、产业融合不够、观光产品独大的困境，建立"全体验""全链条""全时空"旅游产品体系。全体验旅游产品的打造，要突破永定较为单一的观光旅游业态，充分挖掘以土楼为核心的县域旅游资源，加强与农业、工业、文化产业等的融合，使观光永定向美食永定、休闲永定、度假永定、养生永定、文化永定等发展。永定旅游要由"门票经济"向"链式经济"转变，减轻对土楼等旅游资源门票收入的依赖，发挥核心资源的综合带动效应。所谓"链式经济"是指由旅游的食住行游购娱会康教等相关要素所构成的旅游经济，永定要围绕县域旅游资源，做深做广每一链式环节，开发设计出"全链条"旅游产品。同时，永定除加强对白天旅游景观的营造和旅游产品的设计，也需重视旅游的"月光经济"，做活夜间旅游产品，带动夜间消费，黑白结合，打造全时空旅游产品体系，开展全天候旅游。由全体验、全链条、全时空旅游产品所带动发展的全体验、全链条、全时空旅游，将推动永定全域旅游的全面发展。

（三）市场引爆，进行全媒体营销

旅游营销宣传是一个地区提高知名度，发展旅游的重要环节。永定旅游拥有土楼这一旅游市场强力引爆点，发挥土楼强大的市场号召力，与县域内其他旅游资源整合进行全媒体营销，能够很好地增强县域旅游营销内容的厚度，提升永定旅游的内涵。全媒体营销是指通过影视剧、旅游宣传片、宣传手册、标识图等的制作，利用传统的电视、报纸、互联网、展销会、推介会及新型的自媒体、微信、微博、微电影、社交网络等宣传手段，进行全方位、多渠道、大密度的宣传推介。目前永定创作了大型交响乐《土楼回响》、大型原生态客家风情歌舞集《土楼神韵》和福建省首部大型原创歌剧《土楼》等客家土楼"三部曲"，协助或参与制作了《土楼探险》《远山的土楼》《客家妈妈》等一批展示客家土楼、客家文化的影视作品，取得了很好的效果。但可以看出永定前期的营销宣传主要围绕土楼及其所承载的客家文化开展，未来在保持土楼、客家文化热度的同时，可适度植入永定县域其他旅游元素，促进旅游宣传的全域化。此外，应根据不同旅游市场的需求，利用新技术手段，制作和设计相应的

宣传资料和旅游项目等，进行旅游市场的全覆盖营销，如针对儿童客源市场，可制作以土楼为主题的儿童动画故事片、儿童玩具、儿童游乐园等。为此，永定可成立专门的全域旅游营销宣传中心，利用全媒体手段，对县域旅游进行宣传营销，助力永定全域旅游的发展。

（四）服务规范，提供全天候、全程化旅游服务

永定全域旅游的发展离不开优质的旅游服务，对旅游的食住行游购娱等要素过程及旅游目的地服务的规范化、标准化是发展趋势，为旅游者提供全天候、全程化的旅游服务必不可少。全天候服务，即不分昼夜24小时提供旅游服务，而全程化服务则是为旅游者的行前、行中、行后都提供优质的旅游服务。旅游服务的规范依赖于政府或行业制定的各项标准、旅游企业的服务理念及旅游服务人员的素质。其中，政府应积极牵头或采取政企合作方式制定各项旅游服务标准，并在全行业推广实行。旅游企业应有自己独特的服务理念，将旅游服务做细、做精，推动旅游服务向高标准发展。对于旅游服务人员，企业要有规章制度进行良好的职业培训，政府要提供相应的培训机会，高校也要提供优质的旅游服务教育，政企校合作，共同商讨旅游服务人才培养机制，提升服务人员的素质。因此，永定可通过成立旅游人才培养处，创新旅游人才培养方式，培育专业旅游队伍，同时把握"2014中国智慧旅游年"的契机，积极采用智慧旅游新技术，打造永定全域智慧旅游服务中心，全天候为永定旅游者提供人性化、标准化、智慧化的全程旅游服务，确保永定全域旅游的建设发展。

三、黔南布依族苗族自治州荔波县

荔波生态环境良好、旅游资源富集，拥有"中国南方喀斯特"世界自然遗产地和"世界生物圈保护区"两张世界级品牌，是贵州省优先发展重点旅游区，国家5A级景区，也先后荣获国家文明县城、国家卫生县城、国家级生态示范区、国际王牌旅游目的地、中国最佳山水文化旅游名县、中国最美的地方、世界最美喀斯特森林等称号，更被誉为"地球绿宝石"。就目前来讲，荔波最好、最突出的资源就是生态环境资源。

在习近平总书记提出坚守生态和发展两条底线的引领下，基于省委、省政府打造旅游升级版的考虑，荔波最早于2015年3月提出全域旅游发展战略的创

意,形成了"三个维度、四个支撑、五个结合"的全域旅游发展体系。

(一)三个维度

第一个维度是空间的拓展。过去,荔波旅游基本只关注大小七孔,忽视了境内其他景区景点。大、小七孔景区占荔波国土面积不到5%,小七孔景区接待量最大为每天2.6万人,接待量相对较小,但是全县的旅游服务要素、配套设施基本都集中在这一区域。其实荔波有非常多的美景都没有被开发利用。比如,茂兰自然保护区,进入的交通条件、接待能力、旅游服务、配套设施等都相对较差,所以茂兰现在还是一个残缺的景区。另外还有淇江上游、兰鼎山、佳荣七彩河桫椤以及散落分布在全县各地的300多个古朴的适合开发旅游的村寨等等,这些景点和村寨开发出来后,将会形成荔波景区景点众星捧月、嫦娥散花的局面,可容纳更多游客,提供更多多样化的选择。所以,我们认为,荔波全域旅游在空间分布上不是仅仅局限在大、小七孔景区,而是要在全县2431.8平方公里范围内来开发和配置旅游要素资源。

第二个维度是产业的融合。产业方面,选择以旅游为核心,把一产、二产、三产和城镇化导入一种可持续发展的轨道。

在农业方面,主要抓两件事。一个是农旅结合,所有在建和已建的现代农业示范区、家庭农场、特色种养殖基地等都要把旅游要素融入进去,让游客能够充分体验。另一个是安全食品的提供。围绕打造"全国安全食品示范生产基地"为载体,在全域范围内做无公害生态安全食品,全面实现由农田到餐桌的过程无高毒农药、重金属残留。并把荔波无公害生态食品做成一个品牌,让荔波食品成为大众认可的安全食品,打响世界遗产地品牌效应。在工业方面,必须以旅游生态、环保为前提,一是环境污染的工业项目不能引进,二是产品必须与旅游中心高度契合。加快建设旅游商品生产基地、农产品加工基地、绿色轻工基地等,同时加大招商引资力度,大力引进2.5工业,如商贸物流、电商大数据、动漫产业、民族医药大健康产业、创意研发产业等,做大"绿色GDP"。在三产方面,金融、饭店、宾馆等都要围绕旅游业来布局。同时,大力开发新产品新业态,加快推进索道、轨道交通(小火车)、低空飞行、温泉等旅游项目建设,大力发展康体水疗、野外拓展、户外露营、山地运动、婚纱拍摄等一批高山康体休闲度假旅游产品,为游客搭建由观光游向休闲度假、养生养老、康疗娱乐等提供深度体验条件。

在城镇化方面，城市是旅游的一个重要方面，要大力开发旅游地产，吸引客商前来投资兴业。优化城市空间布局，将县城区域拓展到朝阳镇，面积达27平方公里以上。围绕国际化专业旅游城市的定位，做足做好亲水文章，加快推进"老荔波"古街区旧城改造、樟江河景观化治理与旅游航道改造、月亮湖湿地公园、三叠纪国际动漫乐园等项目建设，完善城镇交通网路、垃圾污水处理、城市公交公厕等功能配套设施及小区公共服务设施建设，着力培育一批规范化、标准化的星级酒店、精品客栈和一批上档次的影视娱乐场所、购物中心，不断提升旅游城市品位。同时，为了避免荔波县城建设陷入千城一面的误区，特意聘请了全国顶级团队进行城市设计，在传统规划设计上增加风貌设计、天际线、重点景观设计等，争取把荔波县城打造成看得见山、望得见水、记得住乡愁的旅游城市。

第三个维度是全民的参与。全域旅游战略的提出，不只是要领导干部认可，还要得到广大群众、投资者及社会各界的认同，将全域旅游发展战略作为全县上下发展的共识，形成推进全域旅游发展战略的强大合力。通过全县广大干部群众的不懈努力和社会各界人士的鼎力相助，到2017年把荔波打造成为贵州南部旅游中心和游客集散中心，带动周边县市旅游产业发展，切实担负起黔南旅游龙头的重任；到2020年把荔波打造成为贵州第一旅游名片，全县旅游接待人数达到2000万人次以上，旅游年综合收入达200亿元；到2025年实现境内5A级景区2个、4A级景区4个、3A级景区20个以上，将荔波打造成为黔桂旅游中心城市和游客集散地，最终实现世界知名、国内一流的旅游目的地和休闲度假胜地的奋斗目标。

（二）四个支撑

任何一项战略的形成都不可能是空中楼阁，只有把根基打好，战略才能持续健康发展。荔波要实现全域旅游，需要有"四个支撑"。

第一个支撑是交通的支撑。外快内优的交通网络是全域旅游的强大助力。外快方面荔波目前有机场一个、高速公路一条，今明两年还将陆续启动建设三都、榕江、环江到荔波高速公路。南丹至荔波高速公路争取在"十三五"期间启动，届时在县城周边形成高速路网系统。同时，贵南高铁过境荔波并在朝阳设站,最终会将荔波带进高铁时代。另外,加速推进荔波机场改扩建工程,使机场能够起降800以上大型客机,有针对性开辟和加密航班航线,做"快"外联交通。内优方面,目前荔波县交通局已出台了交通三年行动计划,计划用三年时间,打通景区之间的联络线、断头路,形成全域旅游的大环线、小环线、网络线,实现旅游景区游览无缝对接。

第二个支撑是金融的支撑。荔波是国家级贫困县,但是拥有丰富的旅游资源,可以通过时间换空间取得财力支持,目前,荔波正在同中信证券、兴黔财富、民生银行等金融企业进行战略合作,借助现代金融手段支撑完善旅游基础设施,做强旅游服务配套。推行政府和社会资本合作(PPP)、投融建一体化等模式,借助省州融资平台合作发行基金、债券等,巧借外力着力破解资金瓶颈,推动荔波旅游企业上市挂牌,助推全县旅游大发展。

第三个支撑是大项目支撑。旅游项目是旅游产业发展的支撑,也是旅游业跨越式发展的突破口。依托荔波自身资源优势,寻求大项目支撑,以大项目促进旅游大发展。目前,荔波谋划了1400多个项目,大项目有10多个。如中国贵州三叠纪国际动漫乐园项目,预计投资150亿元,建设内容包括三叠纪古生物化石博物馆、三叠纪主题游乐园、三叠纪动漫文化产业园及酒店等旅游产业。项目建成后,将成为世界上首家以三叠纪为主题的旅游休闲度假综合体。同时还有世界蜜月之都项目、樟江河流域的景观化治理、老荔波古城修复项目、月亮湖开发、全县108个古村寨改造等,目前已经有不少投资者正在跟进。

第四个支撑是人才的支撑。荔波县人才相对匮乏,为吸引人才、留住人才,荔波县对一些中端人才,如新来的大学生、硕士生、工程师等提供人才公寓,对高端人才采取修建专家楼,设立基金帮助部分企业支付高端人才费用等。同时,利用荔波高等职业学校进行人才培养,针对新形势、新常态开辟互联网+等专业,培养创客、电商等专业人才,为全域旅游发展战略提供人才支撑。

(三)五个结合

为了更好地推进全域旅游发展战略的全面实施,荔波还要做好"五个结合"。

一是要与生态环境保护相结合。所有的产业开发都不能以牺牲生态环境为基础,前提必须是保护环境。我们必须牢牢坚守生态保护和发展两条底线,坚持尊重自然、顺应自然、保护自然的基本价值取向,坚持绿色循环低碳发展的基本路径,把青山绿水变为金山银山,走出一条经济发展与生态文明相辅相成、相得益彰新路子,努力把地球这块绿宝石越擦越亮,实现旅游资源的永续利用和旅游产业的可持续发展。

二是要与文化相结合。文化是灵魂,各种各样的产业发展,如果没有与文化结合,那就没有了灵魂,就不能持续长久的发展。文化本身具有民族性、艺术性、神秘性、多样性、互动性等特征,将其与旅游融合发展,不断提升旅游文化内涵和冲击力,促进旅游消费转型升级。荔波县具有丰富而独特的少数民族文化、历史文化、红色文化、抗战文化、古生物文化以及多彩的民族风情,发展文化旅游产业,为打造全域旅游注入文化活力。

三是要与新的社会需求相结合。随着小康社会的逐步实现,中产阶级成为社会消费群体的主力,其特点是对生活品质的追求越来越高,对各种产品,包括旅游产品的高品质和高服务水平有着大量的需求。同时,要研究年轻人的需求,得年轻人者得天下,在旅游产业开发上要根据年轻人的生活习惯和消费需求,有针对性地开发旅游产品,旅游就有了超前的市场。

四是要与良好的商业模式相结合。没有好的商业模式,再好的项目要想顺利推进项目落地实施,也是一句空话。不管是企业成长,还是项目实施,都得依靠一个良好的商业模式,方能在业界竞争的浪潮中站得住脚,实现可持续的健康发展,保障项目顺利营运。

五是要与互联网+相结合。随着信息化技术的进步发展,大数据、互联网+、云时代逐渐走进人们的生活当中,吸引越来越多人和市场的关注,互联网+已渗透到每个领域和行业,成为时代发展的重要因素。在创新驱动的新常态下,如何把互联网+深度结合到旅游中,实现智慧旅游,使得全域旅游的吃、住、行、游、购、娱等要素,都可以在互联网支撑下,能够串联起来,为游客提供优质的个性化服务,从而满足需求各异的游客,并获得最佳的旅游体验。现在我们做得比较好的微信群,更新得比较快,大家通过互联网+的平台,在微信上发荔波的自然风光、风土人情,不断向外界宣传推介荔波,扩大我们的影响力和美誉度。

有一种说法,"全域旅游"是"世界旅游发展的共同规律和总体趋势,代表现代旅游发展的新方向。纵观世界著名的旅游目的地,无不是全域旅游发展的典范。瑞士、新西兰、法国、西班牙、澳大利亚等著名的旅游胜地,都是纯净的生态、优美的环境、风情浓郁的美丽小镇和乡村、高品质的旅游区、美丽风景道、特色旅游要素的集成"。这几个国家是否是"全域旅游发展的典范",暂且不论。但是,有三点是不应该忽略的:

第一,即便这几个国家到处都很美,但去那里旅游的人也都选最著名城镇和著名景区景点,也就是该文说的"著名的旅游胜地"。没有谁会选择一个"无景点"的"旅游胜地",当地人的休闲会去,但外地人来旅游不会去。

第二,这几个国家的旅游GDP都没有达到全国GDP的15%以上,西班牙为12%(2010年)、瑞士为8%(2012年)、法国为7%(2012年)、澳大利为2.4%(2010/2011年度)、新西兰为10%(2013/2014年度);旅游就业人数也没有达到就业人口的20%以上,瑞士为10.1%、新西兰为9%、法国为10%、西班牙为16%、澳大利为4.5%。

第三,这几个国家在几十年前就完成了工业化和城市化,现在第三产业占国民经济的比例、第三产业就业人口占就业总数的比例、城镇人口占全国人口的比例都在7成以上,人均GDP在4~7万美元。如果说它们是"全域旅游的典范",这就是它们社会经济基础,是社会文明全面发展的成果,不是靠政府的"政策""评定""创建"出来的。只有在完成了工业化和城市化之后,第三产业成为国民经济的主体才能有发达的基础设施、完善的社会服务设施和法治有序的社会文明环境。

第十一章　黄陂全域旅游发展——雁阵模式

第一节　全域特色——发展优势

黄陂置县于北周大象元年（579年），至今有1428年的建县（区）史，1983年由孝感地区划归武汉市。黄陂旅游业华丽蜕变，从无到有、从小到大、从弱到强，从名不见经传到全国知名，成功创建为湖北旅游强区，有其四大发展优势。

一、旅游业发展势头强劲

（一）湖北省旅游发展态势良好

在经济形势复杂多变的情况下，湖北省旅游业依旧保持良好的发展态势。根据绝对增长量和旅游总收入占地区CDP的比重两方面统计资料显示，国内旅游人数、国内旅游收入、入境旅游人数、外汇收入四项均保持了逐年增长，旅游业的年平均增长速度远超过地区GDP的年平均增幅且占三产业的比重逐年递增，湖北省旅游产业正进入稳步发展的快车道，其在国民经济中的地位日益突出（见表11-1、表11-2）。

表 11-1　2006—2015 年湖北省旅游基本情况

年份	旅游总收入（亿元）	国内旅游收入（亿元）	国内旅游人数（万人次）	外汇收入（万美元）	入境旅游人数（万人次）
2006	539.74	514.24	8459.78	32000.38	105.57
2007	640.87	609.40	10135.00	41264.00	131.81
2008	744.19	713.43	11678	44255.31	118.75
2009	1004.48	969.63	15065	51020.22	133.46
2010	1460.53	1409.48	20946	75116.49	181.74
2011	1992.89	1931.80	27155	94018.00	213.52
2012	2629.54	2553.55	34230	120296.72	264.72
2013	3205.61	3130.13	40621	121892.18	267.96
2014	3752.11	3675.98	46900	123851.30	277.07
2015	4300.00	3973.00	51605	124594.41	288.15

数据来源于《湖北统计年鉴2015》。

表 11-2　2006—2015 年湖北省旅游总收入及占 GDP 比重

年份	旅游总收入		占GDP及三产比重	
	绝对额（亿元）	同比（±%）	占GDP比重（%）	占三产增加值比重（%）
2006	539.74	14.1	7.2	18.0
2007	640.87	18.7	7.0	17.6
2008	744.19	16.1	6.6	16.2
2009	1004.48	35.0	7.8	20.1
2010	1460.53	45.4	9.2	24.8
2011	1992.89	36.5	10.2	27.7
2012	2629.54	32.0	11.8	32.0
2013	3205.61	21.9	13.0	34.1
2014	3752.11	17.1	13.7	33.1
2015	4300.00	14.6	14.5	—

数据来源于《湖北统计年鉴2015》。

（二）黄陂区旅游发展如火如荼

在"十二五"期间，黄陂区旅游业迎来了爆发式的发展。黄陂区2015年全区共接待旅游人数1516.7万人次，创旅游综合收入45.94亿元，同比分别增长25.2%和26.4%，均超额完成了预期工作目标，取得了经济效益和社会效益双丰收。黄陂区旅游综合竞争实力名列前茅，已经成为武汉城市圈名副其实的首选旅游目的地（见表11-3）。

表 11-3 2011—2015 年黄陂区旅游接待人次和旅游总收入

项 目	2011年	2012年	2013年	2014年	2015年
旅游接待人次（万人次）	507.9	803.5	1007.9	1200	1516.7
旅游总收入（亿元）	10.2	20.08	30.23	36	45.94

近年来，黄陂区旅游接待量和旅游总收入持续上升，其中很大一部分的游客来源于木兰生态旅游区。五年来，黄陂区将原有"单一型"景区打造成为全域旅游的联动型和扩散型景区，做到景在城中、游在城中。旅游不再是点线结合，而是点线面相互渗透，互为表里，使得游客在面上跳舞。接待游客的能力大大增强，同时游客停留时间也大大拉长，游客体验也更加多元化、更加满意。

二、旅游资源优势

"幽幽盘龙，殷商先祖江畔发源；巍巍木兰，隋唐女杰天下名扬；大别山，英雄革命起烽火；双凤亭，圣贤济世留华章。"秉承历史遗风，沐浴自然恩赐。黄陂在漫长的历史进程中，孕育形成了独具特色的地域文化资源，木兰文化、盘龙文化、"二程"文化、首义黎黄陂文化四大文化源头汇集，享誉海内外；红色文化、民俗文化丰富多彩，誉满荆楚。

（一）文脉地脉资源丰富

文化上，其境内有四大知名文化源头汇集：一是殷商盘龙城文化，距今3500年，被专家学者论证为"华夏文化南方之源，九省通衢武汉之根"。二是木兰文化，由南北朝时期巾帼英雄花木兰代父从军故事演绎而来。三是"双凤亭"二程理学文化。为纪念北宋理学家程颢、程颐出生地而修建的"双凤亭"就屹立在前川鲁台山，这里留下了很多二程幼年时代的传说。四是"首义黎黄陂"的革命文化，黄陂是辛亥革命文化重镇，走出了辛亥首义大都督、首义"大总管"、首义发难"第一人"、雕刻都督"第一印"、首义第一"神童"等一批辛亥首义风云人物。除此之外，黄陂区盘龙城商代早期城市遗址的发现，也为黄陂赋予了厚重的历史文化色彩。这些文化因得到世界的广泛认同而享有较高的知名度。

地貌上，黄陂区北部位于大别山山脉的尾端，地表形态多样化，所以有着丰富的自然旅游资源。例如，以木兰天池、素山寺国家森林公园为代表的森林峡谷自然景观资源；以木兰湖为代表的滨湖休闲度假旅游资源；有以古门山为代表的石景地貌地质景观资源；有以清凉寨为代表的高山生态避暑旅游资源；有以云雾山十里花山为代表的特色植物生态景观资源；有以大余湾为代表的民俗文化旅游资源；有以姚家山新五师师部旧址为代表的红色革命旅游资源。这些旅游资源不仅在省市内具有独特的卖点，在国内也具有一定的影响力。

可见黄陂文脉和地脉资源都很丰富，可以说全区是宝，遍地是文化，处处是景，发展全域旅游，让其丰富的旅游资源转变为旅游优势。都说全域旅游是从全景到全域，不是所有区域都能达到全域的境界，首先要有覆盖全区发展成熟的点。

（二）5A牵头，以优带全

截至2015年，黄陂拥有国家5A级旅游景区1家（包括木兰山、木兰天池、木兰草原、木兰云雾山），国家4A级旅游景区4家，3A级旅游景区4家（木兰胜天和姚家山旅游景区正在申报4A级旅游景区），高质量、高品质的A级旅游景区在全国区县名列第一。黄陂已经形成了"四大生态体系"：一是以北部木兰生态旅游区为核心的山水生态体系，由南北朝时期巾帼英雄花木兰代父从军故事演绎而来的木兰生态旅游区面积947平方公里，有武汉境内最高的山，最洁净的湖，最大的森林公园，最多样化的动植物种类，幽、奇、险、秀集于一体。二是以南部滨湖为核心的湿地生态体系，濒临盘龙后湖，面积大约150平方公里。三是以前川中心城为核心的城镇生态体系，城区绿化、景观道路绿化，外围林网绿化等，形成一定特色。四是以东西部高效农业示范区为核心的生态农业体系。

（三）集群效应，全域景区化

首先，黄陂除了有上述A级景区，还有各类配套旅游休闲点。黄陂已建成各类宾馆酒店63家，全国休闲农业旅游示范点4家，还建成休闲特色集镇6个、休闲专业村58个、休闲山庄168家、星级农家乐956家，其中最高等级的五星级农家乐9家，位列全省第一。2015年，黄陂区被评为全国"美丽乡村建设典范区""湖北省乡村旅游突出贡献区"，木兰草原新村被农业部评为"中国最美休闲乡村"。

其次，黄陂拥有全时间的旅游吸引物，正在大力推进四季赏花游，着力打造木兰云雾山杜鹃花、木兰清凉寨中华樱花、木兰草原格桑花、木兰花园玫瑰花、木兰天池杏花、大余湾花海乐园等16大赏花游项目建设，使黄陂成为武汉新花城的主打区域，黄陂赏花游黄金线路成为武汉"新花城"和全省赏花游精品，形成黄陂区旅游发展新的引爆点。其中，木兰云雾山杜鹃花、木兰清凉寨中华樱花、木兰草原格桑花、木兰天池杏花被评为"武汉新花城十景"。

这样一个以自然生态为主体，以人工生态为补充的大旅游环境是黄陂发展全域旅游的最大竞争优势。依赖大自然的恩赐、悠久文化的灌溉，加之黄陂人民坚持不懈的努力，黄陂发展全域旅游，势如破竹，势不可当。

三、优越的地理环境

黄陂，地处武汉市北部，湖北省东部偏北。东与武汉市洪山区、新洲区接壤，南与武汉市东西湖区、江岸区相连，西与孝感市孝昌县、孝南区毗连，北与孝感市大悟县、黄冈市红安县交界。区境南北最大纵距104公里，东西最大横距55公里。《湖广通志》称黄陂"东鹜赤壁，南骋鄂渚，西汇七泽之雄，北距三关之险"。所辖区域内的武汉天河国际机场是武汉之窗。长江航线、5条国道、8条高速、武汉轨道交通一号线也都经过辖区，交通便捷。

四、政府、企业、居民的态度

（一）政府大力支持

黄陂区委、区政府对"十二五"旅游业提出了"建设武汉生态休闲之都，打造全国旅游目的地"的产业战略发展目标,采取了一系列的发展措施,通过五年的发展,黄陂旅游已成为湖北省旅游的标杆。先后获得国家人力资源和社会保障部及国家旅游局授予五年一度的"全国旅游系统先进集体"、国家农业部和国家旅游局授予的"全国休闲农业与乡村旅游示范区"、中国老区建设促进会授予的"中国最具活力的老区生态旅游示范区",以及"中国最美生态文化旅游名区"、"全国和湖北省旅游标准化示范区"、"中国十佳旅游区(县)"、"美丽中国梦想旅行地"、"湖北旅游强区"、"2014年度中国最美休闲小城"、"2014中国十佳休闲度假区(综合体)"、2015旅游业"最美中国旅游目的地景区"、"湖北省旅游产业发展突出贡献区"、"2016湖北省全域旅游发展最佳示范区"、"2016湖北最具价值旅游目的地品牌"等荣誉称号。

在"十三五"期间,黄陂将全面提升区内外部交通枢纽的旅游集散功能,强化旅游要素集聚功能以及行业服务、管理和产业创新中心功能,进一步扩大旅游业对相关产业的带动作用,重点建立"五大体系",即完善且国际化的旅游公共服务体系、丰富且极具地域特色的产品体系、要素齐全且有效衔接的旅游产业体系、覆盖全面且便捷舒适的旅游交通体系、具有全国影响力的旅游品牌体系。

(二)资金大量注入

所谓全域旅游就是政府搭台,企业唱戏。近几年的投资数据显示,民间资本投资旅游业快速增长,占全部旅游投资的50%以上,旅游行业的推进与完善需要大量企业的注入,一批优秀的企业,投资开发黄陂花卉,推动四季旅游项目的发展,使得全区基本形成春可品茶观花、夏可避暑漂流、秋可登高赏叶、冬可浴泉康体的四季旅游特色。

(三)居民积极参与

黄陂区旅游经过10多年的快速发展,已经在全区上下形成了"旅游引领全区发展"的共识,并形成了独居特色的"五主模式"。目前,景区周边乡村农民的生产生活与景区发展密切相关,相当一部分农民由此脱贫致富。

第二节 全域观念——黄陂行动

黄陂旅游业华丽蜕变，从无到有、从小到大、从弱到强，从名不见经传到全国知名，成功创建为湖北旅游强区。在全民旅游和个人游、自驾游为主的全新阶段，结合黄陂资源禀赋优势，把旅游业作为战略性支柱产业来培育，以旅游抓富民、抓开放、抓就业、抓环境，积极转变旅游发展模式，以全域旅游进行旅游发展战略的再定位，打造"国家全域旅游示范区"，业已走出一条具有黄陂特色的竞进提质、量质兼取的全域旅游发展之路，黄陂旅游可谓是层林尽染，风华正茂。

一、整合"大空间"：全域化空间布局

（一）更新观念

坚持把旅游业作为全区"最大的项目"、最有发展潜力的"无烟工厂"和"绿色产业"来抓，以实施《黄陂旅游业发展"十三五"规划》为契机，用"全域大旅游"理念来研究、思考和推进黄陂旅游发展。把全区的一山一水、一村一湾、一街一巷都打造成"宜居宜游"的生活常态化景观，推动旅游产业的全景化、全覆盖，真正将黄陂建设成为全国旅游扶贫致富样板和以旅游解决"三农"问题、促进大别山革命老区区域一体化发展的示范区。

（二）科学规划

根据国家旅游局关于"国家全域旅游示范区"创建工作要求，严格对照《黄陂区旅游业发展"十三五"规划》，编制并落实《黄陂区国家全域旅游示范区规划》，科学规划景区发展总体空间布局、重点项目、基础设施建设、交通组织、业态布局、标识系统、管线系统等内容。

（三）高位谋划

努力构建"一心一轴四区"的全域旅游新格局，加快建成武汉城市圈的龙头和全国旅游目的地。"一心"，即黄陂城区和新城；"一轴"，即滠水河和岱黄高速，此轴为复合轴，集交通、文化、游览、产业四位一体，在将来可充

分利用滠水河打造亲水旅游线，并通过水运通达长江旅游港，利用南部湿地发展生态旅游；"四区"，即北部生态旅游区、西部临空经济区、东部休闲农业区、南部商贸休闲旅游区。

二、激活"大市场"：全体验产品体系

（一）狠抓项目

着力推进盘龙城遗址公园、三台寺景区、银杏山庄、王河水乡、木兰花谷、木兰花乡、木兰小镇等项目建设，同时，深化亿利木兰湖度假区、吉利汽车主题公园、致丰好莱坞影视城等项目开发的前期工作。着力打造16大精品赏花游项目建设，形成黄陂区旅游发展新的引爆点，使得黄陂成为武汉新花城的标杆。

（二）丰富产品

以片区特色化、线路网络化方法入手，立足游客需求，打造"全时"、"全景"体验产品，打造赏花游、泛水游和郊野生态度假游等特色精品旅游，打造"月色木兰"夜游品牌。进一步扩大黄陂木兰生态文化旅游区5A级景区、大余湾、清凉寨、锦里沟、农耕年华等4A级景区的知名度、美誉度，申报创建一批A级景区，大力发展特色乡村休闲度假游，打造滨水、休闲、购物、花卉、乡村、美食、养老、文化等八大休闲产品体系。鼓励开展乡村度假，积极发展自行车旅游、自驾车旅游、体育健身旅游、医疗养生旅游等休闲产品，提高我区红色旅游在武汉市的吸引力和影响力。抓住现代都市人渴望回归自然的情结，大力打造"寻根之旅"，深度挖掘黄陂传统特色文化，恢复"前川老十景"和"二程书院"等传统项目。

（三）整合资源

按照全区"一盘棋"整合政策资源，将水利项目、交通项目、新农村项目、扶贫项目、林业项目、赏花项目、农村环境整治项目等进行整合。进一步挖掘利用黄陂的物产和特色资源，积极推进旅游购物产业化发展，提高旅游商品设计和生产能力，开发具有黄陂特色的便于携带，集观赏性、实用性与纪念性于一体的纪念品和旅游配套用品体系，不断丰富适合不同人群需要的旅游休闲产品类型。

三、融合"大产业":全链条产业集聚

(一)创新增长

确立木兰康谷健康养生旅游目的地建设目标,按照"中部第一、全省唯一"的要求,依托木兰文化生态旅游区,充分发挥区域旅游业、生态农业、资源环境、区位交通四大优势,创新旅游+发展模式,突出旅游融合联动发展、泛健康产业发展特色,重点围绕健康旅游、健康食品、健康养生(养老)、健康管理(包括中医药医疗保健服务、健康培训等)四大产业的培植发展,把武汉木兰康谷打造成中部规模最大、水平一流的健康产业聚集区。

(二)促进融合

大力推动旅游业与金融、物流、影视娱乐等现代服务业互动发展,营造"山水观光、乡村旅游、休闲度假、商务会议、康体养生"五位一体的立体旅游业态新格局。将旅游业与生态农业相融合,发展农业精品观光体验;旅游业与文化产业相融合,打造"寻根之旅"等高品质文化旅游线路;旅游与商贸融合,以"奥特莱斯""汉口北"为支撑,大力发展商贸、购物旅游消费;旅游与信息产业融合,利用互联网、物联网等系统,实现旅游信息、客流信息、消费信息全方位对接,提升黄陂全域旅游智慧化水平;将旅游与制造业相融合,发展旅游装备业,加快开发具有黄陂特色的旅游商品和旅游纪念品,增强旅游业的辐射能力和发展后劲。

(三)整合营销

以"木兰文化"作为黄陂全域旅游的灵魂,通过举办"木兰文化大讲坛""中部乡村休闲旅游论坛"木兰湖环湖徒步全国露营大会等活动提升木兰文化时代感召力。构建"旅游网站+社交媒体+APP+在线旅游社区"的一体化网络营销体系,注重在线平台的互动体验设计,建立政府支持、部门协同、企业联手、媒体跟进、游客参与的"五位一体"整合营销机制。争取每年统一对外宣传推广费按20%递增,形成全区旅游营销一盘棋,力推中国木兰旅游品牌成为全国著名旅游品牌。

四、构建"大服务":全覆盖服务体系

(一)改善交通

联通岱黄高速和黄土线,对接十堰、安徽等北方旅游市场;在三环线、外环线等开设进入黄陂的新闸口和通道,直通黄陂景区群,开辟天河国际机场至黄陂的旅游专线交通;充分利用天河机场规模庞大的客流,就近落地建设华中地区最大的租赁自驾集散中心,吸引客流进入黄陂,直接将天河机场变成黄陂的机场,将黄陂全域旅游的客厅向南移,将黄陂区打造成为湖北旅游天上来客第一站;积极抢抓武汉新港建设契机,利用武湖沿江的地形,建设面向内河游船的高规格、多功能旅游码头,开辟黄陂旅游的水上门户,全方位跨入黄陂旅游"立体交通"与"畅通快旅"新3.0时代;进一步完善黄陂全域旅游大环线,串联各景点之间的连接,并沿线设置旅游驿站,彻底解决通往景区的"最后一公里"问题,通往景区入口道路全部"黑色化",改善景区景点内部道路状况,设置规范标准的交通导向标识牌。

(二)增强配套

结合"文明创建、美丽乡村创建、农村清洁工程"等工作,整合项目、资金、资源,抓好重点景区及周边和道路两旁的供水、供电、环卫、消防、通信、停车场、旅游标示等基础设施建设和整治,从硬件建设"5A标准"向服务品质与消费档次"5星标准"转型,率先全面推进全省的旅游"厕所革命"建设与运营样板。

(三)提升接待

加快培育一批星级酒店、星级餐馆,扶持一批重点旅行社做大做强,引进建设大型娱乐城等休闲项目。积极引导现有农家乐壮大规模、提升品质,逐步实现向农家客栈、度假山庄、山地会所转变。尤其要深入挖掘传统风味菜肴,开发地方特色美食,规划建设特色餐饮一条街,打造特色餐饮亮点。

五、营造"大环境":全社会共建共享

(一)改革机制

抓住供给侧改革机遇,改革创新旅游体制,从旅游市场监管、旅游公共服

务、旅游产业促进、扩大旅游开放、旅游管理体制和基础制度等方面推进综合改革，推进旅游基础设施和公共服务PPP等投融资模式改革创新。在各街乡成立旅游办，依托原辖区范围内的人民法庭成立旅游巡回审判法庭，为发生旅游纠纷的当事人提供专业咨询、诉讼及非诉讼服务，并不断完善"旅游委+旅游警察、旅游工商分局、旅游巡回法庭"治旅模式建设。加快改革木兰山管理体制，实行管理权和经营权分离，真正发挥木兰山的龙头景区作用。研究确立木兰文化生态旅游区管理中心的运作模式，落实对旅游集散中心及4个5A景区进行统一管理，统一宣传和统一运营等措施。

（二）标准驱动

坚持"贯标为主、创标为辅；条块结合、示范引领；培育品牌、全面推进"的工作思路，以旅游厕所建设为突破口，提升旅游公共服务的标准化水平。顺应当前如火如荼的互联网+战略，借助武汉首批"国家智慧旅游试点城市"先行先试的契机，建设景区智慧旅游应用系统、城市智慧旅游公共服务点、旅游服务热线12301、旅游移动互联网络应用等内容，率先建成功能完善基于互联网的黄陂智慧旅游综合服务平台，并以此逐步构建黄陂旅游产业大数据服务中心，努力将黄陂建成省级智慧旅游示范点，最终成功进入全国智慧旅游及旅游数字化管理的样板区之列。

（三）智慧引领

重点完善提升黄陂旅游咨询服务中心、旅游集散中心、旅游营销推广中心和信息技术应用中心等全市层面的四大旅游公共服务中心，推动旅游宣传营销精准化、市场监管精细化、业态打造精品化、服务管理智能化，同时加快推进旅游产品业态创新，努力满足不同游客群体的需求。深化智慧旅游服务体系建设，建立集酒店、旅行社、景区信息的智慧旅游云平台，方便游客通过便携式终端设备购买旅游产品、预订门票、查询路线。建立"区—乡—企"三级网络互联共享机制，实现旅游信息资源高度共享，对全域内的旅游要素实现无边界整合，有针对性地推广城市旅游路线、景点景区，为不同群体游客提供个性化、订制式的旅游服务。

（四）精准扶贫

按照"和谐街道—特色小镇—美丽乡村—快乐社区—淳朴土家"五级标

准，开展城乡规划、村庄环境整治、城镇功能品质提升、节约型城乡建设，打造"美好生活、美丽乡村"目的地形象。将发展乡村旅游作为精准扶贫的重要途径，让美丽乡村成为幸福生活的家园、增收致富的田园、观光休闲的公园、成为寄托乡愁的故园、成为投资兴业的乐园。精确识别扶贫对象、精确确定帮扶措施、精确制定监管办法、精确配置扶贫资源，加强农民旅游就业创业教育，引进成熟的农村电商模式，走乡村休闲旅游、生态农业、电子商务"三位一体"发展之路，建设乡村旅游创客示范基地。

第三节 创新突破——发展成效

一、旅游产业规模扩大——全域旅游之面上跳舞

30多年来，黄陂区发展旅游，以建景点、景区、饭店、宾馆的"景点旅游"模式推进，造成各景点景区的封闭建设，游客仿若"点上跳蚤"，在旅游线上折腾。全域旅游将原有"单一型"景区打造成为全域旅游的联动型和扩散型景区，做到景在城中，游在城中。旅游不再是点线结合，而是点线面相互渗透，互为表里，使得游客在面上跳舞。

截至2015年年底，黄陂区旅游景区有15家。这种高密度、高品质的景区群在全国尚属首例。黄陂区有旅行社6家，门市部达25家。各类旅游宾馆酒店63家，其中有3家正在申报四星级，1家申报五星级。

黄陂区乡村休闲游得到快速发展，木兰乡成功创建全省旅游名镇，木兰乡和大余湾分别被命名为湖北省旅游名镇、名村，长轩岭街和蔡店乡刘家山村分别成功创建武汉市首批旅游名镇、名村。谦森岛庄园、武湖生态农业园、农耕年华、胜天农庄被评为全国农业旅游示范点。全区已建成休闲特色集镇6个、休闲专业村58个，休闲山庄168家，星级农家乐近千家，其中五星级农家乐9家，位列全省第一。

二、旅游基础设施完善——全域旅游之全面开花

发展全域旅游要优化配置经济社会发展资源，充分发挥旅游带动作用，实现景点景区内外一体化，按照全域景区化的建设和服务标准，整体优化环境，优美景观。完善旅游基础设施是实现从小旅游格局向大旅游格局转变的重要方式。

黄陂区高度重视旅游基础设施建设，每年在旅游基础设施建设上给予巨大投入，整合各类资金近10亿元，用于基础设施建设和环境改造等。

第一，完善全区旅游导视系统。制定了《旅游城市公共标识指南》，对区内所有标识按标准进行更新、完善和补充。目前，黄陂区拥有了全省最标准、最完善、最全面的旅游导视系统。

第二，高标准提升旅游公路。共投资5.8亿元改扩建了全区旅游公路，实现了15分钟可到达一个景区，2小时串联所有景区的"15+2"旅游交通圈。

第三，新建了黄陂旅游集散中心。为适应黄陂旅游发展要求，结合创5A和标准化建设，投资5000万元修建了黄陂旅游集散中心。成为武汉北部地区重要的旅游集散、咨询、换乘中心。

第四，争取省市区共投入1000万元实施智慧旅游，建成了高标准的智慧旅游平台，加大改造升级力度，实现了景区电网、移动网络全覆盖，全区"吃、住、行、游、购、娱"于一体的旅游服务体系更加完备。

第五，对旅游区的电力、通讯等设施投资改造升级。

第六，打造全市首条最长的绿色旅游景观通道岱黄高速至木兰大道，升级改造130公里的木兰文化生态旅游区交通环线，实现全区各大景区之间"20分钟可达、2小时串联"的旅游线路循环贯通。

第七，开通了市区重点区域和汉口北轻轨站至重点景区直通车，及区旅游集散中心至各景区公共汽车。

黄陂旅游服务、旅游管理、旅游基础设施建设上了一个新水平、新台阶，使全区旅游行业管理和服务在规范化、人性化、特色化、精细化、智能化等方面同步提升。

三、旅游市场半径扩张——全域旅游之全面带动

黄陂区十分重视旅游市场的打造，一直坚持党政主导、市场运作的模式对旅游市场进行开发和培育。

（一）加快推进旅游"走出去"战略

有效协调各景区和旅游企业抱团发展，联合做营销，多次牵头组团参加地区和全国性的旅游宣传推介、营销交易、交流合作和学习考察活动，举办"万名老广游木兰""百万中原人畅游木兰故里黄陂"活动，紧紧抓住武汉在全国高铁的中心区位优势，积极开拓高铁沿线旅游市场。与周边5个市区县建立了旅游战略合作伙伴和联盟关系。

（二）积极举办各种旅游节庆活动

到2015年，黄陂区成功举办了14届武汉木兰旅游文化节，7届木兰山登山节和7届武汉木兰杜鹃节。还有武汉首届赏花节暨"灵秀湖北'市长xie你游'"启动仪式，"国际旅游小姐大赛中国总决赛"、木兰草原的那达慕节、木兰清凉寨的喊山茶节等也办得有声有色，这些活动的成功举办有力地提升了黄陂的美誉度、知名度和影响力。

（三）利用媒体营销

充分利用平面、网络、电视等媒体宣传，积极利用户外广告、车身广告、电子显示屏等形式宣传营销。

因此，黄陂旅游市场也由原来以武汉为主逐步转变为以华中为主，并且辐射到全国各地，旅游市场半径得到进一步扩张，全面带动黄陂区全域旅游发展。

四、试点创建成效显著——全域旅游之特色模式

（一）通过创建智慧旅游试点区来提升旅游配套服务

2013年以来，作为武汉市智慧旅游建设试点区，黄陂区充分利用信息技术，开通了黄陂旅游官方微博、微信等新媒介，建立了旅游资源数据库和资源共享、互联互通的在线旅游市场体系，形成了功能齐全、配套服务完善的多媒体网络系统。黄陂区还探索通过实时数据掌握各景区游客接待量及高峰预警，有效引导了游客有序游览。

（二）通过创建全国标准化示范区来规范旅游管理

2014年，黄陂区以908分的优异成绩顺利通过终期验收，成为全国旅游标准化示范区的样板。通过创建"黄陂木兰文化生态旅游区"国家5A级旅游景区和全国、全省旅游标准化示范区"双创"工作，对区内所有旅游标识按标准进行更新、完善和补充，全区旅游行业管理和服务在规范化、人性化、特色化、精细化、智能化等方面得到提升。

（三）"五主模式"受到社会广泛重视

黄陂区长期坚持旅游兴农富民战略，推行党政主导、企业主角、农民主体、行业主管、品牌主打的"五主模式"。同时区政府出台了一系列支持旅游业发展的政策，拿出"干货"，在资金、土地、税收、信贷等方面对景区建设给予政策支持，完善了从领导机构到规划体系到政策支撑的谋篇布局。旅游已成为黄陂当地农民增收致富的重要途径，旅游业已真正成为黄陂最重要的兴农富民产业，实现了由传统农业大区向旅游强区、名区的蝶变。黄陂旅游"五主模式"已成为"美丽中国、灵秀湖北"乡村建设的样板。2014年1月13日，湖北日报整版报道了省政府研究室对黄陂旅游发展思路的总结，充分肯定了"五主模式"。

（四）黄陂"厕所革命"发展模式在全省全国推广

近年来，黄陂区按照旅游厕所项目建设计划全面推进旅游厕所建设，全面推进"厕所革命"，并通过抓进度、抓质量，着力抓好在建及已建旅游厕所的长效管理工作。迄今为止，全区建成星级旅游厕所54座，其中五星级旅游厕所4座，四星级旅游厕所19座，三星级旅游厕所16座，二星级旅游厕所15座，并且建设旅游环线厕所10座，并荣获"湖北省旅游厕所革命工作突出贡献区"。2016年2月15日，国家旅游局局长李金早率全国省市区旅游局长和全国6个副省级城市市长考察黄陂旅游厕所建设成果后，给予了充分肯定，他指出：黄陂区旅游厕所不仅布局合理、功能完备，而且标识标牌数量多、清晰明了，体现了从景区旅游到全域旅游模式转变的发展理念。

（五）生态保护激活"美丽经济"的旅游发展模式

《人民日报》深度报道黄陂区生态保护激活"美丽经济"的旅游发展模式。2015年5月31日，《人民日报》以《武汉黄陂生态保护激活"美丽经济"》为题，对黄陂区近年来通过保护生态环境，以美丽风光打造"美丽经济"收获生态红利进行了深度报道。在黄陂，发展旅游始终绷紧生态弦。2015年，黄陂旅游局邀请建筑设计师给5A景区"挑刺"、为生态"把关"。设计师提出20多条意见，并依照意见，组织各景区评估整改，把好旅游发展的"生态关"。

黄陂区旅游的发展，也得到了全国各级领导的关注。

第一，2016年2月15日，全国旅游工作现场会在武汉召开期间，国家旅游局局长李金早率全国省市区旅游局长和全国6个副省级城市市长考察黄陂后，充分肯定黄陂区实现了从景区旅游向全域旅游模式的转变，大格局基本形成。

第二，2016年全省旅游发展大会上，省委书记李鸿忠给黄陂发展旅游的经验点了三个赞。

第三，2016年5月14日，国家旅游局副局长王晓峰亲临黄陂检查旅游市场监管情况时，不仅指出黄陂区高度重视旅游，大力支持监管人员配备和旅游监管综合平台建设，认为这个水平在全国区县当属一流，值得学习推广，而且还为景区格桑花、玫瑰花海和黄陂旅游厕所以及文明旅游点赞。

第四，2016年5月26日，全国全域旅游创建工作现场会上，吴祖云区长代表黄陂，作为全国10家首批全域旅游创建示范单位做了交流发言，黄陂以大理念全域布局旅游，以大投入全域推进旅游，以大愿景全域提升旅游，走出一条具有黄陂特色的竞进提质、量质兼取的全域旅游发展之路的做法和体会，受到了李金早局长及全场与会代表的交口称赞。

第五，2016年8月7日，国家旅游局局长李金早及北京中兴通投资集团董事长还专门来陂考察旅游项目。五年来，到黄陂区参观学习的人数超过5000人次，而且每年到黄陂区参观学习的人数逐年增加，其中仅2016年1~7月，就接待全国各地到黄陂参观学习共920余人次。

五、旅游惠民实施显著——全域旅游之全民共享

全域旅游强调全民共建共享，释放旅游业综合功能、共享旅游发展红利，宾主相宜，主客共享，以打造全面满足游客体验需求的综合性旅游目的地促进全域经济社会发展。

第一，政府每年投入1000万元对景区创A、饭店创星、厕所创星、农家乐创业及汽车露营地等项目建设予以政策支持和奖励，吸引了大批知名企业和民营资本纷至沓来，黄陂旅游成为沸腾的投资洼地。

第二，通过采取以"政府+业主+村组+农民"的景区带村开发战略和各方联动等灵活模式，吸引了大量区内民营企业家纷纷回归投资旅游业。

第三，通过景区释放红利，带动农民增收致富。据统计，每年各景区合计支付给村集体的门票分成收入达1800万元，支付给农户的山场、田地租赁金达2650万元。

旅游已成为黄陂重要的支柱产业和兴农富民的重要产业，实现了由传统农业大区向旅游强区、名区的蝶变。景区周边50多个村从过去的贫困村一跃成为全区最富裕、最美丽的山村，可见旅游惠民工程、精准扶贫效果显著。

六、旅游产品不断丰富——全域旅游之全域格局

第一，"十二五"以来，黄陂区旅游重点项目建设稳步推进，黄陂旅游的"一心一轴四片区"空间格局正在初步形成。

第二，黄陂积极探索旅游产业区域一体化发展之路，大力推进旅游产业集群发展，努力构建休闲农业与乡村旅游融合发展新格局。例如，木兰生态旅游区成为黄陂区四大经济板块之一。全区以高起点抓旅游规划、高品位打造景区精品、高质量提升旅游配套功能、高要求推动旅游融合、高水平开展旅游宣传营销、高层面推动制创的"六高举措"推动全域旅游创新发展。

目前，黄陂全域大旅游格局已基本成形，旅游产业实现了全景化、全覆盖和全社会参与。

第四节 全域升级——未来展望

一、"畅通快旅"开辟新时代

在未来全域旅游建设过程中重点突破阻碍黄陂旅游交通的"瓶颈"。

第一，在意识层面，积极引导武汉市民及外地游客形成从八大入口，多路并进黄陂旅游休闲的交通出行习惯；

第二，在基础建设层面，进一步健全完善黄陂旅游交通网络体系，在三环线、外环线等开设进入黄陂的新闸口和通道，直通黄陂景区群，开辟天河国际机场至黄陂的旅游专线交通；

第三，在对外交通方面，联通岱黄高速和黄土线，对接十堰、安徽等北方旅游市；

第四，在立体交通方面，充分利用天河机场规模庞大的客流，就近落地建设华中地区最大的租赁自驾集散中心，吸引客流进入黄陂，直接将天河机场变成黄陂的机场，将黄陂旅游的客厅向南移，将黄陂区打造成为湖北旅游天上来客第一站。同时，发展具有中部特色、适合黄陂区情的低空旅游。积极抢抓长江上武汉新港建设契机，利用武湖沿江的地形，建设面向内河游船的高规格、多功能旅游码头，开辟黄陂旅游的水上门户，全方位跨入黄陂旅游"立体交通"与"畅通快旅"新时代。

第五，在区内交通方面，进一步完善黄陂旅游环线，串联各景点，并沿线设置旅游驿站，彻底解决通往景区的"最后1公里"问题。通往景区入口道路全部"黑色化"，改善景区景点内部道路状况，设置规范标准的交通导向标识牌。

二、"一心一轴四区"构建新格局

第一，大力推进全域旅游发展，加快构建"一心一轴四区"的全域旅游新格局，加快建成武汉城市圈的龙头和全国旅游目的地。"十三五"期间，北部生态旅游区将以"木兰山-木兰湖-木兰川"为核心，重点打造多景点环绕、众星捧月大旅游格局。

第二，充分借助当前武汉建设"国家旅游中心城市（一心）、以武汉为支点的长江旅游黄金带（一带）"的战略机遇，协同武汉城市建设推进新城市格局下的旅游资源的整合，优化产业布局，培育一批在全国具有影响力的旅游项目。主动探索开发能够真正培育旅游优势产业聚集及旅游龙头企业成长的综合创新环境。

第三，以国际视野策划培育一批具有国际影响力的大型商贸会展品牌。充分发挥黄陂的区位优势，加快汉口北建设，将其打造成购物环境最优，业态、品牌最齐全，购物最便利的"华中购物天堂"。同时，将黄陂北部旅游的客源引向南部，实现全区域协作共进大发展。

三、"双驱动"推进旅游产业升级

巩固旅游标准化示范城市创建成果，坚持"贯标为主、创标为辅；条块结合、示范引领；培育品牌、全面推进"的工作思路，以旅游厕所建设为突破口，提升旅游公共服务的标准化水平。

在互联网+战略的指导下，重点完善提升黄陂旅游咨询服务中心、旅游集散中心、旅游营销推广中心和信息技术应用中心等全市层面的四大旅游公共服务中心，在原有的"八大系列"旅游产品体系基础上，着力打造一批创新型旅游吸引物和重量级景区，不断增强城市旅游功能，提升黄陂品牌形象，全面促进旅游产业转型升级，助推黄陂旅游一举迈入全国旅游的领先行列。

四、"旅游精品"实现市场倍增计划

打造以赏花游、泛水游和郊野生态度假游为特色的旅游精品。深度构建与升华木兰旅游品牌体系，塑造和展示黄陂旅游新形象。不断强化黄陂旅游业的全员服务质量意识，进一步提升全行业产品品质，提高黄陂在全国的知名度和美誉度，力争实现本地居民和外地到访游客的旅游消费的最大满意。以游客满意提升旅游吸引力，真正实现旅游市场的倍增。

黄陂旅游应放眼世界，利用临空经济区优势，充分借鉴目前北京、上海、广州、成都、重庆口岸对持有第三国签证和机票的外国人实行"72小时过境免签"的政策操作细则，借助此次武汉市成为"72小时过境免签"城市的机遇，构建一批能够与天河机场对接的"半日游、一日游"快速餐式旅游产品，为海外游客游览黄陂提供全方位便利。

五、"幸福指数"引领社会全面发展

不断丰富适合不同人群需要的旅游休闲产品类型。鼓励开展乡村度假，积极发展自行车旅游、自驾车旅游、体育健身旅游、医疗养生旅游等休闲产品，提高黄陂区红色旅游在武汉市的吸引力和影响力。抓住现代都市人渴望回归自然的情结，大力打造"寻根之旅"，深度挖掘黄陂传统特色文化，恢复"前川十景"和"二程书院"等传统项目。

加强休闲街区、特色旅游村镇建设，营造居民休闲空间。发展家庭旅馆、经济型酒店，支持汽车旅馆、自驾车房车营地、湖泊游艇码头等旅游休闲基础设施建设。超前布局自驾车、汽车营地建设，到2020年，鼓励引导社会资本建设自驾车房车营地5个。利用滠水、府河对接长江，充分利用木兰湖水域，鼓励发展适合大众消费水平的中小型游艇会，初步形成与长江互联互通的游艇休闲旅游航线。加强公共场所无障碍设施建设和旅游休闲的安全、卫生等保障工作，加强突发事件应急处置能力建设。倡导诚信旅游经营，加强行业自律。打击欺客宰客、价格欺诈等严重侵害消费者权益的违法行为。依法维护经营者和消费者的合法权益和公平竞争的旅游市场环境，使广大市民游客切实感受到黄陂旅游的实惠，城乡共享"5+2"生活模式，给游客真正带来归属感和幸福感，营造出和谐共处的人文环境，以文明旅游与和谐旅游全面引领黄陂社会经济的健康发展。

发展全域旅游，要以旅游业为引导，落实多规合一，以全域旅游总体规划作为全域社会经济发展的顶层设计。其目的是统一思路，统筹要素，统领政策，确保全域旅游发展的科学性、系统性和持续性。在全域旅游总体规划方面，构建全域旅游发展体系。

黄陂区在推进全域旅游专项改革试点工作中，整合资源优势，力图构建一个全新的旅游发展生态圈，以5A牵头、以优带全，集群效应、全域景区化，即"雁阵模式"，继续打造木兰文化生态旅游区具有国际影响力的主题品牌，放大核心竞争力。积极开展"全国旅游标准化示范区"、"全国智慧旅游示范区"和"大别山革命老区经济社会发展试验区"的创建活动，把黄陂区2261平方公里全境作为一个大景区来规划和建设，把全区的一山一水、一草一木、城镇和村落、公路、河流都打造成景观景点，从全要素、全行业、全过程、全方位、全时空、全社会、全部门、全游客等角度推进旅游目的地的发展，力求在体制创新、旅游业态培育、重点项目推进、政策扶持力度等方面在全省甚至全国先行先试，再创经验。

参考文献

[1] BUDEANU A.Sustainable tourism, progress, challenges and opportunities[J]. Journal of Cleaner Production, 2016(111):285-286.

[2] CONNELL J.Towards sustainable tourism planning in New Zealand: Monitoring local government planning under the Resource Management Act [J].Tourism Management, 2009(30):867-868.

[3] BOTTERILLB D. Politics and sustainable tourism: The case of Cyprus. [J] Tourism Management, 2015(47):178-180.

[4] MATARRITA-CASCANTE D.BEYOND GROWTH: Reaching Tourism-Led Development[J]Annals of Tourism Reaserch, 2010(37):1141-1143.

[5] SDRALI D.Residents' perception of tourism development as a vital step for participatory tourism plan: a research in a Greek protected area [J]. Environ Dev Sustain, 2015 (17) : 923-924.

[6] FLYNN B B,SCHROEDER R G, SAKAKIBARA S.A framework for quality management research and an associated measurement instrument[J]. Journal of Operations Management.,1994, 11(4):339-366.

[7] SUĐIĆ S, ĆIROVIĆ G, MITROVIĆ S. Risk analysis and management on Public Private Partnership Projects in Serbia[J]. Organization Technology &Management in Construction An International Journa, 2013, 5(1):5:696-701.

[8] FRANCIS G, HOLLOWAY J. What have we learned Themes from the literature on best practice benchmarking[J]. International Journal of Management Reviews, 2007, 9(3): 171-189.

[9] KAPLAN L .Skills development in tourism: South Africa's tourism-led development strategy [J]. GeoJournal, 2004(60): 217-219.

[10] BEYNON M.The Embeddedness of Tourism-related Activity: A Regional Analysis of SectoralLinkages[J]. UrbanStudies. 2009(46): 2123-2141.

[11] BOUKAS N，ZIAKAS V. A Chaos Theory Perspective of Destination Crisis and Sustainable Tourism Development in Islands: The Case of Cyprus［J］.Tourism Planning & Development, 2014, 11(2):191-2

[12] RATHANASIRI R A.Financial Intermediation and Economic Growth: A Comparative Study[D].武汉: 武汉理工大学, 2012.

[13] DODDS R，BUTLER R. Barriers to implementing sustainable tourism policy in mass tourism destinations[J].Tourismos, 2010, 5(1):35-53.

[14] MLOZI S. Identifying Attachment Towards Tanzania: the Determinants of Destination Choice Among International Adventure Tourists[D]. 武汉：华中科技大学, 2011.

[15] CONNELL J，PAGE S J，BENTLEY T.Towards sustainable tourism planning in New Zealand: Monitoring local government planning under the Resource Management Act[J]. Tourism Management, 2009, 30(6):867-877.

[16] KLARIC Z.Establishing tourist regions: The situation in Croatia [J]. Tourism Management, 1992(3):305-306.

[17] 保继刚, 楚义芳. 旅游地理学[M]. 北京：高等教育出版社, 1993.

[18] 曾祥辉, 郑耀星. 全域旅游视角下永定县旅游发展探讨[J]. 福建农林大学学报: 哲学社会科学版, 2015, 1:86-91.

[19] 邓爱民, 桂橙林. 汽车露营地规划与管理[M]. 北京：中国旅游出版社, 2016.

[20] 樊文斌. "全域旅游"视角下大连旅游专项规划探析[J]. 规划师, 2015(2):107-113.

[21] 付云. 全域旅游视角下长沙沙坪小镇新型城镇化建设研究[D]. 长沙：中南林业科技大学, 2014.

[22] 胡跃龙, 窦群. 全域旅游需全新的发展理念[N]. 中国旅游报, 2015-10-26(4).

[23] 黄细嘉, 李凉. 全域旅游背景下的文明旅游路径依赖[J]. 旅游学刊, 2016,

8:13-15.

[24] 李志飞. 全域旅游时代的变与不变[J]. 旅游学刊,2016,9:26-28.

[25] 厉新建, 马蕾, 陈丽嘉. 全域旅游发展: 逻辑与重点[J]. 旅游学刊, 2016, 9:22-24.

[26] 厉新建, 张凌云, 崔莉. 全域旅游: 建设世界一流旅游目的地的理念创新[J]. 人文地理, 2013(3):130-134.

[27] 吕俊芳. 辽宁沿海经济带"全域旅游"发展研究[J]. 经济研究参考, 2013(29):52-53.

[28] 马勇, 刘军. 绿色发展背景下旅游生态效率的核心价值及提升策略[J]. 旅游学刊, 2016, 9:1-3.

[29] 汤少忠. "全域旅游"规划实践与思考[N]. 中国旅游报,2015-07-10(A02).

[30] 魏小安.促进全域旅游发展[N].中国旅游报，2015-12-07（C02）.

[31] 吴必虎. 旅游规划原理[M]. 北京: 中国旅游出版社, 2010.

[32] 谢彦君. 基础旅游学[M]. 北京: 中国旅游出版社, 2011.

[33] 杨振之. 全域旅游理论及其实践体系[N]. 中国旅游报, 2015-09-30(A02)

[34] 张辉. 中国旅游发展笔谈：全域旅游(一)[J]. 旅游学刊, 2016,9:15.

[35] 张辉, 岳燕祥. 全域旅游的理性思考[J]. 旅游学刊, 2016, 9:15-17.

[36] 张文磊,周忠发. 全域体验开发模式: 区域旅游开发的新途径[J]. 生态经济,2013,2:29-32.

[37] 邹统钎. 旅游学术思想流派[M]. 天津: 南开大学出版社, 2008.

[38] 邹统钎. 区域旅游合作模式与机制研究[M]. 天津: 南开大学出版社, 2010.

后 记

30多年来，我们发展旅游，以建景点、景区、饭店、宾馆的"景点旅游"模式推进，造成各景点景区的封闭建设，游客仿若"点上跳蚤"，在旅游线上折腾。全域旅游将原有"单一型"景区打造成为全域旅游的联动型和扩散型景区，做到景在城中，游在城中。旅游不再是点线结合，而是点线面相互渗透，互为表里，使得游客在面上跳舞。

本书顺应当代旅游业发展的趋势，在大量阅读国内外相关文献的基础之上，分类总结，提炼框架，整理思路，形成全域旅游初步的理论体系。与此同时，笔者还走访武汉市旅游局和部分高等院校，征求政府工作者和专家的意见，得到大量反馈，从而进一步构建、完善了全域旅游发展的理论体系、方法。笔者通过长达数月的田野调查，集中研究国家全域旅游示范区——黄陂区的经验，总结模式，以实践论证理论、丰富理论，并结合笔者10余年的旅游研究沉淀，终成此书。

当然，由于全域旅游这一理念尚处于发展萌芽阶段，笔者理论水平和认知基础有限，对于全域旅游的研究还不够完善，其理论框架和学术探讨也并非一本书所能涵盖。种种原因，本书的编写难免存在漏疏和错误，诚挚欢迎旅游界的专家学者和广大读者赐教指正。

本书主要由中南财经政法大学旅游研究院院长邓爱民教授和青年学者桂橙林、张馨方、祝小林合作完成，邓爱民完成15万字，桂橙林、张馨方、祝小林分别完成5万字。最后还要感谢一直致力于旅游研究的专家学者，是你们的坚持和学术专注，推动着旅游学科的完善和旅游业的持续发展。

邓爱民
2016年10月于武汉晓南湖畔